제2판

사회복지실천론

신민정 · 이우언

KNOWLEDGE COMMUNITY 공동체

머리말

사회복지실천은 개인, 가족, 집단, 지역사회가 직면한 다양한 문제를 해결하고 보다 인간다운 삶을 지원하는 전문적인 활동이다. 기존에는 개별사회사업, 집단사회사업, 지역사회조직 등의 방법을 활용했으나, 현대사회에서는 클라이언트의 복잡한 욕구를 해결하기 위해 통합적 접근방식이 도입되었다. 특히, 저출산·고령화 문제, 디지털 기술 발전에 따른 정보 격차, 다문화가정 증가, 정신건강 문제 등 사회변화에 따른 다양한 이슈가 부각되면서, 이에 적합한 사회복지실천의 필요성이 더욱 커지고 있다.

이 책은 사회복지실천현장에서 활동하는 전문가들에게 필수적인 지식, 기술, 태도를 중심으로 구성되었으며, 사회복지를 공부하는 학생들이 쉽게 이해할 수 있도록 간결하고 쉬운 용어를 사용하여 집필되었다. 본 교재는 총 10장으로 이루어져 있다. 제1장에서는 사회복지실천의 개념, 목적, 기능, 이념 등을 다루었고, 제2장은 사회복지실천의 역사적 발달과정을, 제3장은 사회복지의 가치와 윤리를 다루고 있다. 제4장에서는 사회복지실천이 이루어지는 다양한 분야를 소개하며, 제5장은 통합적 접근법을 설명한다. 제6장과 제7장에서는 각각 전문적 관계형성과 면접기술을 다루었고, 제8장에서는 사회복지실천의 전반적인 과정인 접수 및 자료수집, 사정, 계획수립, 개입, 종결 및 평가를 정리하였다. 제9장은 사회복지실천과정에 대한 기록에 대해 다루었고, 마지막으로 제10장에서는 사례관리 개념과 방법을 설명한다.

이 교재는 두 명의 공동 저자가 각자의 전문성을 바탕으로 집필을 분담하고, 여러 차례 검토와 수정을 거쳐 완성하였다. 그럼에도 불구하고 부족하거나 미흡한 부분이 있을 수 있으며, 앞으로 지속적인 보완과 수정을 통해 더욱 완성도를 높일 계획이다. 끝으로, 이 책이 출판될 수 있도록 노력해 주신 도서출판 공동체 관계자 여러분께 깊은 감사를 전하고 싶다.

2025년 7월

저자 일동

차 례

제5장 사회복지실천현장의 통합적 접근

제6장 사회복지실천의 전문적 관계

제7장 사회복지실천의 면접론

제8장 사회복지실천과정

차 례

제1장

사회복지실천의 개념과 정의

제 1 장

사회복지실천의 개념과 정의

학습목표

- 사회복지실천의 개념과 목적, 기능에 대하여 이해한다.
- 사회복지실천의 근본적인 이념과 철학에 대하여 이해한다.
- 사회복지실천의 수준에 따른 분류에 대하여 이해한다.

1. 사회복지실천의 개념

사회복지실천(social work practice)은 시대의 흐름에 따라 달리 정의되어 간단히 정의하기는 쉽지 않지만 시대적 흐름에 따른 사회복지실천의 정의를 살펴보면 다음과 같다.

메리 리치먼드(Mary Richmond, 1971)는 사회복지실천에 대한 정의를 사회진단이라는 저서를 통해 밝히고 있으며 그녀는 “사회복지실천은 개개인과 사회환경 간의 의식적인 조정을 통해 인격발달을 이루는 과정”이라고 정의하고 있다.

보워(Bower, 1949)는 기존의 사회복지실천의 관점과는 달리 개인이나 개인성격에 초점을 맞추던 것과 달리 지역사회를 포괄적으로 다루면서 “사회복지실천은 클라이언트와 환경 사이의 조화를 이루도록 지역사회 내의 자원과 클라이언트 개인의 능력을 최대한 동원하는 지식과 기술”로 보았다.

보헨(Bohen, 1958)은 사회복지실천으로서 사회복지를 기존의 개인중심 정의에서 보다 포괄적으로 "사회복지는 개인이 단독 또는 집단 내에서 그의 사회적 기능을 강화시켜 주기 위한 하나의 모색이다"라고 정의하였다.

미국사회복지사협회(NASW, 1958)는 사회복지실천에 관한 최초의 공식적인 정의를 발표한 후 그 뒤 두 차례에 걸쳐 사회복지실천에 대한 정의를 내어 놓았다. 최초로 제시한 공식적 정의를 먼저 살펴보면 다음과 같다.

첫째, 개인이나 집단이 환경과의 부조화로 어려움을 겪을 때, 문제의 원인을 파악하고 해결책을 찾아 지원하는 역할이다.

둘째, 개인과 환경 간의 상호작용에서 발생할 수 있는 잠재적인 문제를 미리 감지하고, 불균형 상태를 예방하는 역할이다.

셋째, 개인, 집단, 지역사회의 숨겨진 능력과 자원을 발굴하고, 이를 최대한 활용하여 성장과 발전을 돕는 역할이다.

1973년 미국사회복지사협회(NASW)는 사회복지실천은 "개인, 집단, 지역사회의 사회기능을 향상시킬 수 있는 자신들의 능력을 회복 또는 증진시키고 자신들의 목표달성을 위한 사회조건을 스스로 만들어 갈 수 있도록 돕는 전문적 활동"이라 정의하였다.

1980년대 이후 미국사회복지사협회(NASW)의 사회복지실천 정의를 종합해 보면 다음과 같다.

첫째, 개인, 집단, 가족이 문제해결능력과 대처능력을 향상시키는 데 도움을 주는, 인간과 사회환경 간의 상호작용을 중심으로 한 생태체계적 관점이다.

둘째, 인간이 필요로 하는 사회적 자원, 서비스, 기회 등과 같은 환경체계가 원활하게 연결될 수 있도록 지원하는 것이다.

셋째, 다양한 사회복지기관이나 조직이 클라이언트에게 양질의 서비스를 제공할 수 있도록 효과적이고 효율적인 운영 방안을 모색하는 것이다.

넷째, 새로운 사회정책의 개발과 향상을 목적으로 하는 실천활동이다.

1994년 미국사회복지교육협의회(CSWE)는 사회복지실천을 "인간의 삶의 질을 향상하고 빈곤과 억압을 감소시키기 위해 공·사(公私) 부문에서 부여받은 권한을 바탕으로 다양한 사회서비스를 제공하는 전문직"으로 정의하였다. 이 정의를 토대로 볼 때, 사회복지실천은 개인·가족·집단·지역사회가 욕구를 충족하고 사회적 역할을 수행할 수 있도록 지원함으로써 클라이언트의 역량을 강화하고 사회환경을 개선해 빈곤과 억압을 줄이는 전문활동이라 할 수 있다.

한편 황성철(2000)은 사회복지실천을 "인간의 기본적인 권리와 존엄성을 보장하고 사회정의를 실현하려는 이념적 기반 아래, 인간행동과 사회환경에 관한 다양한 이론과 특정한 실천모델을 응용하여 구체적인 절차와 기법을 활용하는 개입활동"으로 정의하였다.

양옥경 외(2010)는 사회복지실천을 "삶의 질 향상을 목표로 개인, 소집단, 가족 또는 지역사회의 문제 및 욕구에 권한부여적 문제해결 접근방법으로 개입하는 종합적인 전문활동"으로 정의하며, 전통적 방법론(개별·집단·지역사회)을 통합한 것으로 보았다.

한국사회복지교육협의회(2006)는 통합적 관점을 반영하여 기존의 '3대 방법론'을 '사회복지실천론'과 '사회복지실천기술론'으로 재구성하였다. '사회복지실천론'에서는 실천 개념, 가치와 윤리, 실천과정, 면접기술 등을 다루고, '사회복지실천기술론'에서는 구체적인 개입기법과 지식을 교육하도록 교과목 지침을 제시하였다.

이상의 정의들을 종합하면, 사회복지실천은 전문지식과 기술을 갖춘 사회복지사가 개인, 가족, 집단, 지역사회를 대상으로 그들의 사회적 기능과 적응 능력을 증진시켜 삶의 질을 높이고, 빈곤과 억압 등 구조적 문제를 완화하는 전문적인 개입과정으로 정의할 수 있다.

<표 1-1> 시대별 사회복지실천의 정의별 특징

시 대	특 징
메리 리치먼드 (Marry Richmond, 1917)	개인의 욕구충족과 인격발달을 목적으로 한 미시적인 치료과정으로 보며 개인의 변화 강조
1930년대 이후	사회문제 해결을 위한 사회자원을 균등하게 배분하고 사회개혁을 목적으로 환경을 강조
보워(Bower, 1949)	기존 개인과 개인성격을 벗어나 지역사회 자원 강조
보헨(Bohen, 1958)	개인중심을 넘어 전문지식·기술 기반의 도구적 활동으로 정의, 인간–환경 상호작용을 형성하는 사회적 관계에 중점, 손상된 능력의 재활, 개인·사회적 자원 제공, 사회적 역기능 예방을 포함
미국사회복지사협회 (NASW, 1958)	최초로 공식적인 작업적 정의로 환경 간의 상호작용 과정에서 발생할 수 있는 잠재력 문제를 확인함으로써 개인이나 집단의 문제 예방을 거론
미국사회복지사협회 (NASW, 1973)	개인, 집단, 지역사회의 사회기능 향상과 회복을 돕는 역할을 강조하면서 최초로 사회복지실천이 전문직이라는 것을 강조
미국사회복지사협회 (NASW, 1980)	생태체계적 관점에 기초하여 개인과 사회, 환경 간의 상호작용에 초점을 둔 변화발전
미국사회복지 교육협의회 (CSWE, 1994)	인간복지의 향상, 빈곤과 억압의 경감, 그리고 최상의 삶의 질 향상을 위해 업무를 수행하는 사회복지 전문성을 강조
황성철(2000)	인간의 기본적인 권리와 존엄성을 보장하고 사회정의를 실현하려는 이념적 기반 아래, 인간행동과 사회환경에 관한 다양한 이론과 특정한 실천모델을 응용하여 구체적인 절차와 기법을 활용하는 개입활동
한국사회복지 교육협의회(2006)	통합적 관점을 반영하여 기존의 '3대 방법론'을 '사회복지실천론'과 '사회복지실천기술론'으로 재구성
양옥경 외(2010)	개인, 소집단, 가족 또는 지역사회의 문제 및 욕구에 권한부여적 문제해결 접근방법으로 개입

2. 사회복지실천의 목적

사회복지실천의 목적은 사회복지실천의 정의와 같이 사회의 변화 및 시대의 흐름에 따라 달라져 왔지만 궁극적인 목적인 '인간의 삶의 질 향상'은 대다수의 구성원들이 동의하는 내용이며 시대가 바뀌어도 달라지는 것이 아니다.

미국사회복지사협회(NASW, 1958)는 사회복지실천의 목적을 최초로 제시하였으며 그 내용을 살펴보면 다음과 같다.

첫째, 사회복지실천은 개인과 집단이 그들과 환경 간에 불균형 상태가 발생했을 때 문제를 찾아내어 문제의 어려움 정도를 감소시키거나 해결하도록 도와주는 것이다.

둘째, 사회복지실천은 개인이나 집단이 그들과 환경 간에 불균형 상태가 일어날 수 있는 잠재적 문제를 미리 발견하여 예방하는 것이다.

셋째, 개인과 환경 간의 상호작용에 초점을 두고 상호 유익한 관계를 증진시키는 것이다.

핀커스와 미나한(Pincus & Minahan, 1973)은 사회복지실천의 목적을 네 가지로 정리하여 제시하였다.

첫째, 개인, 집단, 가족의 문제를 돕고 대처능력을 향상시키는 것이다.

둘째, 인간이 필요로 하는 사회자원, 서비스, 기회 등의 환경체계가 원활하게 상호작용하도록 돕는 것이다.

셋째, 자원과 서비스를 제공하는 다양한 사회복지기관이나 조직이 클라이언트에게 보다 나은 서비스를 제공할 수 있도록 효과적이고 효율적인 운영을 추구하는 것이다.

넷째, 새로운 사회정책의 개발과 향상에 기여하는 것이다.

이상의 목적의 특징은 클라이언트를 문제해결의 주체로 보면서 대처능력 향상의 중요성을 제시하였다는 것이며, 자원, 서비스, 기회의 개념에 대한 제시와 평가의 중요성을 강조하였다는 점 그리고 사회복지정책과 접목한 사회복지실천에 대한 중요성에 대해 제시하였다는 것이다.

전미사회복지사협회(NASW, 1981)는 사회복지실천의 목적을 모든 사람의 삶의 질을 향상시키고자 개인과 사회 간의 상호 유익한 관계를 증진시키거나 복귀시키는 것이라고 하였다.

헵워스와 라슨(Hepworth & Larsen, 2002)은 사회복지실천의 목표를 다음과 같이 설명하였다.

첫째, 개인, 가족, 그리고 지역사회의 삶의 질과 사회적 기능을 향상시키는 것을 목적으로 하며 기능적으로는 예방적 기능과 치료적 기능, 회복적 기능을 수행한다.

둘째, 클라이언트의 문제는 환경과의 상호작용에서 자원을 적절히 사용하지 못함에 있으며 사회복지실천의 목적은 클라이언트 스스로가 문제해결능력과 대처기술을 습득하고 자신감을 갖도록 돕는 데 있다.

셋째, 사회정의를 향상시키기 위함이다. 이는 사회복지실천의 중요한 목표로 모든 구성원에게 자원과 기회를 동등하게 배분할 수 있도록 법과 제도, 서비스를 마련하는 것이다.

미국사회복지교육협의회(CSWE, 2008)는 사회복지실천의 목적을 다음과 같이 네 가지로 제시하고 있다.

첫째, 개인, 가족, 집단, 조직, 지역사회가 목적을 달성하고 고통을 완화시키며 자원을 활용할 수 있도록 도와줌으로써 이들의 사회기능을 촉진, 회복, 유지, 강화시키는 것이다.

둘째, 인간의 기본욕구를 충족시키고 인간이 가진 잠재력과 가능성을 개발하는 것을 돕는 데 필요한 사회정책, 서비스 자원, 프로그램을 계획, 공식화, 시행하는 것이다.

셋째, 곤궁에 처한 집단에 힘을 실어주고 사회적·경제적 정의를 실현하기 위해 조직적 혹은 행정적 옹호, 사회적 혹은 정치적 운동을 통해 정책, 서비스 자원 프로그램을 추구하는 것이다.

넷째, 이러한 목적과 관련된 모든 전문적 지식과 기술을 개발하고 시험하는 것이다.

3. 사회복지실천의 기능

사회복지실천의 가장 대표적인 기능은 클라이언트의 사회적 기능 증진과 사회정의 향상을 들 수 있으며 내용을 살펴보면 다음과 같다.

첫째, 클라이언트의 사회적 기능 증진 기능이란 인간의 기본욕구를 충족하는 데 필요한 과업과 활동을 완수하는 기능을 말한다. 또한 지역사회에서 요구하는 개인의 능력, 문제해결능력, 스트레스 관리 기능이 손상되었을 때 그것들을 회복시키고 재활, 치료하는 활동을 모두 포함한다. 예를 들면, 가출 청소년 거리상담, 자아존중감 향상을 위한 집단상담, 가족 기능 회복을 위한 가족치료 등이다.

둘째, 사회정의 향상의 기능은 사회제도가 모든 사람들의 기본적인 인권을 인정하고 지원하는 공정성과 도덕성을 발휘하는 것을 말하며 사회정의를 위하여 사회복지사가 클라이언트를 도와 사회정의를 향상시키는 기능이다. 때로는 사회복지사가 권리회복을 위한 옹호활동을 하기도 하며 권리

박탁자들의 대변자 역할을 행하기도 한다. 그 예로는 임금체불노동자를 위한 옹호활동, 다문화가족에 대한 인식개선 활동 등을 들 수 있다.

전미사회복지사협회(NASW, 1981)에서는 사회적 기능 증진과 사회적 정의의 기능을 세분화하여 여섯 가지로 제시하였다.

첫째, 클라이언트의 역량을 확대와 문제해결능력 및 대처능력을 향상시키도록 돕는다.

둘째, 클라이언트가 필요로 하는 자원(주거, 음식, 최소한의 생필품 등 유형의 서비스, 의료, 법률 등 무형의 서비스)을 획득할 수 있도록 돕는다.

셋째, 조직이 사람에게 반응하도록 한다. 이는 사회복지조직이 클라이언트에게 반응하여 움직이는 조직이 되어야 함을 의미한다.

넷째, 개인과 환경 내의 다른 사람, 다른 조직과의 상호관계를 촉진한다. 예를 들어, 가출 청소년의 문제를 해결하기 위해 청소년과 가족, 부모, 친구들과의 상호작용이 원만하게 이루어질 수 있도록 중개자 역할을 하기도 하고 촉진자 역할을 수행한다.

다섯째, 조직과 제도 간의 상호관계에 영향력을 행사하는 것이다. 이는 클라이언트의 복잡한 욕구를 충족시키기 위하여 서비스의 제공 및 조정, 중재의 기능을 한다.

여섯째, 사회정책과 환경정책에 영향을 미친다. 물리적·사회적 환경을 개선하거나 물질적 서비스를 확보하는 데 필요한 정책 수립과 법 제정을 위하여 활동한다.

4. 사회복지실천의 이념과 철학

1) 인도주의와 박애사상

인도주의(人道主義, Humanitarianism)는 모든 인간이 평등한 인격과 존엄성을 지닌 동등한 인간이라는 입장에서, 인류에게 있어 바람직한 일(예컨대, 행복·평화·우애 등)을 인종·민족·국적·체제·종교 여하를 초월하여 타인에게 실천하는 사고방식 내지 운동을 말한다.

박애주의(博愛主義, Philanthropism)는 모든 인류가 서로 평등하게 사랑하여야 한다는 주의로 정치적·철학적·윤리적인 개념을 말한다.

인도주의와 박애사상은 자선조직협회에서 실시한 우애방문원의 기본 철학이 되었으며 기독교 사상을 가진 중산층 이상의 여성들이 주로 자선활동을 하며 봉사하는 데 있어 근간을 이루는 사상이었다.

2) 사회진화론

사회진화론(社會進化論, Social Darwinism)은 생물진화론의 적자생존과 자연선택을 사회학에 적용하여 사회, 경제, 정치를 해석하는 다양한 이론과 견해를 말한다. 19세기 찰스 다윈이 발표한 생물진화론에 입각하여 허버트 스펜서(Herbert Spencer)가 처음 확립하였고, 그 후 19세기 말부터 유행하였다.

사회진화론은 인종차별주의나 파시즘, 나치즘을 옹호하는 근거와 신자유주의의 경제적 약육강식 논리에 사용되기도 하였다.

스펜서는 무자비한 생존경쟁을 옹호했고, 빈자에게 자선을 베푸는 것은 잡초 제거에 방해가 된다는 이유로 반대했다. 따라서 가난한 자들이 많았던 러시아에서는 상호부조론을 통해 인간은 때로는 경쟁하기도 하지만 기본적으로는 협조를 통해 살아가는 존재라 주장하기도 했다. 제2차 세계대전 이후부터는 나치즘과의 연관성 및 과학적 근거의 부족으로 인해 극복해야 할 사상으로 언급된다.

윌리엄 제닝스 브라이언은 사회진화론이 생물진화론의 필연적 귀결이라며 사회진화론의 비도덕성을 생물진화론을 부정하는 근거로 사용하기도 했다. 한편 스티븐 핑커는 이것이 자연에 호소하는 오류로서, 자연선택은 생물학적 현상에 대한 설명이지만 그렇다고 해서 이것이 인간사회에 도덕적으로 바람직하다는 의미로 귀결되지는 않는다고 반박했다.

사회진화론은 허버트 스펜서가 주장한 이론으로 찰스 다윈의 진화론을 인간사회에 적용한 이론이다. 이 이론은 사회가 자연선택의 원리에 따라 발전한다고 주장하고 있다. 따라서 인간사회의 불평등은 자연스러운 것이며 불가피한 것이라 보았으며 사회는 적자생존을 통해서 발전해 나간다고 보았다. 따라서 자원을 많이 가진 자와 가지지 못한 자가 경쟁하며 결국 사회는 발전한다는 이론이다. 사회진화론이 사회복지발전에 미친 영향은 자선조직협회의 활동을 통해 살펴볼 수 있다. 우선 자선조직협회는 사회통제적인 성격의 활동을 하였다. 즉, 사회소식협회의 우애방문원은 지역사회 내 가난한 자들을 방문하여 기독교 사상을 강조하며 강제적으로 따르도록 하면서 그들을 통제하려 하였고 우애방문원의 활동 자체는 인도주의적이고 박애적이었을지 모르지만 실제 사회진화론의 영향으로 인해 빈자가 가진 자에게 방해가 되지 않도록 그 상태로 남아 있기를 오히려 부추기는 결과를 낳기도 하였다.

결과적으로 사회복지는 사회진화론의 한계와 문제점을 인식하고 사회적으로 안전망과 지원을 통해 최소한의 생활수준을 보장받을 수 있도록 기반을 마련하여 사회복지의 발전으로 이어지는 계기를 마련하기도 하였다.

3) 민주주의

민주주의는 개인의 존엄과 가치, 권리 등을 중요시하는 사상으로 국가나 사회보다 개인을 중요시하는 이념이다. 민주주의가 사회복지실천에 미친 영향은 기존의 사회진화론에 따라 가진 자가 가지지 못한 자에게 무조건적으로 시혜하고 혜택받는 것에서 벗어나 클라이언트가 시혜 여부를 결정하고 서비스의 선택권을 강조하며 보다 적극적으로 참여를 통해 개인이 겪고 있는 다양한 문제들의 개인결함이나 책임이 아닌 사회의 책임에 대해 중시하는 사회적 흐름으로 변화하는 데 큰 영향을 미쳤다.

4) 개인주의

개인주의는 개인의 존엄과 가치, 권리 등을 중요시하는 사상으로 국가나 사회보다 개인을 중요시하는 이념이다. 개인주의가 사회복지실천에 미친 영향은 개인의 자유와 권리를 중요시함으로 인해 클라이언트의 개별화를 중시하였으며 개인을 중요시하는 만큼 빈곤의 원인도 개인의 책임으로 간주하는 문제점을 낳기도 하였다. 즉, 개인주의는 '개인권리의 존중'과 '수혜자격의 축소'라는 측면에서 사회복지실천에 영향을 미쳤으며, 이는 사회복지실천에서 엄격한 자격요건하에서의 최소한의 서비스만 제공한다는 흐름에 영향을 주기도 하였다.

5) 다원주의

다원주의(pluralism)는 다양한 가치, 신념, 문화가 공존하고 있고 서로 간 존중과 협력을 행하는 사회적인 접근방식을 말한다. 다원주의로 인해 다양한 집단이 한 사회 내에서 평등하게 인식이 되며 서로 의견과 관점이 다르더라도 공동체의 구성원으로서 인정받을 수 있다. 다원주의는 하나의 가치관이 전부가 아니며 다양한 목소리와 시각들이 사회를 구성하는 중요 요소로 다루어지는 이념을 의미한다. 다원주의가 사회복지실천에 미친 영향은 다양한 가치와 접근법의 수용으로 사회복지실천에서 클라이언트의 다양한 배경과 신념과 가치관을 이해하고 그들에게 적합한 개입 모색을 가능하게 하였고 클라이언트 중심의 맞춤형 서비스 제공과 클라이언트의 자율성을 중시하는 사회복지실천으로 발전하는 계기를 마련하기도 하였다. 또한 다양한 집단에서 개인이 서로 협력하고 지원하는 역할을 가능하게 하였으며 클라이언트를 이해하고 여러 접근방식을 통해 문제를 해결할 수 있도록 도울 수 있게 되었다.

5. 사회복지실천의 분류와 속성

1) 사회복지실천 수준에 따른 분류

사회복지실천 수준에 따른 분류는 미시수준의 사회복지실천과 중범위수준의 사회복지실천, 거시수준의 사회복지실천 세 가지로 구분할 수 있다. 미시수준의 실천이란 개인과 가족과 같은 작은 크기의 클라이언트에게 개입하는 수준을 말하며, 중범위수준의 실천이란 집단이나 조직과 같은 클라이언트 수준의 실천을 말한다. 마지막으로 거시수준의 실천은 지역사회나 국가와 같이 가장 큰 규모 수준의 실천을 말하며 전체 사회의 향상과 변화를 목적으로 한다.

(1) 미시수준의 사회복지실천

미시(micro)수준의 사회복지실천은 개인과 친밀한 사람과의 상호작용을 통해 개입하는 사회복지실천활동을 말하며 개인과 가족이 직면하는 문제를 해결하기 위해 활동하는 실천수준이다.

미시수준의 사회복지실천의 활동은 주로 개인의 심리, 사회적인 문제나 개인을 둘러싼 가족이나 자녀, 부부관계 등과 일대일로 상담을 진행하거나 그들의 문제를 이해하고 해결책을 제시하는 활동을 하며 개인에게 적절한 자원과 서비스를 연결하기 위해 노력하는 활동을 한다. 사회복지사는 미시수준의 사회복지실천에서 주로 직접적으로 사회복지서비스를 제공하거나 중개하는 역할을 수행한다.

- 미시수준의 실천사례 : 정신장애인과 개별상담과 사례관리, 위기개입, 가족치료, 직업재활지원, 소득지원과 자원연결, 건강관리와 교육, 정서지원과 스트레스 관리 등

(2) 중범위수준의 사회복지실천

중범위(mezzzo)수준의 사회복지실천은 미시수준과 거시수준의 중간 수준의 사회복지실천활동을 의미하며 한 개인과 가족과 같은 친밀한 관계의 클라이언트보다는 어느 정도 거리감이 있으면서 개별사회복지실천 수준의 클라이언트보다는 더 넓은 범위를 다룬다. 사회복지기관이나 조직 간의 상호작용 등에 개입하는 활동이다. 따라서 집단, 조직, 기관 등이 클라이언트가 된다. 중범위수준의 사회복지실천의 특징은 살펴보면 주로 체계 간의 의사소통을 촉진하거나 중재하거나 협상을 하며 교육을 통해 사람들을 참여시키기도 한다.

- 중범위수준의 사회복지실천 사례 : 학교 내 문제행동을 일으키는 청소년을 대상으로 한 집단상담 및 프로그램 운영, 여성자립을 위한 취업훈련 및 심리지원 프로그램 운영, 저소득층 가정 지원을 위한 자원봉사단체를 조직하거나 지역사회 내 자원모집을 위한 캠페인 기획 및 실행하는 지역사회조직화, 아동보호 대상가정을 위한 다양한 기관과 협력해 아동심리상담, 학습지원, 보모교육 프로그램을 지원하는 지역사회 연계활동, 장애인 접근성 향상을 위한 지역사회기반 시설 개선운동을 주도하고 관련 제도를 변경하고 요구하는 조직 및 제도 개선활동, 지역경제 활성화를 위한 주민참여 소상공인 지원 프로그램 제공 및 빈곤층 자립을 위한 창업교육과 멘토링 프로그램 제공을 위한 커뮤니티 개발 및 자립 프로그램 등

(3) 거시수준의 사회복지실천

거시(macro)수준의 사회복지실천활동은 지역사회나 전체 사회, 또는 국가의 복지체계 내에서의 사회복지실천활동을 말한다. 따라서 거시수준 사회복지실천은 지역사회나 국가 수준에서 활동하며 전체 사회의 변화와 향상을 도모하는 것을 목적으로 하는 활동이다. 특징으로서 사회복지사는 국가나 사회의 정책을 개발하거나 제시하며 취약계층을 옹호하는 활동을 행한다. 미시수준 활동이 클라이언트 개인이나 가족을 직접 대면하는 실천활동이라면 거시수준의 실천은 클라이언트를 직접적으로 대면하면서 상호작용하는 것이 아니라 간접적으로 서비스를 지원하는 형태로 이루어지는 실천활동이라 할 수 있다.

- 거시수준의 사회복지실천 사례 : 사회복지정책개발과 개정(아동학대 방지법 개정에 참여, 고령화 사회에 맞춰 노인복지정책을 개발), 사회복지옹호활

동(장애인 권리보호를 위한 법적 장치 마련 촉구 시민단체 캠페인, 이주민 인권보호와 사회적 통합을 위한 정책 옹호활동), 사회변화 촉진을 위한 캠페인(환경문제 해결을 위한 탄소배출 저감 캠페인을 기획하고 실행하는 활동, 성평등 촉진을 위한 미투운동, 홈리스 문제해결을 위한 공공주택 확대 촉구 캠페인), 국제 사회복지활동 및 개발 협력(개발도상국의 빈곤층을 위한 구호단체 협력, 기아문제 해결을 위한 국제기구의 식량 지원 프로그램 운영, 아프리카 지역의 교육불평등 문제해결을 위한 글로벌 교육지원 프로젝트)

2) 개입방식에 따른 사회복지실천 분류

사회복지실천은 클라이언트의 개인적 문제에 개입하기도 하지만 그들을 둘러싸고 있는 환경에도 개입하므로 일반적인 정신과 의사, 임상심리사, 상담심리사 등과는 다른 차이가 있다. 일반적인 전문가들은 개인의 내적인 역동에 관심을 두지만 사회복지사는 개인과 개인을 둘러싼 환경 모두에 초점을 두며 개인과 개인을 둘러싼 환경 모두에 개입을 한다. 이러한 의미에서 사회복지실천은 개입방식에 따라 직접실천과 간접실천으로 구분할 수 있다.

(1) 직접실천

직접실천(direct practice)은 클라이언트와 일대일로 만나 직접 개입하는 방식으로서 개인과 가족, 집단을 직접적으로 만나 그들이 직면한 문제를 해결하고 사회적 기능과 문제대처능력을 향상시키는 활동에 직접 개입하는 활동을 말한다. 직접실천에는 개별실천과 집단실천, 가족치료 등이 포함된다.

① 개별실천

개별실천은 개인이 겪고 있는 심리적·사회적 어려움을 한 사람씩 직접 면담하여 문제해결을 지원하고, 클라이언트가 자신을 둘러싼 환경에 보다 원활히 적응할 수 있도록 돕는 활동이다. 이러한 개별실천의 궁극적 목표는 개인의 삶에 영향을 미치는 사회·경제적 결핍을 완화하는 데 있으며, 이를 수행하는 주체로는 사회복지전담공무원, 일반 사회복지사, 의료사회복지사, 정신건강사회복지사 등이 있다.

② 집단실천

집단사회복지실천은 여러 사람이 모인 환경에서 이루어지며, 이를 통해 구성원 각자의 인지적·정서적·사회적 성장을 도모한다. 집단활동은 사회화 촉진, 정보 및 문제해결 전략의 공유, 비행 예방, 부적절한 행동이나 가치관의 교정 등을 가능하게 한다. 또한 집단치료 기법을 활용하여 참여자 간 역동적인 상호작용을 살리고, 이를 통해 개인이 겪는 사회적·행동적·정서적 어려움을 완화하거나 극복하도록 돕는다.

③ 가족치료

가족을 하나의 역동적 체계로 보고, 구성원 간의 관계망이나 행동·정서·심리적 어려움에 개입하여 이를 완화하거나 해결하려 한다. 문제의 원인을 개별적 요인에서 찾지 않고 가족구성원 간 상호작용 패턴과 관계 구조에서 규명하며, 해결과정 역시 개인의 변화보다 구성원 간 상호작용 방식의 변화에 중점을 둔다.

- 직접실천의 사례 : 정서행동장애 아동을 위한 개별놀이치료, 위기청소년 대상 상담 및 정서지원서비스, 다문화가정을 위한 가족상담 및 문화적 적응지원, 노숙인 긴급 쉼터 내 상담 및 일상생활 회복 프로그램 제공

(2) 간접실천

간접실천(indirect practice)은 사회복지사가 클라이언트와 직접 대면하지 않고 주로 정책이나 조직, 제도를 통해 복지향상에 기여하는 활동을 말한다. 또한 지역사회에서 클라이언트의 환경체계에 개입하여 사회적 지지체계나 자원을 활용하는 사회복지실천 방식이다. 클라이언트의 문제는 개인의 역기능적인 문제로 인해 발생하기도 하지만 클라이언트가 처해있는 환경과의 상호작용 안에서 문제가 발생하기도 한다. 이러한 경우 클라이언트의 문제해결을 위해 개인적인 개입만으로는 문제해결이 불가능하며 환경과의 상호작용체계 안에 개입하여 사회문제의 구조적 해결을 통해 문제해결을 도모할 수 있다.

- 간접실천의 사례 : 아동학대 예방을 위한 대국민 인식개선 홍보활동, 학교폭력 방지를 위한 시민 자원봉사자 모집 및 참여 촉진, 희귀질환을 앓는 아동을 돕기 위한 후원금 마련 활동 전개, 사회적 이슈 해결을 위한 이해관계자 참여의 공청회 주최, 사회문제 해결을 위한 기부 및 재원 마련을 위한 모금 캠페인

제 2 장

사회복지실천의 발달과정

1. 서구 사회복지실천의 역사적 발달
2. 한국 사회복지실천의 역사적 발달

제 2 장

사회복지실천의 발달과정

학습목표

- 서구 사회복지실천의 역사적 발달과정을 이해한다.
- 자선조직협회, 인보관운동, 진단주의, 기능주의, 통합론 등에 대해 알아본다.
- 한국 사회복지실천의 역사적 발달과정을 이해한다.

1. 서구 사회복지실천의 역사적 발달

사회복지실천의 역사적 배경을 살펴보면, 1601년에 제정된 영국의 엘리자베스 구빈법으로부터 출발한다. 이 법이 제정되기 전에는 빈민 구호가 주로 교회와 민간 자선단체의 활동에 의존했으나, 구빈법이 시행되면서 빈민 구호의 책임이 지방정부로 넘어갔다. 이 법은 빈민을 노동능력의 유무와, 그리고 요보호 아동으로 구분하여, 구호 방식도 시설 중심에서 지역사회 중심으로 바뀌었다. 이로 인해 빈민들은 자신의 출생지로 되돌려 보내졌고, 그곳에서 수혜 자격을 평가받은 뒤 지원을 받게 되었다. 구빈법은 또한 사회 질서를 유지하려는 사회통제적인 성격이 강했던 법령이었다. 엘리자베스 구빈법이 시행된 이후 산업혁명이 일어나면서 자선조직협회와 인보관운동이 발전하였고, 이는 현대 사회복지실천의 발전에 큰 영향을 미쳤다.

1) 사회복지실천의 태동기(19세기 중반~20세기 초)

18세기 말에서 19세기 초, 영국은 산업혁명으로 도시화와 공업화가 급속히 진행되며 자본주의가 발전했지만, 그로 인해 대규모 도시 빈민이 발생하고 빈곤과 새로운 사회적 문제들이 심각하게 부각되었다. 특히 도시 빈민 문제를 해결하기 위해 재정적 여유가 있는 신흥 중산층 기독교인들이 자선단체를 결성하여 활동했으나, 그들의 활동은 선의에 기반한 것이었음에도 불구하고 분산적이고 비효율적이어서 빈곤 문제를 해결하는 데에는 한계가 있었다. 이러한 자선단체와 민간 사회복지기관들의 활동을 분석한 결과, 서비스의 중복과 누락, 비효율적인 운영, 협력 부족, 재원 낭비 등의 다양한 문제가 드러났다. 이러한 문제들은 민간 사회복지기관의 활동을 조정하고 자선활동을 보다 체계적으로 조직할 필요성을 부각시켰으며, 결국 자선조직협회의 설립으로 이어졌다. 한편, 미국에서는 산업혁명과 시민사회 형성으로 신흥 자본가 계층이 성장하며, 누구나 자유롭게 부를 축적하고 이상사회를 만들 수 있다고 믿었다. 그러나 빈부격차와 사회문제가 심화되며 구빈법이 개인의 자유를 침해한다는 비판이 확산되었고, 이에 따라 민간 자선활동이 선호되면서 자선조직협회와 인보관운동이 발전하게 되었다.

(1) 자선조직협회

사회복지실천의 시작은 자선조직협회의 활동과 사업을 기반으로 이루어졌다. 1869년 영국 런던에서 최초로 설립된 자선조직협회는 국가나 지방자치단체의 구호가 아닌 순수 민간단체였다. 이 협회는 우애방문원이 빈곤 가정을 직접 방문하여 빈곤에서 벗어날 수 있도록 돕는 방식으로 운영되었다. 영국에서는 런던을 여러 지구로 나누고 각 지구에 구빈위원회를 설치해 우애방문원을 통해 빈곤자를 지원했다. 우애방문원은 가정방문, 면담,

기록, 사례연구 등을 수행했으며, 이는 이후 개별사회복지실천의 기초가 되었고 사회복지조사와 지역사회복지실천의 기반이 되었다.

자선조직협회의 활동은 구빈법에 기초하면서 '가치 있는 빈민'과 '가치 없는 빈민'을 구분하여 원조를 제공하였다. 자선조직협회는 기독교적 도덕성을 강조하며, 중산층 기독교인의 가치관에 기반한 근면성을 익혀 빈곤에서 벗어나고 의존성을 줄이도록 교화하는 데 집중했다. 이는 사회진화론과 개인주의적 빈곤관의 영향을 받아, 빈곤의 원인을 개인의 도덕적 결함이나 나태함에서 비롯된 것으로 보고 빈민의 교화를 통해 해결할 수 있다고 여겼기 때문이다. 이들은 빈곤 문제를 국가가 아닌 개인 차원에서 자선을 통해 해결하는 방식을 선호했다. 또한 자선활동을 조정하고 환경을 조사하여 적절한 지원을 제공하고자 하였으며, 효과적인 구제활동을 위해 구제기관 간의 협력을 강화하고, 구제 신청자에 대한 체계적이고 면밀한 조사를 통해 서비스의 중복과 누락을 방지하는 등 보다 효율적인 구제서비스 제공을 위해 노력했다. 우애방문원은 자선조직협회에서 활동한 자원봉사자로, 주로 중산층 부인들로 구성되었다. 이들은 무급으로 봉사하며, 후에 사회복지사의 역할로 발전하는 기반이 되었다. 주요 활동은 빈곤 가정을 방문해 가정생활과 아동교육을 지도하고, 가계 운영에 대한 조언을 제공하며, 빈민층의 교화, 욕구 조사, 문제 원인 분석, 문제해결 방법 안내 등을 수행하는 것이었다. 이후 이 역할은 개별사회복지실천으로 발전하면서 점차 전문화되었다. 또한 사회복지조사와 지역사회실천활동에도 영향을 미쳤다. 자선조직협회는 빈곤의 원인을 개인의 도덕성 결여로 보아 빈민의 인격적 도덕적 결함을 개선하는 데만 관심을 가졌으며, 따라서 자선조직협회는 빈곤을 경제 혹은 사회체계의 구조적 모순으로 인한 현상으로 보지 않았다. 이러한 한계는 인보관운동이 시작되는 계기로 이어지기도 하였다.

(2) 인보관운동

산업혁명 이후 빈곤과 빈부격차가 심화되면서 이를 해결하기 위해 자선조직협회가 설립되었지만 한계를 드러냈다. 이러한 상황에서 등장한 것이 인보관운동(settlement movement)이다. 자선조직협회보다 약 15년 늦게 시작되었으나, 산업화, 도시화, 빈곤, 이민 문제를 해결하려는 접근방식은 상당히 달랐다. 기독교 사회주의의 영향을 받은 인보관운동은 빈곤이 개인의 문제가 아니라 사회구조적 문제이며, 따라서 사회가 주도적으로 해결해야 한다고 주장했다. 이를 위해 빈곤 지역을 개선하고 교육을 제공함으로써 빈곤 문제를 해결하려 했다. 이들은 단순한 자선이나 개인적 지원보다는 사회적 환경을 변화시키는 것이 중요하다고 보고, 빈민과 함께 생활하며 자립할 수 있도록 역량을 강화하는 데 중점을 두었다. 즉, 빈곤층에 대한 직접적인 원조보다는 기존 사회구조를 개혁하는 데 초점을 맞춘 사회개혁운동의 성격을 띠었다.

인보관운동은 주로 대학생과 지식인층이 주도했으며, 빈곤 지역에 거주하면서 주택 환경 개선, 공중보건 향상, 노동 착취 방지 등의 활동을 펼쳤다. 이들은 '3R', 즉 거주(Residence), 연구조사(Research), 개혁(Reform)의 원칙을 강조하며, 빈곤층과 함께 생활해야 그들의 실상을 이해할 수 있고, 연구를 통해 사회제도를 개혁해야 한다고 보았다. 사회적 변화를 위해 빈민들에게 사회개혁의 필요성을 알리고, 직접 교류하면서 그들의 욕구를 파악하는 것이 중요하다고 여겼다. 또한 인보관운동은 도덕성을 계층별로 다르게 바라보았으며, 중산층의 도덕관념이 절대적인 기준이 아니라는 점을 인정했다. 소외계층의 역량을 강화하는 데 주력하며, 스스로 문제를 해결할 수 있는 능력이 있음을 인식하고 이를 발휘할 수 있도록 지원했다.

세계 최초의 인보관은 1884년 영국 런던의 토인비 홀(Toynbee Hall)이고, 미국에서는 1886년 코이트가 뉴욕에 세운 근린길드(Neighborhood Guild)가 첫 사례다. 이후 1889년 제인 아담스가 시카고에 설립한 헐 하우스(Hull House)가 가장 유명한 인보관으로 자리 잡았다. 인보관운동은 이후 집단사회복지실천의 시초가 되었으며, 역량강화모델의 근원이자 지역사회복지실천의 한 형태로 발전했다.

2) 사회복지실천 전문직 확립기(1900~1920년 전후)

플렉스너(Flexner)는 1915년 미국의 자선단체 및 교정대회에서 사회복지실천이 전문직으로 인정받기에는 여러 부족한 점이 있다고 지적했다. 이로 인해 사회복지의 전문성에 대한 논란이 시작되었고, 전문직으로서 필요한 윤리와 가치체계를 확립하는 데에 관심이 모아졌다. 그 결과, 사회복지실천을 전문직으로 만들기 위한 본격적인 움직임이 일어나게 되었다. 사회복지실천이 전문직으로 자리 잡기 위한 첫 번째 단계는 보수체계의 정비였다. 1900년대 초 자선조직협회는 유급 우애방문원을 채용하기 시작했으며, 그동안 자원봉사자로 활동하던 이들에게 보수를 지급해 지속성과 책임감을 강화하고 역할을 확장했다. 또한 우애방문원들의 관리 업무를 전문적으로 담당할 관리자를 고용하여 교육과 슈퍼바이저 역할을 맡기게 되었다.

두 번째로, 교육훈련 시스템의 도입이 있었다. 자선조직협회는 도제식 훈련에서 벗어나 정규 교육과정을 통해 우애방문원을 훈련시킬 필요성을 느끼고, 이를 위한 프로그램을 마련했다. 1898년, 뉴욕자선조직협회는 6주 과정의 사회복지 전문인력 훈련과정을 개설했으며, 그 후 뉴욕자선학교는 1904년 1년 과정, 1910년에는 2년 과정의 교육 프로그램을 제공했다. 플렉스너의 비판 이후, 1919년까지 17개의 사회복지 전문학교가 설립되었고,

그 중 12개가 대학 내에 설립되면서 사회복지 교육의 수준이 높아졌다. 1920년대에는 석사 과정도 개설되기 시작했다.

세 번째로, 사회복지실천 이론의 체계화가 이루어졌다. 프로이트의 정신분석 이론은 사회복지실천에 큰 영향을 미쳤으며, 필라델피아 자선조직협회의 책임자였던 메리 리치몬드는 『사회진단』(1917)을 통해 자신과 동료들의 사회복지실천 경험을 정리하여 이론과 방법을 체계화했다. 이 책은 빈민 상황을 진단하는 기술을 소개하며, 사례연구, 진단, 문제 예측, 계획 및 실행의 단계로 나누어져 있어 현대 사회복지실천에 중요한 영향을 미쳤다. 1922년에는 『개별사회복지실천이란 무엇인가』를 저술하며, '케이스워크'를 개인과 환경 간의 조화를 이루어 인격 발달을 촉진하는 과정으로 정의했다. 이는 '환경 속의 인간'이라는 사회복지실천의 기본 관점을 담고 있다.

마지막으로, 사회복지 관련 전문가협회들이 설립되었다. 1918년 미국병원사회사업협회를 시작으로, 1921년에는 미국사회복지사협회(ASSW), 1924년에는 미국정신의학사회복지사협회가 설립되었으며, 다양한 사회복지 단체들이 전국적으로 연합하여 조직을 강화하고, 사회복지 분야의 발전을 위한 전국 회의를 개최했다.

3) 사회복지실천의 전문직 분화기(1920~1950년 전후)

1920년을 기준으로 이전 시기가 사회복지실천이 점차 전문직으로서의 기틀을 다지고, 전문영역으로의 확장, 이론적 기초를 이루기 위한 성장의 시기라면, 이후의 시기는 사회복지실천이 3대 방법론으로 분화 발전하고, 진단주의 학파와 기능주의 학파가 대립 발전하였으며, 사회복지실천의 공통요소를 정리하고자 시도하였던 때라고 말할 수 있다.

(1) 개별사회복지실천의 발달

개별사회복지실천(case work)은 개별사회사업 방법론을 기반으로 행해지는 사회복지실천이다. 개별사회복지실천이 이루어지는 사회복지실천현장은 주로 병원이나 의료기관, 학교, 사회복지기관 및 복지시설, 아동상담소 등이며, 개별 클라이언트의 상황을 파악하고 그에 맞는 해결책을 제시하며 개인의 사회적 기능 회복을 돕기 위해 개입하고 지원하는 활동을 한다. 이 시기에는 진단주의 학파와 기능주의 학파 간에 활발한 논쟁이 있었으며, 서로 영향을 주고받으며 발전했다. 1920년대 초, 프로이트의 정신분석 이론을 따른 진단주의 학파가 부각되었고, 이들은 인간을 기계적이고 결정론적인 관점에서 이해하려 했다. 이들은 인간의 행동이 무의식적 힘과 유년 시절에 형성된 부모의 영향에 의해 결정된다고 보았다. 진단주의 학파는 주로 아동기 문제에 대한 이해를 바탕으로 치료를 진행하며, 클라이언트의 생애사를 통해 그들의 내면세계를 분석하고, 자아(ego)를 강화하여 사회적 적응력을 증진시키는 방법을 제시했다. 주요 학자로는 홀리스(Hollis), 고든 해밀턴(Gordon Hamilton), 메리 리치몬드가 있으며, 특히 홀리스는 자아를 심리사회적 모델로 발전시키는 데 중요한 역할을 했다. 반면, 1930년대 후반에는 기능주의 학파가 등장하며 진단주의에 반기를 들었다. 이 학파는 펜실베이니아대학교 사회사업대학원에서 발전하였으며, 오토 랭크(Otto Rank), 로빈슨(Robinson), 태프트(Taft), 스몰리(Smalley) 등이 주요 학자였다. 오토 랭크는 프로이트의 인간관에 반대하며 인간을 창의적이고 의지적인 존재로 바라봐야 한다고 주장했다. 기능주의 학파는 인간의 성격에서 자아의 창조적 통합을 강조하고, 사회복지사가 클라이언트를 중심으로 지원을 제공하며 자아 발전의 과정에 집중했다. 이들은 클라이언트가 사회복지기관의 자원을 활용해 자신의 성장 과제를 수행하도록 도왔고, 클라이언트가 스스로 문제를 해결할 수 있는 능력을 키울 수 있도록 원조했다. 치료의 책임은 사회복지사에게 있지 않으며, 클라이언트가 자신의 문제를 해결하는 과정에서 도움을 주는 역할을 해야 한다고 보았다. 진단주의 학파는 이후 클라이언트 중심 모델로 발전하게 되었다. 한편, 사회복지실천이 병원, 학교, 법원 등 다양한 분야로 확장되면서, 사회복지계 내부에서는 공통의 지식기반을 마련하려는 움직임이 커졌다. 1929년 밀포드 회의에서는 개별사회복지실천을 중심으로 한 8개 영역에서 공통요소를 정리하여 발표하였다. 이 회의에서 제시된 '사회복지실천을 전문직으로 하는 사회복지사가 갖추어야 할 기본적인 지식 및 방법론'은 다음과 같다.

- 사회에서 받아들여지는 규범적 행동으로부터 벗어난 행동에 관한 지식
- 인간관계 규범의 활용도
- 클라이언트 사회력의 중요성
- 클라이언트 치료를 위한 방법론
- 사회치료(social treatment)에 지역사회 자원 활용
- 개별사회복지실천이 요구하는 과학적 지식과 경험 적용
- 개별사회복지실천의 목적, 윤리, 의무를 결정하는 철학적 배경 이해
- 이상 모든 것을 사회치료에 융합

진단주의 학파	기능주의 학파
• 프로이트의 정신분석 이론에 영향을 받음 • 인간은 무의식의 힘에 의하여 좌우됨 • 과거의 힘 강조 • 기계적이고 결정론적인 인간관 • 치료 중심 • 질병의 심리학 • 홀리스의 심리사회모델로 발전	• 인간의 '의지' 강조 • 과거에 얽매이지 않은 개인의 성장 가능성 • 인간에 대한 낙관적 견해 • 원조 과정, 기관의 기능 중심 • 성장의 심리학 • 문제해결모델(진단주의와 기능주의 절충), 클라이언트 중심 모델에 영향을 미침

출처 : 사회복지사 국가자격시험 연구회(2024).

(2) 집단사회복지실천의 발달

1920년대에 들어서면서 지역사회 공공시설과 커뮤니티 센터가 건설되고, 주민들의 자발적인 여가 및 집단활동이 활성화되면서 전문적이고 이론적으로 체계화된 집단지도 기술에 대한 필요성이 커졌다. 이에 따라 집단사회복지실천에 대한 전문 교육이 시작되었으며, 1923년 웨스턴리저브대학교 사회복지대학원에서 첫 강의가 열렸다. 이후 여러 대학에서 집단사회복지실천 교육 과정을 개설하였고, 1936년에는 미국집단사회복지연구협회가 창립되었다. 그 후 집단사회복지실천은 개별사회복지실천과 함께 중요한 사회복지실천 방법으로 자리 잡았다. 이 방법은 집단 구성원 간의 상호작용을 강조하고 경쟁보다는 협력에 중점을 두었으며, 제2차 세계대전 이후에는 정신분석 이론을 바탕으로 집단치료 방법이 군대와 사회복지기관에 도입되면서 집단지도자들이 고용되기 시작했다. 이로 인해 집단사회복지실천에 대한 체계적이고 이론적인 교육이 필요해졌고, 1946년에는 미국사회복지회의가 이를 공식적으로 사회복지실천기술로 인정하게 되었다.

(3) 지역사회조직의 발달

1920년부터 주 단위로 공공복지기관이 설치되면서 지역사회조직론(community organization)으로 전환하는 계기가 마련되었다. 당시 대공황으로 인해 민간사회사업은 한계를 드러냈고, 국가가 사회사업기관을 설립하면서 공공기관에서 활동하는 사회복지사의 수가 점차 늘어나고 지역사회복지실천이 발달하고 전문화되면서 지역사회조직이 사회복지의 한 방법론으로서 정착하게 되었다. 이때 지역사회조직의 이론화에 크게 공헌한 것이 「레인(R. P. Raine) 보고서」이다. 전미사회사업회의에 제출된 레인 보고서는 첫째, 지역사회조직의 개념, 방법, 활동, 분야, 자격, 교육훈련 등을 체계화하는 데 기여하였고, 둘째, 지역사회조직사업의 주된 기능을 욕구와 자원의 조정으로 규정하고 지역사회의 욕구를 중심으로 했으며, 셋째, 주민참가의 중요성을 강조하였고, 넷째, 욕구조사에 대한 기술을 발달시키는 계기가 되었다(양정남 외, 2014).

4) 사회복지실천의 통합기(1950~1970년 전후)

사회가 점점 복잡하고 다양화되면서 그에 따른 다양한 사회문제들에 대한 해결은 기존의 방법론별 접근으로는 한계에 봉착했다. 이러한 문제를 해결하기 위해, 1929년 밀포드 회의를 시작으로 각기 다른 사회복지실천 방법론 간의 공통적인 요소를 찾고 통합하려는 시도가 지속적으로 이루어졌다. 사회복지사가 수행하는 다양한 실천 영역에서 공통된 역할과 요소가 존재한다고 전제하고, 이를 기반으로 통합적 방법론이 연구되기 시작했다. 대표적인 통합 이론으로는 펄만(Perman)의 문제해결모델, 핀커스와 미나한(Pincus & Minahan)의 4체계모델, 콤튼과 갤러웨이(Compton & Galaway)의 6체계모델, 골드스타인(Goldstein)의 단일화모델, 저메인과 기터만(Germain & Gitterman)의 생활모델 등이 있다. 사회복지실천기술에서는 개별사회복지실천, 집단사회복지실천, 지역사회조직의 세 가지 방법을 결합하여 사회행동, 조사, 관리계획, 정책 등을 포함한 거시적인 방향으로 발전하는 것이 요구되었다. 이러한 변화는 클라이언트의 생활을 전체적으로 이해하고 필요한 서비스를 조정하는 사례관리(case management)와 자조집단활동 지원, 사회적 지지망 형성 등을 포함하며, 과거의 미시적 원조와 거시적 원조를 통합한 새로운 영역으로 확장되었다.

또한 전문직 단체의 통합이 이루어졌고, 1955년에는 전미사회복지사협회(NASW)가 의료사회사업가협회(1918), 학교사회사업가협회(1919), 정신의료사회사업가협회(1926), 집단사회사업가협회(1946)의 다섯 전문직 단체와 지역사회조직사업 및 사회사업조사 관련 연구 단체를 합쳐 하나의 전문직 단체로 출범했다. 한편, 전쟁과 그로 인한 상실, 가족 기능 약화, 가족의 분리와 붕괴, 청소년 비행 등의 문제로 가족에 대한 관심이 높아지면서 가족치료의 중요성이 강조되었고, 1960년대에는 개별사회복지사가 가족구성원들의 의사소통, 의사결정, 사회적 기술 등을 향상시키기 위한 개입을 하면서, 개별사회복지실천과 집단사회복지실천이 통합되는 방향으로 발전하였다.

5) 다양화 · 확장기(1970년대~현재)

1970년대에 접어들면서 개별사회복지실천에 대한 비판이 제기되었다. 주요 비판은 소외된 계층에 대한 원조가 충분하지 않다는 점과 사회복지실천에 적용되는 방법론 및 과학적 개입 기술이 부족하다는 것이었다. 이러한 비판에 대응하여, 사회복지실천은 대상별 클라이언트에 맞춰 직접적 기능과 간접적 기능으로 나누어 접근하게 되었다. 이와 함께 전통적인 '심리사회모델', '기능주의모델', '문제해결모델' 외에도 다양한 이론들이 사회복지실천의 새로운 패러다임으로 등장하였다.

이 시기에는 사회복지실천모델에 대한 연구가 활발해졌고, 다양한 실천모델들이 나타났다. 기존의 정신분석 이론과 자아심리학에 더하여, 일반체계이론과 생태체계이론 등이 통합화의 유용한 이론으로 주목받았다. 특히 생태체계적 관점은 전통적인 방법론에서 벗어나 새로운 방향으로 사회복지실천을 이끌었다. 이 이론은 병리에 초점을 맞추기보다는 개인의 강점에 집중하며, 클라이언트의 상황에 맞는 다양한 역할과 개입전략을 중요시했다. 또한 사회복지실천은 전통적인 빈곤 문제를 넘어서 비행, 장애, 보건, 정신건강 등 다양한 사회문제를 다루기 시작했다.

새로운 모델로는 과제중심모델, 역량강화모델, 강점관점 등이 등장했으며, 집단사회복지실천에서는 '권한부여(empowerment)' 개념이 중요한 요소로 떠올랐다. 집단사회복지실천은 사회목표모델(social goals model), 치료모델(remedial model), 상호작용모델(reciprocal model) 등으로 확장되었다. 한편, 지역사회활동에 관한 이론도 발전하여, 로스만(Rothman)은 지역사회활동을 지역개발모델, 사회계획모델, 사회행동모델로 분류하였다. 이후 근린지역, 기능지역의 지역사회조직, 프로그램 개발과 지역사회 연계, 사회운동, 연대활동 등 다양한 모델들이 추가되었다.

이와 같은 흐름은 1970년대 사회복지실천의 주요 변화로, 기존의 모델을 넘어서는 통합적이고 다각적인 접근을 가능하게 했다.

2. 한국 사회복지실천의 역사적 발달

1) 한국 사회복지실천의 태동

(1) 한국의 초기 사회복지실천

① 국가주도 구제정책 : 고조선~조선시대

서구 사회복지실천의 역사적 기원을 고대와 중세시대에서 찾을 수 있는 것처럼, 우리나라 역시 고조선시대부터 그 뿌리를 찾아볼 수 있다. 고조선은 부조활동을 통해 사회적 책임을 다했으며, 흉년이나 가난 등으로 백성들이 어려움에 처했을 때 국고에서 비축한 양식을 풀어 구제하는 정책을 실시했다. 이러한 구제활동은 고대국가에서 국가의 존속을 위한 중요한 사회정책으로 자리 잡았으며, 고구려의 진대법은 그 대표적인 사례로 꼽힌다. 조선시대에는 유교사상이 중요한 영향을 미쳤고, 백성의 불행을 왕의 책임으로 여겼기 때문에 구제사업을 보다 체계적으로 발전시켰다. 이 시기에는 민생을 구제하는 여러 기관들이 설립되었으며, 구황청, 혜민국, 재생원, 활인서, 기로소 등이 그 예이다. 또한 구제제도로는 창제와 환곡, 의창, 상평창 등이 운영되었고, 민간에서는 계, 두레, 향약과 같은 자발적인 사회적 조직들이 형성되었다.

② 근대적 사회복지실천 : 개화기~한국전쟁 이후

근대적 개념의 사회복지실천은 개화기를 기점으로 시작되어, 한국전쟁 이후 본격적으로 발전했다고 볼 수 있다. 1888년 프랑스 주교가 설립한 고아원이 근대적 사회복지사업의 시작으로 평가된다. 1905년에는 이필화가 경성고아원을 개설하며 사회복지활동을 확장했다. 이 시기에 일본은 방면위원제도를 도입했는데, 이는 독일 엘버펠드 구빈위원제도를 모델로 한 것으로, 식민지였던 한국에서도 적용되었으나 주로 일본인들이 중심이 되어 시행됐다. 방면위원은 무보수 명예직으로, 자신이 거주하는 지역 내 빈민들의 생활을 조사하고 구제 및 지도를 담당했다.

미군정 시기(1945~1948)에는 아놀드 장군이 법령 제18호를 공포하면서 조선총독부 경무국 위생과의 명칭을 보건후생부로 바꾸고 사회복지정책을 추진했으나, 이는 단기적인 계획에 그쳤고 적극적이고 혁신적인 사업이 진행되지는 않았다. 대한민국 정부 수립과 함께 헌법이 공포되었으나, 1950년 한국전쟁으로 국토가 황폐해지고 외국의 원조에 의존하게 되었다. 전쟁을 계기로 서구의 선교단체와 원조단체들이 대거 진출하여 자선적이고 종교적인 구제활동을 펼쳤고, 이 시기에 서구의 근대적 사회복지 개념이 도입됐다. 또한 외국의 원조단체들은 시설 중심의 사회복지를 발전시켰으며, 기독교 아동복지재단, 홀트아동복지회, 선명회 등에서 개별사회사업을 진행했다. 1952년에는 한국연합회(KAVA : Korea Association of Voluntary Agencies)가결성되어 외국 민간 원조기관들의 협력이 본격화되었다. 또한 미국 선교사들이 설립한 병원과 상담소에서는 사회복지사를 고용하여 주로 심리치료를 실시했다.

(2) 사회복지실천의 시작과 발전

① 교육영역

정식 교육기관으로는 1947년 이화여자대학교에 사회사업학과가 최초로 설립되었다. 1953년에 현재 강남대학교의 전신인 중앙신학교가 최초의 사회복지사 양성을 위한 훈련기관으로 설립되었다. 전문직업보다는 학문을 중시하는 유교사상적 풍토로 인하여 전문직업학교를 통한 교육보다는 정규대학을 통한 학문적 교육이 중시되었고, 이후 정규대학에서 사회복지학과가 계속 설립되었다. 1965년에는 한국사회사업교육연합회(현 한국사회복지교육협의회)가 태동하였다.

② 지역사회복지 영역

1921년 태화여자관(현 태화기독교사회복지관)이 설립된 것을 시작으로 지역사회복지사업이 시작되었다. 미국의 인보관운동과 같은 형태로 사회계몽과 사회개혁을 실천하였다. 1983년 개정된 사회복지사업법을 토대로 사회복지관의 설립 및 운영을 지원하는 근거가 마련되었으며, 1985년부터는 시·도 단위로 종합사회복지관이 설립되기 시작하였다. 특히 1989년에 개정된 주택건설촉진법에 의해 저소득층 영구임대아파트 건립 시 일정 규모의 사회복지관 건립을 의무화하였다. 2003년에 개정된 사회복지사업법에 따라 '지역사회복지협의체'가 만들어졌고, 여기서 지역 단위의 복지계획을 수립하도록 하고 있다.

③ 의료사회복지 영역

한국 의료사회복지의 시작은 미군 병원과 미국 기독교 선교사들이 설립한 병원을 통해 소개되면서부터라고 할 수 있다. 1958년 한노병원에서 의료사회사업가가 처음으로 고용되어 일을 하였고, 1959년 국립의료원과 원주기독병원 등에서 의료사회사업이 시작되었다. 1973년에 의료법 시행규칙 시행에 따라 종합병원 단위의 의료기관에서 사회복지사를 의무적으로 고용하게 되었으며, 같은 해 '대한의료사회사업가협회'가 창립되었고 2000년에 '대한의료사회복지사협회'로 명칭이 변경되었다.

④ 학교사회복지 영역

우리나라에서 공식적인 학교사회복지사의 활동은 1997년 교육부에서 '학교사회사업 시범연구사업'을 시작한 것에서 출발한다. 그러나 공식적인 학교사회복지의 제도화가 이루어지지는 않았다. 1997년 한국학교사회복지학회가 만들어졌고, 2000년 한국학교사회사업실천가협회가 창립되었으며, 2005년 제1회 학교사회복지사 자격시험이 실시되었다. 그러나 국가자격화는 되지 않았고 2018년「사회복지사업법」개정으로 전문사회복지사의 하나로 명시되는 역사적 전환을 이루었다. 사회복지사업법 제11조 제2항에 따른 학교사회복지사 자격규정은 1급과 2급으로 하되 정신건강, 의료, 학교 영역에 대해서는 영역별로 정신건강사회복지사, 의료사회복지사, 학교사회복지사의 자격을 부여할 수 있다는 규정으로 개정되었다. 이와 같은 개정에 이어 2020년「사회복지사업법」시행령과 시행규칙이 개정되면서 학교사회복지사의 자격기준에 대한 세부적인 내용이 확정되었다. 학교사회복지사 자격 취득을 위해서는 사회복지사 1급 이상, 총 1,000시간 이상의 수련과정을 이수해야 하며, 세부적으로는 시행규칙 별표 1의2에 따라 이론 150시간, 실습 830시간, 학술활동 20시간 이상으로 규정하고 있다. 수련지도자는 학교사회복지사 자격을 갖춘 5년 이상 학교사회복지 실무 경험이 있어야 한다. 이와 함께 「사회복지사업법」의 보수교육법(법 제13조 제2항)과 시행규칙 제5조에 따라 학교사회복지사는 연간 12시간 이상의 보수교육을 받도록 하고 있다.

⑤ 공공영역

1987년부터 사회복지전문요원(현 사회복지전담공무원)이 공공영역에 배치되었다. 주로 저소득층 밀집지역을 중심으로 동사무소에 배치되어 활동했으며, 국민기초생활보장법에 의거해 수급대상자를 선정하거나 아동, 노인, 장애인복지업무 등을 담당했다. 1999년 10월 사회복지전문요원의 일반직 전환 및 신규 채용지침을 승인함으로써 별정직 사회복지전문요원을 일반직 사회복지전담공무원으로 전환하였고, 2000년 1월부터 전직이 시행되었다. 2004년 7월부터 전국 9개 시・군・구에서 사회복지사무소를 시범 운영하면서 공공영역의 사회복지 전문성 강화를 시도하였다.

⑥ 정신건강 영역

정신장애인의 격리・수용보다는 사회복귀와 예방, 인권보호에 초점을 맞춘 정신보건법이 1995년 제정됨에 따라 정신과 병원 및 지역사회에서 정신보건에 관한 양질의 서비스를 제공할 전문인력의 수요가 증가하게 되었다. 이에 따라 정신질환의 예방과 정신질환자의 의료 및 사회복귀 등의 업무를 수행할 전문지식과 기술을 갖춘 인력을 양성하기 위해 1997년 정신조건전문요원 자격이 제정되었다. 2017년 5월 정신건강증진 및 정신질환자 복지서비스 지원에 관한 법률이 시행되면서 현재는 「정신건강증진 및 정신질환자 복지서비스 지원에 관한 법률」(약칭 : 정신건강복지법)에 의거 정신건강사회복지사로 명칭이 변경되었다.

⑦ 전문가협회

1959년 한국개별사회사업가협회가 창설되었고, 1965년 한국사회사업교육연합회가 설립되었다. 1967년에는 한국사회사업가협회가 탄생하였고, 1985년 한국사회복지사협회로 개칭하였다. 1973년 대한의료사회사업가협회가 창립되었고, 2000년 대한의료사회복지사협회로 명칭을 변경하였다.

⑧ 가족복지 영역

2005년 건강가정기본법이 시행되면서 가족복지정책의 주요 전달체계로서 다양한 가족지원정책을 제안 및 실행하기 위해 시·군·구 단위로 건강가정지원센터가 설립되기 시작하였다. 사회복지관과 서비스의 중복 및 기관의 역할 정체성의 문제가 제기되었지만, 2016년 기준 중앙건강가정지원센터(한국건강가정진흥원)를 포함하여 전국에 160개 이상의 건강가정지원센터가 설치, 운영되면서 가족문제 발생을 사전에 예방하고 일반 가족 및 다양한 가족을 대상으로 통합적인 가족지원서비스를 제공하기 위하여 노력하고 있다. 국내에 체류하고 있는 외국인 인구가 증가하고 다문화가족이 증가하면서 2006년 결혼이민자가족지원센터로 운영해 오던 것을 2008년 다문화가족지원법이 제정되면서부터는 다문화가족지원센터가 전국 단위로 설치, 운영되고 있다. 2016년 기준 217개 센터에서 한국어 교육, 가족교육, 상담, 문화 프로그램 등 다양한 서비스를 제공하고 있다. 이후 건강가정지원센터와 다문화가족지원센터가 별도로 운영되던 것을 점차 통합하여 2020년 기준 건강가정·다문화가족지원 통합센터가 203개소(미통합 건강가정지원센터 13개소, 미통합 다문화가족지원센터 25개소) 운영되고 있다.

2) 사회복지인력과 자격제도

(1) 사회복지사

1970년에 제정된 사회복지사업법에 '사회복지사업종사자'라는 명칭이 최초로 사용된 이후 1983년 사회복지사업법이 개정되면서 '사회복지사'라는 명칭으로 변경되었다. 그러다 1997년 개정된 사회복지사업법에 따라 2003년부터 국가자격시험을 실시하여 새로운 자격제도를 시행하게 되었다. 2019년 1월 1일 기준 사회복지사업법에는 사회복지사 자격을 1급과 2급으로 규정하고 있으며 사회복지사 1급 자격은 국가시험을 통해 자격을 취득하도록 하고 있다. 사회복지사의 역할을 살펴보면 사회복지사업법 제11조에서 사회복지에 관한 소정의 전문지식과 기술을 가진 자에게 사회복지사 자격을 부여하고 이들에게 복지업무를 담당하도록 함으로써 아동, 청소년, 노인, 장애인 등 보호가 필요한 사람들에게 전문적이고 체계적인 복지서비스를 제공한다고 설명하고 있다. 한편, 사회복지사에 대한 보수교육이 2009년부터 법제화되어 실시되고 있는데, 이는 사회복지사의 지속적인 전문성 향상과 역량강화의 필요성에 기인한 것이다. 2020년 사회복지사 자격은 영역별로 세분화하여 의료사회복지사와 학교사회복지사, 정신건강사회복지사를 국가자격으로 법제화하였다.

(2) 학교사회복지사

학교사회사업 시범사업은 교육부 주관으로 1997년 시작되어 1999년까지 이루어졌다. 그러다 1997년 한국학교사회복지학회가 만들어지고 2000년에는 한국학교사회사업실천가협회가 창립되면서 2005년 제1회 학교사회복지사 자격시험이 실시되었다. 처음 학교사회복지사 자격은 한국사회복지사협회장의 위임을 받아 한국학교사회복지사협회와 한국학교사회복지학회가 공동 주관하여 학교사회복지사 자격관리위원회에서 발급을 관장하였다. 그러다 학교 내 정서행동문제, 학교폭력, 가정해체, 빈곤 문제 등 증가로 학생 개개인의 복지욕구에 대응할 수 있는 전문인력의 필요성이 대두되었고, 기존의 교육복지우선지원사업이나 지역사회연계 사업에만 의존하는 구조로는 복합적인 학생 문제의 해결에 대한 한계로 학교사회복지사를 별도의 전문직으로 국가자격화 논의가 제기되었으며, 2022년 사회복지사업법 시행령 개정으로 민간자격이었던 학교사회복지사 자격이 국가자격으로 전환을 맞이하게 되는 법적 기반을 마련하였다.

(3) 정신건강사회복지사

정신건강복지법(구 정신보건법)에 의거한 정신건강전문요원은 정신건강임상심리사, 정신건강간호사, 정신건강사회복지사이다. 정신건강사회복지사 2급의 경우는 사회복지사업법 시행령 제11조 제2항에 따른 사회복지사 1급 자격을 소지한 사람으로서 수련기관에서 1년 이상 수련을 마친 사람이 취득할 수 있으며, 2급 정신건강사회복지사 자격을 취득한 후 정신건강시설 또는 보건소에서 5년 이상 정신건강 분야의 임상실무 경험이 있는 자는 1급을 취득할 수 있다. 1998년부터 2급 정신건강사회복지사 자격시험이 시작되었고, 2002년에 1급 승급시험이 시행되었다. 그러다 2018년 민간자격이었던 정신건강사회복지사가 사회복지사업법 개정으로 인해 국가자격으로 법제화되고 사회복지사 1급 자격을 취득한 후 보건복지부령으로 정하는 수련기간에서 수련과정을 마치고 이수한 사람에 대해 국가자격 정신보건사회복지사 자격을 취득할 수 있도록 개정하였다.

3) 한국 사회복지와 외원단체

(1) 한국전쟁 이후의 외원단체

한국전쟁 발발 후 유엔(UN)의 요청에 의해 각국의 외원단체들이 구호물품 및 성금을 보내주거나 직접 방문하여 구호사업을 전개하였다. 기독교아동복지회(Christian Children's Fund, 현 어린이재단)는 1948년 내한 이후 한국전쟁 이후에 전쟁고아들을 후원하는 사업을 주로 펼쳐왔다. 전국 단위의 시설을 통해 아동을 보호 후원하였으며, 1972년에는 '한국어린이재단'으로 법인명을 변경하였다. 1986년에 현 한국복지재단에 사업을 위임한 후 한국을 떠남에 따라 국내 순수 민간단체로 거듭나면서 독자적인 사업을 실시하고 있다.

1994년에 '한국복지재단'으로 명칭 변경 후 2008년 다시 '어린이재단'으로 변경하여 지금에 이르고 있다. 한국전쟁으로 인한 고아와 과부를 돕기 위해 미국인 선교사 피어슨(Piercen)과 한경직 목사에 의해 1953년 설립된 선명회(World Vision)는 현재 월드비전이라는 이름으로 전 세계 100여 개국에서 2억여 명을 대상으로 긴급구호사업, 개발사업, 아동후원사업, 북한사업 등을 펼치고 있다. 1991년 우리나라는 수혜국 위치에서 지원국으로 선환되어 사랑의 빵 저금통 모금을 시작으로 본격적 모금운동을 전개했다. 또한 국내와 해외에서 아동 및 가정결연사업을 실시하고 있으며, 국내에서는 종합사회복지관, 장애인복지관, 청소년수련원, 아동학대예방센터, 음악원 등을 운영하고 있다. 홀트아동복지회는 한국전쟁 후 1955년 미국인 홀트(Holt)가 한국의 전쟁고아와 혼혈아동을 돕기 위해 방한하면서 시작되었다. 그 자신이 12명의 혼혈아동을 입양하는 것을 시작으로 홀트아동복지회의 역사는 출발한다. 1956년 국내에 해외양자회를 설립하고 미국에는 Holt Adoption Program, Inc.를 설립하여 해외입양을 시작하였다. 1957년부터 국내입양도 시작하였다. 1972년 법인 명칭을 홀트아동복지회로 개칭하여 지금까지 사용하고 있으며, 1975년에는 대한기독교개혁선교회(Christian Reformed Korea Mission)를 합병하였다. 홀트아동복지회는 아동상담소, 미혼모시설, 영아원, 사회복지관, 장애인복지관, 어린이집, 학교, 일산복지타운, 요양원 등을 운영하면서 한국의 주요 사회복지기관으로서 자리매김하고 있다. 유니테리언 봉사회(현 한국봉사회)는 1945년 조직된 외원기관으로 1952년 내한해 전쟁고아, 과부, 결식아동 등의 구호를 위해 활동했다. 1958년 우리나라에서 처음으로 전문교육을 받은 전문사회사업가를 채용하여 사회복지사업을 전문화하는 데 공헌하였다. 1977년 명칭을 사회복지법인 한국봉사회를 바꾸고 1979년 캐나다로부터의 원조 중단 이후 독자적으로 복지사업을 전개해 현재 종합사회복지관, 어린이집, 자활후견기관 등 복지사업을 운영하면서 한국 토착화에 성공한 사회복지기관 중 하나이다. 양친회(Foster Parents' Plan, 현 양친사회복지회) 국제 본부는 종교, 정치, 인종을 초월하여 전 세계에 걸쳐 복지사업을 수행하는 단체로서 한국전쟁을 계기로 1953년 부산에 한국지부를 두고 사업을 시작하였다. 외국의 후원자와 한국아동 사이에 외원단체 사무실을 통해 후원금이 전달되는 형태로 사업을 시작하였으며, 시설아동뿐 아니라 일반가정의 방치된 아동도 지원하였다. 일종의 거택구호사업이었으며 후일 가족복지사업의 선구적인 형태였다고 할 수 있다.

(2) 한국외원단체협의회(KAVA : Korea Association of Voluntary Agencies)

한국전쟁 이후 다수의 외원단체들이 난립하며 비조직적이고 체계적이지 못한 방식으로 서비스를 제공함에 따라, 수혜자의 중복 수급이나 지원 누락 등의 문제가 자주 발생하였다. 이러한 혼선을 방지하고, 서비스 제공 기관 간의 협력과 조정, 정보 공유 및 통합적 지원체계를 구축하기 위해, 기존에 개별적으로 운영되던 외원 사업을 통일하고 효과적인 원조를 추진하고자 1952년 7개 기관이 모여 카바(KAVA : Korea Association of Voluntary Agencies)를 결성하였다.

카바는 의결기관으로서 기관 대표들로 구성된 자문위원회를 중심으로, 사회복지 · 교육 · 지역사회 · 구호 · 보건 · 소분과 등 각 분야별 분과위원회를 두고 활동하였다. 1954년에는 33개 외원단체가 참여하였고, 1955년에는 사무국을 설치하며 연합조직으로서의 틀을 갖추었다. 이후 1962년 62개, 1964년 70개, 1970년에는 76개 단체가 가입하여 활동을 전개하였다.

카바는 1970년대 초반까지 활발한 활동을 이어가며 고아, 장애인, 혼혈아, 아동 유기 등의 사회문제에 대한 실태조사를 실시하고, 다양한 사회복지서비스를 제공하였다. 초창기에는 전쟁 직후의 긴급구호 중심에서 출발하였으나, 시간이 흐르며 점차 장기적인 복지사업으로 전환되었다.

비록 다수의 외원단체들은 종교적 선교 또는 구호를 주요 목적으로 활동하였기 때문에 순수한 사회복지 전문활동이라고 보기 어렵지만, 일부 단체는 서구 사회복지전문가의 활동을 통해 전문 사회복지실천 개념과 기법을 국내에 도입하고 선파하는 데 기여하였다. 결과적으로 외원단체들의 활동은 한국 사회복지실천의 전문화와 제도화에 일정 부분 영향을 미쳤다고 평가할 수 있다.

1970년대에 들어서면서 외원단체들은 점차 한국을 떠나거나 사업을 종료하기 시작했는데, 이는 국내 경제사정이 호전되면서 외원 의존도가 감소하고, 전쟁 직후의 응급구호 성격의 활동 필요성이 줄어들었기 때문이다. 일부 외원단체는 사회복지사업에서 철수하고 선교 중심의 활동으로 전환하였으며, 다른 단체들은 교육이나 의료사업에 집중하며 한국사회에 지속적으로 정착하고 토착화하는 데 성공하였다.

대표적인 외원단체로는 한미재단(American−Korean Foundation), CARE (Cooperative for American Relief Everywhere), 홀트아동복지회(Holt Adoption Program), 기독교세계봉사회(Korean Church World Service), 선명회(World Vision), 양친회(Foster Parents' Plan), 가톨릭구제회(United States Catholic Conference), 세계구호위원회(World Relief Commission), 구라선교회(The Leprosy Mission), 메노나이트 중앙위원회 한국구조단(Mennonite Central Committee, Korea Relief Unit), 유니테리언 봉사회(Unitarian Service of Canada) 등이 있다.

제 3 장

사회복지실천의 가치와 윤리

제 3 장

사회복지실천의 가치와 윤리

학습목표

- 사회복지실천의 가치와 윤리의 개념과 특성을 이해한다.
- 사회복지실천현장에서 일어나는 윤리적 갈등의 원인과 쟁점, 해결책에 대해 이해한다.
- 한국의 사회복지사 윤리강령에 대하여 이해한다.

1. 사회복지 전문직의 가치와 윤리

1) 사회복지실천과 가치

(1) 가치의 개념과 특성

가치(value)란 일반적으로 좋은 것, 값어치, 유용, 값을 뜻하며 인간행동에 영향을 주는 어떤 바람직한 것, 또는 인간의 지적 감정적 욕구를 만족시킬 수 있는 대상이나 그 대상의 성질을 의미한다. 사회복지 윤리학 분야에서는 일반적으로 '인간의 삶과 관련된 특정 수단, 목적, 조건들에 대한 보편적인 선호'로 정의한다. 따라서 사회복지실천을 행하는 개개인마다 중요하게 생각하는 가치의 내용이 다르고, 행동의 기준으로 삼는 가치에 따라 사회복지실천의 방향이 달라지게 된다. 구체적으로 가치의 특성을 살펴보면 다음과 같다(Williams, 1952 : 374−375).

가치는 구체적인 행동목표가 아니라 그 목표를 결정하는 기준이 되며, 감정적인 특성이 강하며 현실적으로 표현될 수 있는 잠재성이 있다. 가치는 인간이 원하는 것, 되고 싶은 것, 의무를 느끼는 것, 숭배하고 싶은 것 등을 포함하는 모든 관심의 대상이며, 인간행동의 조직과 방향을 제시하는 정서적 성격을 지닌 규범원리이다.

(2) 사회복지실천과 가치

사회복지실천에서 핵심을 이루는 가치는 인간존엄성, 자기결정권, 자율성, 평등, 사회정의, 기회균등, 사회적 책임성 등 매우 다양하다. 사회복지 전문직이 사회복지실천을 행함에 있어 방향성을 제시하는 역할을 한다.

(3) 사회복지의 가치체계

① 펌프리(Pumphery)의 가치분류

펌프리는 사회복지실천의 가치를 실천지향적인 측면에 초점을 두고 궁극적 가치, 도구적 가치, 차등적 가치로 분류하였다.

- 궁극적 가치 : 다수의 사람들에게 동의를 얻을 수 있는 가장 추상적인 가치의 내용으로 구성되어 있다. 예를 들면, 인간존엄성, 평등, 자유, 정의 등이 있다.
- 도구적 가치 : 궁극적 가치를 달성하기 위한 수단으로 목적을 위해 요구되는 수단을 명확히 하는 것이다. 실천현장에서 사회복지사가 실천해야 할 구체적인 행동지침이나 윤리기준이기도 하다. 예로서, 자기결정권, 비밀보장, 고지된 동의, 수용적 태도 등이 있다.
- 차등적 가치 : 궁극적 가치와 도구적 가치의 사이에 위치하며 추상적 가치를 구체화하는 가치를 말한다. 차등적 가치는 사회문화적 상황이나

개인 경험에 따라 찬반의 의견을 달리하는 가치이며 특수하고 단기적인 목표를 제시하는 중간단계의 가치라고도 한다. 예로서, 보건의료서비스, 치료에 대한 거부권을 행사하는 환자의 권리, 낙태, 동성애에 대한 가치 등을 들 수 있다.

② 레비(Levy)의 사회복지 전문직의 가치

사회복지 전문직의 가치에 대해 레비는 가치의 범주를 세 가지로 분류하여 설명하고 있다.

첫째, 사람 우선의 가치이다. 사람 우선 가치는 사회복지실천의 객체인 사람을 대하는 가치로서 클라이언트를 개별화하고 그의 능력을 인정해 주며 그에 따라 권한을 인정해 주는 가치이다. 사람 우선 가치의 대표적 예로는 인간의 가치와 존엄에 대한 믿음, 변화의지와 능력에 대한 믿음, 상호적 책임, 소속의 욕구, 개별성에 대한 인정, 인간의 공통된 욕구 등이 있다.

둘째, 결과 우선의 가치이다. 결과 우선 가치는 인간에게 바람직한 결과가 무엇인지를 알려주는 가치로서 서비스를 제공한 후 결과에 대한 성취를 위해 필요한 가치이다. 예로는 부적절한 교육과 주택문제 등 사회적 문제 제거, 평등한 기회 부여와 차별금지 등이 있다.

셋째, 수단 우선의 가치이다. 수단 우선 가치는 사회복지서비스를 수행함에 있어 방법, 수단, 도구와 관련한 가치를 말한다. 수단 우선 가치는 클라이언트를 대하는 사회복지사의 태도 및 방법과 밀접한 관련성이 있다. 예로는 자기결정권 존중, 비심판적 태도 유지 등이 있다.

(4) 사회복지실천의 중요 가치기준

① 재스트로(Zastrow)의 사회복지실천의 가치기준

첫째, 개인의 존엄성과 독특성의 존중이다. 이는 모든 인간은 독특성을 지닌 존재이며 클라이언트가 직면한 모든 상황에 대해 독특성을 인정하고 존중하여야 한다는 기준이다.

둘째, 자기결정권의 존중이다. 자기결정권은 클라이언트의 사회복지실천 과정 참여에 대한 자기결정을 의미하며, 문제해결의 책임이 클라이언트에게 있다는 것이기도 하다. 자기결정을 방해하면 클라이언트의 문제해결능력을 약화시킬 수 있다.

셋째, 비밀보장이다. 사회복지전문가는 클라이언트의 정보에 대해 비밀을 보장한다는 뜻이며 클라이언트의 동의 없이 클라이언트의 정보나 비밀을 누설해서는 아니 된다는 것이다.

② **헵워스와 라슨(Hepworth & Larsen, 1990)의 사회복지실천 가치**

첫째, 사람은 자기 스스로 선택하고 결정할 수 있는 능력을 가지고 있다.

둘째, 사회복지사는 클라이언트가 최대한 독립성을 성취하도록 돕는다.

셋째, 인간은 새로운 행동을 배울 수 있는 능력을 가지고 있다.

사회복지사는 클라이언트가 직면한 문제가 과거로부터 기인한 것이라 하더라도 임파워먼트 관점에서 현재의 문제해결에 중심을 두도록 하며 클라이언트의 문제를 개인적 문제로 한정하기보다 사회체계적 문제로서 살펴볼 필요가 있다. 그러나 사회복지실천을 수행하는 사회복지사가 가치를 옮기는 과정에서 우선순위, 구체적 목적, 그리고 방법에 차이를 보일 수 있으므로, 중요한 것은 어떤 지침내용을 특정 클라이언트에게 유용하게 적용해야 할지가 중요한 관건이라고 하겠다(Zastrow, 1995 재인용 수정).

2) 사회복지실천의 윤리

(1) 윤리의 개념과 특성

윤리는 철학적 전통에서 좋음, 옳음, 쾌락 등 이상적 가치나 규범에 따라 행동해야 하는 당위를 의미하며 행동의 옳음과 그름을 판단하는 기준이 되며 '행동화된 가치'라고도 한다.

윤리의 특성을 가치와 관련하여 생각해 보면 가치는 '무엇이 좋고 바람직한가'에 관한 것이라면 윤리는 '무엇이 옳고 그른가'에 관한 것이다. 윤리는 가치에서 나오기 때문에 가치와 조화를 이루어야 한다. 사회복지실천에서 가치를 배제한 상태로 윤리를 생각할 수 없다.

(2) 사회복지실천 윤리의 개념

사회복지실천 윤리는 사회복지사들이 실천현장에서 직면하게 되는 다양한 윤리적인 문제들에 대해 올바른 판단을 선택할 수 있도록 하는 기준점이 된다.

<표 3-1> 가치와 윤리의 비교

구 분	가 치	윤 리
개념	인간의 삶과 관련된 특정 수단, 목적, 조건들에 대한 보편적 선호	인간이 마땅히 따라야 하는 규범의 총체
관심	무엇이 좋고 바람직한가에 관심	무엇이 옳고 그른가에 관심
기준	일종의 신념이고 선택이며 바람직한 행동을 선택하는 지침	옳고 그름을 나타내는 판단기준이며 옳고 그른 행동에 대한 사회적 태도를 결정하는 지침
표현	생각으로만 그치기도 함	행동으로 나타남
특징	상대적, 주관적, 문화와 개인에 따라 다양	비교적 보편적, 실천지침으로 사용
사례	인간존엄성, 자유, 평등, 정의 등	규칙, 규범, 도덕적 판단 중심

변화 가능성	시간, 문화에 따라 변화하기 쉬움	어느 정도 보편성과 지속성을 가짐
사회복지에서의 역할	사회복지사의 신념과 실천방향 결정	실천현장에서 옳은 행동 판단기준 제공

2. 사회복지사 윤리강령

1) 사회복지사의 윤리강령의 개념과 기능

사회복지사의 윤리강령은 사회복지의 가치기준에 맞게 실천해야 하는 행동에 대한 기준과 원칙을 정해놓은 것이다. 그러나 윤리강령은 법적 제재기능은 없다.

사회복지사의 윤리강령의 기능은 사회복지실천현장에서 윤리갈등이 생겼을 경우 사회복지사가 어떤 행동이 윤리적 기준에 맞는지에 대해 가장 기본으로 따라야 하는 지침서이자 기준을 제공하는 것이다. 사회복지사 윤리강령은 스스로 자기규제의 기능을 가지는 동시에 외부로부터 전문직과 클라이언트 모두를 보호하는 기능을 한다.

2) 우리나라 사회복지사 윤리강령

우리나라 사회복지사 윤리강령은 1982년 1월 15일 최초 제정되었으며 2023년 4월 11일 5차 개정을 통해 기본적 구조와 내용에 많은 변화를 가져왔다. 사회복지사 윤리강령 제5차 개정의 주요 내용을 살펴보면, 제4차 개정의 구조가 전문－윤리기준－사회복지사 선서로 구성되어 있었으나 제5차 개정된 구조를 보면 전문－목적－가치와 원칙－윤리기준－선서의 구조를 이루어 기존에 없던 윤리강령의 목적과 가치와 원칙이 신설되었고, 사회복지 윤리기준이 42개 조문에서 69개 조문으로 확대되고 윤리위원회 구성과 운영은 삭제가 되었다.

다음은 우리나라 사회복지사 윤리강령의 구체적 내용이다.

사회복지사 윤리강령

1982. 01. 15. 제정
1988. 03. 26. 1차 개정
1992. 10. 22. 2차 개정
2001. 12. 15. 3차 개정
2021. 07. 05. 4차 개정
2023. 04. 11. 5차 개정

전문

사회복지사는 인본주의·평등주의 사상에 기초하여, 모든 인간의 존엄성과 가치를 존중하고 천부의 자유권과 생존권의 보장 활동에 헌신한다.
특히 사회적·경제적 약자들의 편에 서서 사회정의와 평등·자유와 민주주의 가치를 실현하는 데 앞장선다. 또한 도움을 필요로 하는 사람들의 사회적 지위와 기능을 향상시키기 위해 저들과 함께 일하며, 사회제도 개선과 관련된 제반 활동에 주도적으로 참여한다. 사회복지사는 개인의 주체성과 자기결정권을 보장하는 데 최선을 다하고, 어떠한 여건에서도 개인이 부당하게 희생되는 일이 없도록 한다.
이러한 사명을 실천하기 위하여 전문적 지식과 기술을 개발하고, 사회적 가치를 실현하는 전문가로서의 능력과 품위를 유지하기 위해 노력한다. 이에 우리는 클라이언트·동료·기관, 그리고 지역사회 및 전체 사회와 관련된 사회복지사의 행위와 활동을 판단·평가하며 인도하는 윤리기준을 다음과 같이 선언하고 이를 준수할 것을 다짐한다.

[윤리강령의 목적]

한국사회복지사 윤리강령은 사회복지 전문직의 가치와 윤리적 실천을 위한 기준을 안내하고, 윤리적 이해의 충돌이 발생하는 경우에 고려해야 할 사항을 참고할 수 있도록 기준을 제시하고자 한다. 한국사회복지사 윤리강령의 목적은 다음과 같다.

1. 윤리강령은 사회복지 전문직의 사명과 실천의 기반이 되는 핵심 가치를 제시한다.

2. 윤리강령은 사회복지 전문직의 핵심 가치를 실현하기 위한 윤리적 원칙을 제시하고, 사회복지실천의 지침으로 사용될 윤리기준을 제시한다.
3. 윤리강령은 사회복지실천현장에서 발생하는 윤리적 갈등상황에서 의사결정에 필요한 고려사항을 확인하고 판단하는 데 있어 필요한 윤리기준을 제시한다.
4. 윤리강령은 사회복지사가 전문가로서 품위와 자질을 유지하고, 자기관리를 통해 클라이언트를 보호할 수 있도록 안내한다.
5. 윤리강령은 사회복지의 전문성을 확보하고 외부 통제로부터 전문직을 보호할 수 있는 기준을 제공한다.
6. 윤리강령은 시민에게 전문가로서 사회복지사의 역할과 태도를 알리는 수단으로 작용한다.

[윤리강령의 가치와 원칙]

사회복지사는 인간존엄성과 사회정의라는 사회복지의 핵심 가치에 기반을 두고 사회복지 전문직의 사명을 다하기 위해 노력해야 한다. 이러한 핵심 가치와 관련해 사회복지 전문직이 준수해야 할 윤리적 원칙을 제시한다.

핵심 가치 1. 인간존엄성

윤리적 원칙 : 사회복지사는 인간의 존엄성과 가치를 인정하고 존중한다.

- 사회복지사는 개인적 · 사회적 · 문화적 · 정치적 · 종교적 다양성을 고려하며 개인의 인권을 보호하고 존중한다.
- 사회복지사는 클라이언트의 자율성을 존중하고, 자기결정을 지원한다.
- 사회복지사는 클라이언트가 역량을 강화하고, 자신과 환경을 변화시킬 수 있도록 지원한다.
- 사회복지사는 사회복지실천과정에서 클라이언트의 개입과 참여를 보장한다.

핵심 가치 2. 사회정의

윤리적 원칙 : 사회복지사는 사회정의 실현을 위해 앞장선다.

- 사회복지사는 개인적 · 집단적 · 사회적 · 문화적 · 정치적 · 종교적 차별에 도전하여 사회정의를 촉진한다.
- 사회복지사는 개인, 가족, 집단, 지역사회의 다양성을 존중하는 포용적 지역사회를 만들기 위해 노력한다.
- 사회복지사는 부적절하고 억압적이며 불공정한 사회제도와 관행을 변화시키기 위해 사회의 다양한 구성원들과 협력한다.
- 사회복지사는 포용적이고 책임 있는 사회를 만들어 가기 위해 연대 활동을 한다.

[사회복지사의 윤리기준]

Ⅰ. 기본적 윤리기준

1. 전문가로서의 자세

1) 인간존엄성 존중

가. 사회복지사는 모든 인간의 존엄, 자유, 평등을 위해 헌신해야 하며, 사회적 약자를 옹호하고 대변하는 일을 주도해야 한다.

나. 사회복지사는 모든 인간의 고유한 존엄성과 가치를 인정하고 존중하며, 이를 기반으로 사회복지를 실천한다.

다. 사회복지사는 클라이언트의 성, 연령, 정신·신체적 장애, 경제적 지위, 정치적 신념, 종교, 인종, 국적, 결혼상태, 임신 또는 출산, 가족 형태 또는 가족 상황, 성적 지향, 젠더 정체성, 기타 개인적 선호·특징·조건·지위 등을 이유로 차별을 하지 않는다.

라. 사회복지사는 다양한 문화의 강점을 인식하고 존중하며, 문화적 역량을 바탕으로 사회복지를 실천한다.

마. 사회복지사는 문화적으로 민감한 실천을 제공하기 위해, 사회복지실천 과정에서 자신의 개인적·사회적·문화적·정치적·종교적 가치, 신념과 편견이 클라이언트와 동료사회복지사에게 미칠 수 있는 영향을 고려하여 자기 인식을 증진하기 위해 힘쓴다.

2) 사회정의 실현

가. 사회복지사는 사회정의 실현과 클라이언트의 복지증진에 헌신하며, 이를 위한 국가와 사회의 환경 변화를 위해 노력한다.

나. 사회복지사는 사회, 경제, 환경, 정치적 자원에 대한 평등한 접근과 공평한 분배가 이루어지도록 노력한다.

다. 사회복지사는 개인적·집단적·사회적·문화적·정치적·종교적 특성에 근거해 개인이나 집단을 차별·억압하는 것을 인식하고, 이를 해결 또는 예방하기 위해 노력해야 한다.

2. 전문성 개발을 위한 노력

1) 직무 능력 개발

가. 사회복지사는 클라이언트에게 최상의 서비스를 제공하기 위해 지식과 기술을 개발하는 데 최선을 다하며 이를 활용하고 공유할 책임이 있다.

나. 사회복지사는 사회적 다양성의 특징(성, 연령, 정신·신체적 장애, 경제적 지위, 정치적 신념, 종교, 인종, 국적, 결혼 상태, 임신 또는 출산, 가족 형태 또는 가족 상황, 성적 지향, 젠더 정체성, 기타 개인적 선호·특징·조건·지위 등), 차별, 억압 등에 대해 교육을 받고 이에 대한 이해를 증진하기 위해 노력한다.

다. 사회복지사는 변화하는 사회복지 관련 쟁점에 대응할 수 있도록 실천 기술을 향상하고, 새로운 실천 기술이나 접근법을 적용하기 위해 적절한 교육, 훈련, 연수, 자문, 슈퍼비전 등을 받도록 노력한다.

라. 사회복지사는 사회복지실천에 필요한 정보통신 관련 지식과 기술을 습득하기 위해 노력하며, 이를 사용하는 과정에서 발생할 수 있는 윤리적 문제를 인식하고 정보통신 관련 지식과 기술을 활용하도록 한다.

2) 지식기반의 실천 증진

가. 사회복지사는 사회복지실천과정에서 평가와 연구조사를 함으로써, 사회복지실천의 지식기반 형성에 기여하고, 궁극적으로 사회복지실천의 질적 향상을 위해 노력한다.

나. 사회복지사는 평가나 연구조사를 할 때, 연구 참여자의 권리를 보장하기 위해, 연구 관련 사항을 충분히 안내하고 자발적인 동의를 얻어야 한다.

다. 사회복지사는 연구 과정에서 얻은 정보를 비밀보장의 원칙에서 다루며, 비밀보장의 한계, 비밀보장을 위한 조치, 조사 자료폐기 등을 연구 참여자에게 알려야 한다.

라. 사회복지사는 평가나 연구조사를 할 때, 연구 참여자의 보호와 이익, 존엄성, 자기결정권, 자발적 동의, 비밀보장 등을 고려하며, 「생명윤리 및 안전에 관한 법률」 등 관련 법령과 규정에 따라 연구윤리를 준수한다.

3. 전문가로서의 실천

1) 품위와 자질 유지

가. 사회복지사는 전문가로서의 품위와 자질을 유지하고, 자신이 맡고 있는 업무에 대해 책임을 진다.

나. 사회복지사는 자신의 이익을 위해 사회복지 전문직의 가치와 권위를 훼손해서는 안 된다.

다. 사회복지사는 전문가로서 성실하고 공정하게 업무를 수행한다.

라. 사회복지사는 부정직한 행위, 범죄행위, 사기, 기만행위, 차별, 학대, 따돌림, 괴롭힘 등 불법적이고 부당한 일을 행하거나 묵인해서는 안 된다.

마. 사회복지사는 자신의 소속, 전문 자격이나 역량 등을 클라이언트에게 정직하고 정확하게 알려야 한다.

바. 사회복지사는 클라이언트, 학생, 훈련생, 실습생, 슈퍼바이지, 직장 내 위계적 권력 관계에 있는 동료와 성적 관계를 형성해서는 안 되며, 이들에게 성추행과 성희롱을 포함한 성폭력, 성적·인격적 수치심을 주는 행위를 해서는 안 된다.

사. 사회복지사는 한국사회복지사협회 등 전문가 단체의 활동에 적극적으로 참여하여, 사회정의 실현과 사회복지사의 권익옹호를 위해 노력한다.

2) 자기 관리

가. 사회복지사는 정신적·신체적 건강 문제, 법적 문제 등이 사회복지실천 과정에서의 전문적 판단이나 실천에 부정적 영향을 주거나 클라이언트의 이익을 저해하지 않도록, 동료, 기관과 함께 적절한 조치를 하도록 노력한다.

나. 사회복지사는 클라이언트에게 최상의 사회복지서비스를 제공하기 위해 사회복지사 자신의 정신적·신체적 건강, 안전을 유지·보호·관리하도록 노력한다.

3) 이해 충돌에 대한 대처

가. 사회복지사는 클라이언트의 이익을 우선으로 고려하고, 이해 충돌이 있을 때는 아동, 소수자 등 취약한 자의 이해와 권리를 우선시한다.

나. 사회복지사의 개인적 신념과 사회복지사로서 직업적 의무 사이에 이해 충돌이 발생할 때 동료, 슈퍼바이저와 논의하고, 부득이한 경우 클라이언트가 적절한 지원을 받을 수 있도록 클라이언트를 다른 사회복지사에게 의뢰하거나 다른 사회복지서비스로 연결한다.

다. 사회복지사는 전문적 가치와 판단에 따라 업무를 수행하는 과정에서, 기관 내외로부터 부당한 간섭이나 압력을 받아서는 안 된다.

4) 경제적 이득에 대한 실천

가. 사회복지사는 클라이언트의 지불 능력에 상관없이 복지서비스를 제공해야 하며, 이를 이유로 차별해서는 안 된다.

나. 사회복지사는 필요한 경우에 제공된 서비스에 대해 공정하고 합리적으로 이용료를 책정할 수 있다.

다. 사회복지사는 업무와 관련해 정당하지 않은 방법으로 경제적 이득을 취해서는 안 된다.

Ⅱ. 클라이언트에 대한 윤리기준

1. 클라이언트의 권익옹호

사회복지사는 클라이언트의 이익을 최우선의 가치로 삼고 이를 실천하며, 클라이언트의 권리를 존중하고 옹호한다.

2. 클라이언트의 자기결정권 존중

1) 사회복지사는 사회복지실천과정에서 클라이언트의 자기결정을 존중하고, 클라이언트를 사회복지실천의 주체로 인식하여 클라이언트가 자기결정권을 최대한 행사할 수 있도록 돕는다.

2) 사회복지사는 의사결정이 어려운 클라이언트에 대해서는 클라이언트의 이익과 권리를 보장하기 위한 적절한 조치를 취해야 한다.

3. 클라이언트의 사생활 보호 및 비밀보장

사회복지사는 클라이언트의 사생활을 존중하고 보호하며, 전문적 관계에서 얻은 클라이언트 관련 정보에 대해 비밀을 유지한다. 그러나 클라이언트 자신과 타인에게 해를 입히거나 범죄행위와 관련된 경우에는 예외로 할 수 있다.

4. 정보에 입각한 동의

사회복지사는 클라이언트의 알 권리를 인정하고 동의를 얻어야 하며, 클라이언트가 받는 서비스의 목적과 내용, 범위, 합리적 대안, 위험, 서비스의 제한, 동의를 거절 또는 철회할 수 있는 클라이언트의 권리 등에 대해 정확하고 충분한 정보를 제공한다.

5. 기록 · 정보 관리

1) 클라이언트에 대한 사회복지실천 기록은 사회복지사의 윤리적 실천의 근거이자 평가 · 점검의 도구이기 때문에 중립적이고 객관적으로 작성해야 한다.

2) 사회복지사는 클라이언트가 자신과 관련된 기록의 공개를 요구하면 정당한 비공개 사유가 없는 한 정보에 접근할 수 있도록 해야 한다.

3) 사회복지사는 클라이언트에 대한 문서 정보, 전자 정보, 기타 민감한 개인 정보를 보호해야 한다.

4) 사회복지사가 획득한 클라이언트 관련 정보나 기록을 법적 사유 또는 기타 사유로 제3자에게 공개할 때는 클라이언트에게 안내하고 동의를 얻어야 한다.

6. 직업적 경계 유지
   1) 사회복지사는 클라이언트와의 전문적 관계를 자신의 개인적 이익을 위해 이용해서는 안 된다.
   2) 사회복지사는 업무 외의 목적으로 정보통신기술을 사용해 클라이언트와 의사소통을 해서는 안 된다.
   3) 사회복지사는 어떠한 상황에서도 클라이언트와 사적 금전 거래, 성적 관계 등 부적절한 행동을 해서는 안 된다.
   4) 동료의 클라이언트를 의뢰받을 때는 기관 및 슈퍼바이저와 논의하는 과정을 거쳐야 하며, 클라이언트에게 설명하고 동의를 얻은 후 서비스를 제공한다.
   5) 사회복지사는 정보처리기술을 이용하는 것이 클라이언트의 권리를 침해할 위험성이 있다는 사실을 인식하고 직업적 범위 안에서 활용한다.

7. 서비스의 종결
   1) 사회복지사는 클라이언트에게 제공되는 서비스가 더 이상 클라이언트의 이해나 욕구에 부합하지 않으면 업무상 관계와 서비스를 종결한다.
   2) 사회복지사는 개인적 또는 직업적 이유로 클라이언트와의 전문적 관계를 중단하거나 종결할 때 사전에 클라이언트에게 충분히 설명하고, 다른 기관 또는 다른 전문가에게 의뢰하는 등 필요한 조치를 취한다.
   3) 사회복지사는 클라이언트의 고의적·악의적·상습적 민원 제기에 대해 소속 기관, 슈퍼바이저, 전문가 자문 등의 논의 과정을 거쳐 서비스를 중단하거나 거부권을 행사할 수 있다.

Ⅲ. 사회복지사의 동료에 대한 윤리기준

1. 동료
   1) 사회복지사는 존중과 신뢰를 기반으로 동료를 대하며, 전문가로서의 지위와 인격을 훼손하는 언행을 하지 않는다.
   2) 사회복지사는 사회복지 전문직의 권익 증진을 위해 동료와 다른 전문직 동료와도 협력하고 협업한다.
   3) 사회복지사는 동료의 윤리적이고 전문적인 행위를 촉진해야 하며, 동료가 전문적인 판단과 실천이 미흡하여 문제를 발생시켰을 때 윤리강령과 제반 법령에 따라 대처한다.
   4) 사회복지사는 다른 전문직의 동료가 행한 비윤리적 행위에 대한 윤리강령과 제반 법령에 따라 대처한다.

5) 사회복지사는 동료의 직무 가치와 내용을 인정하고 이해하며, 상호 간에 민주적인 직무 관계를 이루도록 노력해야 한다.
6) 사회복지사는 동료들에게 정보통신기술을 사용한 비윤리적 행위를 하지 않는다.
7) 사회복지사는 동료가 적법하게 업무를 수행하는 과정에서 부당한 조치를 당하면 동료를 변호하고 원조해 주어야 한다.
8) 사회복지사는 동료에게 행해지는 어떤 형태의 차별, 학대, 따돌림 또는 괴롭힘과 자신의 전문적 권위를 행사하는 다른 동료와의 부적절한 성적 행동에 가담하거나 이를 용인해서는 안 된다.
9) 사회복지사는 슈퍼바이지, 학생, 훈련생, 실습생, 자신의 전문적 권위를 행사하는 다른 동료와의 성적 행위나 성적 접촉과 성적 관계에 관여해서는 안 된다.

2. 슈퍼바이저

1) 슈퍼바이저는 슈퍼바이지가 전문적 업무 수행을 할 수 있도록 지원하고 슈퍼바이지는 슈퍼바이저의 전문적 지도와 조언을 존중해야 한다.
2) 슈퍼바이저는 전문적 기준에 따라 슈퍼비전을 수행하며, 공정하게 평가하고 평가결과를 슈퍼바이지와 공유한다.
3) 슈퍼바이저는 개인적인 이익 추구를 위해 자신의 지위를 이용해서는 안 된다.
4) 슈퍼바이저는 사회복지사 수련생과 실습생에게 인격적·성적으로 수치심을 주는 행위를 해서는 안 된다.

Ⅳ. 기관에 대한 윤리기준

1) 사회복지사는 기관의 사명과 비전을 확인하고, 정책과 사업 목표를 달성하기 위해 노력해야 한다.
2) 사회복지사는 소속 기관의 활동에 적극적으로 참여함으로써 기관의 성장과 발전을 위해 노력해야 한다.
3) 사회복지사는 기관의 부당한 정책이나 요구에 대해 전문직의 가치와 지식을 근거로 대응하고, 제반 법령과 규정에 따라 해결하도록 노력해야 한다.

Ⅴ. 사회에 대한 윤리기준

1) 사회복지사는 자신이 일하는 지역사회를 이해하고, 클라이언트가 지역사회에서 서로 도우며 함께 살아가도록 지원해야 한다.

2) 사회복지사는 정치적 영역이 클라이언트의 권익과 사회복지실천에 미치는 영향을 인식하여 사회정의 실현을 위한 사회정책의 수립과 법령 제·개정을 지원·옹호해야 한다.
3) 사회복지사는 사회재난과 국가 위급 상황에서 문제를 해결하기 위해 적극적으로 활동해야 한다.
4) 사회복지사는 지역사회, 국가, 나아가 전 세계와 그 구성원의 복지증진, 삶의 질 향상을 위해 적극적으로 노력해야 한다.
5) 사회복지사는 인간과 자연이 서로 떨어져 살 수 없음을 깨닫고, 인간과 자연환경, 생명 등 생태에 미칠 영향을 생각하며 실천해야 한다.

사회복지사 선서문

나는 모든 사람들이 인간다운 삶을 누릴 수 있도록, 인간존엄성과 사회정의의 신념을 바탕으로, 개인·가족·집단·조직·지역사회·전체 사회와 함께 한다.
나는 언제나 소외되고 고통받는 사람들의 편에 서서, 저들의 인권과 권익을 지키며, 사회의 불의와 부정을 거부하고, 개인이익보다 공공이익을 앞세운다.
나는 사회복지사 윤리강령을 준수함으로써, 도덕성과 책임성을 갖춘 사회복지사로 헌신한다.
나는 나의 자유의지에 따라 명예를 걸고 이를 엄숙하게 선서합니다.

3. 사회복지실천현장의 윤리적 갈등

사회복지실천현장에서 활동하다 보면 사회복지사가 전문가로서 지켜야 할 윤리적 의무들이 충돌하여 어떤 행동을 해야 할지 판단하기 어려운 경우가 있다. 전문가의 입장에서는 전문직의 가치를 잘 따른다고 하지만 경우에 따라 윤리적일 수도 비윤리적일 수도 있는 일들이 종종 발생한다. 이렇듯 두 가지 이상의 의무나 가치로 인해 어떤 결정을 내려야 하는 상황이 발생할 때 윤리적 갈등이 발생하며 우선순위에 따라 최선의 결정을 하여야 한다.

1) 윤리적 갈등이 발생하는 유형

(1) 직접적인 실천과 관련한 윤리적 갈등

사회복지사가 개인, 가족, 집단을 대상으로 직접적 서비스를 제공할 경우 클라이언트의 이익과 기관 또는 제3자의 이해관계 충돌, 비밀보장 원칙과 사회적 규범 간의 갈등, 진실을 말할 의무와 타인의 권익 보호 의무 사이의 딜레마 등 여러 형태의 윤리적 딜레마를 경험할 수 있다.

(2) 사회복지정책 및 프로그램 차원의 갈등

사회복지사가 실천현장에서 간접적인 역할을 수행할 때, 사회복지정책과 프로그램의 기획 및 실행과정에서 윤리적 갈등에 직면할 수 있다. 예를 들어, 제한된 자원을 배분해야 할 경우, 정당한 분배와 효율성 사이에서 갈등을 겪을 수 있다.

(3) 사회복지조직체 및 동료 사회복지사와 관련된 윤리적 갈등

사회복지조직 내에서 또는 동료 사회복지사와의 관계에서 발생할 수 있는 갈등으로, 동료가 클라이언트에게 부당한 요구를 하거나 전문직으로서의 윤리적 기준을 지키지 않을 때 나타나는 윤리적 문제를 의미한다.

2) 사회복지실천에서 윤리적 갈등이 발생하는 상황

(1) 가치상충

사회복지실천현장에서 사회복지사가 개인, 가족, 집단, 지역사회를 대상으로 직접 서비스를 제공할 경우, 하나 이상의 가치에 직면할 경우 어느 가치를 우선해야 할지에 대한 갈등이 발생할 수 있다. 또한 윤리적 문제와 충돌하는 가치뿐만 아니라 전문가와 개인 간, 클라이언트 간에 발생하는 가치의 충돌 등 다양한 가치들이 상충하면서 윤리적 갈등이 발생하게 된다.

사례

1. 클라이언트의 자기결정권 가치와 인간의 생명보호의 가치 사이에서 선택해야 하는 경우
2. 보호시설에 입소하기를 거부하는 클라이언트의 자기결정 존중의 가치와 입소를 권하는 사회복지사와 온정주의 가치가 상충하는 경우

(2) 의무상충

사회복지사가 소속된 기관의 가치에 따라야 하는 의무와 클라이언트에 대해 지켜야 하는 의무 사이에서 발생하는 윤리적 갈등을 말한다. 사회복지사는 본인이 소속된 기관의 정책에 따라 행동해야 하는 의무도 있는 반면 클라이언트를 위해서도 행동해야 하는 의무가 있으므로 이 두 가지 의무가 상충하는 경우 윤리적 갈등을 겪게 된다.

사례

지자체로부터 재정지원을 받고 있는 사회복지기관의 사회복지사가 지역사회 내 주민들이 지역 내 혐오시설 건립에 대해 협조를 요청해 올 경우 사회복지사는 주민의 입장을 따라야 할지 아니면 재정지원을 해주고 있는 지자체를 따라야 할지 두 가지 의무 사이에서 윤리적 갈등을 겪을 수 있다.

(3) 클라이언트체계의 다중성

사회복지사가 여러 명의 클라이언트를 동시에 담당할 때 주된 클라이언트가 누구며 누구를 클라이언트로 보고 누구의 이익을 우선적으로 고려해

야 하는지 판단하기가 어려운 경우 발생하는 윤리적 갈등을 말한다. 특히 어느 한 클라이언트의 이익을 우선시했을 때 그 선택이 다른 클라이언트에게 부정적 결과를 초래하게 될 경우 발생하는 윤리적 갈등을 말한다.

사례

1. 아동학대, 부부폭력, 남편의 정신질환 등 다양하고 복합적인 문제를 가진 가족에게 개입하는 경우
2. 시설에서 퇴소하기를 원하는 장애인의 욕구와 퇴소 후 그가 집에 돌아갈 경우 그를 부양할 만한 경제적인 여력이 없는 가족의 욕구 사이에서 장애인의 욕구가 우선시되지만 가족에게 큰 부담이 되기 때문에 누구의 욕구를 우선시해야 할지 갈등하는 경우

(4) 결과의 모호성

사회복지사가 내린 결정의 결과가 예측이 어렵거나 불확실할 때 발생하는 윤리적 갈등상황을 의미한다.

사례

부모의 경제적 사정으로 아이를 해외로 입양 보내기로 결정한 후 최선의 결정을 한 것인지 확신을 가질 수 없어 의사결정을 못하는 경우

(5) 힘 또는 권력의 불균형

사회복지사와 클라이언트의 관계가 권력 불균형으로 발생하는 갈등을 말한다. 클라이언트는 전문가의 지원을 받는 과정에서 의존성이 높아질 수 있으며, 이로 인해 발생하는 윤리적 딜레마나 갈등을 포함한다.

사례

의사결정이 어려운 클라이언트가 전문가에게 의존하면서 자기결정권을 포기하는 경우

3) 윤리적 갈등 발생 사례 및 대처전략

사회복지실천과정에서 두 가지 이상의 가치가 충돌했을 때 사회복지사는 전문직의 가치, 개인의 가치, 사회적 가치 사이에서 다양한 갈등을 겪으면서 윤리적 쟁점에 처하게 된다. 대표적인 윤리적 갈등상황의 쟁점들은 다음과 같다.

(1) 클라이언트 자기결정권과 윤리적 쟁점

클라이언트의 자기결정권은 사회복지실천현장에서 클라이언트가 외부의 강압 없이 자기 자신의 삶과 관련한 결정들을 스스로 내릴 수 있는 권리를 말한다. 사회복지사는 클라이언트에게 자신의 상황에 대해 이해하고 올바른 선택을 할 수 있도록 정보와 지식, 조언을 제공하여야 하며 클라이언트에게 다양한 선택지 가운데 가장 적합한 것을 선택하도록 여러 대안을 제시하여야 한다. 또한 전문가의 의견이 클라이언트의 선택에 영향을 미치지 않도록 주의해야 하며 클라이언트가 선택한 결정이 삶에 미치는 영향을 충분히 고려 후 선택한 것이라면 지지해 주어야 한다. 자기결정권과 관련한 윤리적 쟁점은 만약 사회복지사가 클라이언트의 자기결정권을 따를 경우 클라이언트에게 부정적인 결과를 초래할 가능성이 있으므로 클라이언트의 권리와 자유에 대해 일정 부분 제한해야 할 수 있다는 점이다. 예를 들어, 클라이언트의 자율성과 보호 사이에서 일어나는 갈등 쟁점으로 클라이언트가 자신의 상황을 충분히 이해하고 있지 않고 잘못된 정보를 통해 결정

을 내리려고 하는 경우 자율성을 존중해야 할지 보호를 위해 개입을 해야 할지에 대해 갈등을 겪게 된다. 예로 자해위험이 있는 청소년이 자율성을 이유로 치료를 거부하는 경우가 해당된다.

의사결정능력이 떨어지는 경우도 윤리적 갈등을 겪을 수 있다. 만약 알코올이나 약물중독 환자가 합리적 결정을 내릴 능력이 부족한 경우 발생할 수 있다. 예로서 심각한 우울증 환자, 치매환자, 알코올 중독 환자 등이 중요한 결정을 내릴 경우가 해당한다.

다음으로 클라이언트의 결정이 본인의 가족이나 기관의 이해관계와 상충하는 경우 자기결정권을 어떻게 보호해야 할지 문제가 발생한다. 예로서 만성질환자 노인의 질병 치료에 대해 가족은 치료를 원하나 본인은 정작 원하지 않는 경우가 해당한다.

마지막으로 법적으로 신고의 의무가 있는 클라이언트의 경우 비밀보장과 자기결정권에 있어 윤리적 갈등을 겪을 수 있다. 예로 복잡한 의료적 절차나 법적 상황에 대한 설명을 제대로 이해하지 못한 채 동의서를 작성하는 경우가 해당할 것이다.

- 윤리적 딜레마를 해결하기 위한 구체적 전략

우선 클라이언트가 자신의 결정이 미칠 영향을 충분히 인지할 수 있도록 모든 정보를 제공하고 이해도를 확인할 필요가 있다. 또한 클라이언트의 결정이 자신뿐 아니라 다른 이들에게 해악을 끼칠 수 있는지에 대해 평가가 필요하다. 무엇보다 안전에 대한 준비와 계획을 통해 발생할 수 있는 리스크를 최소화해야만 한다. 의사결정능력이 부족한 경우는 법적 대리인을 통해 결정을 지원하며 윤리적 딜레마에 빠진 전문가는 독단적 결정보다 슈퍼바이저 및 윤리위원회의 자문을 구하는 것이 중요하다. 법적·윤리적 기준에 대해서도 관련한 법규를 철저히 검토하고 이를 준수하고자 행동해야 한다. 사례관리는 기록을 통해 결정된 것을 문서화하고 이유를 기록한다. 추후 문제시될 경우를 대비하여 중요 자료를 확보하는 것이 필요하다. 비밀보장을 할 수 없는 예외적 상황이 발생할 시 클라이언트에게 반드시 설명하고 피드백을 받아야 하며, 자칫 깨어질 수 있는 신뢰를 회복하도록 해야 한다.

(2) 클라이언트의 비밀보장과 윤리적 쟁점

비밀보장은 클라이언트와 사회복지사 간의 신뢰관계를 형성하는 데 매우 중요하며 클라이언트가 제공한 정보를 동의 없이 외부에 유출하지 않는다는 의미이다. 비밀보장은 클라이언트의 사생활을 보장하고 그들이 자신의 문제를 솔직히 오픈하여도 안전한 환경을 제공하는 것에 그 핵심이 있다. 비밀보장과 관련한 윤리적 쟁점은 주어진 상황에 따라 차이가 있을 수 있으나 주로 비밀보장을 보장해 줄 수 없는 어떤 상황이 일어났을 때 발생한다. 예를 들어, 클라이언트가 자해나 타해의 위험이 있거나 학대로 인해 신고해야 할 의무가 발생한 경우, 법원의 명령이나 소환장에 의해 클라이언트의 정보가 요구되어질 경우, 미성년 클라이언트의 경우 법적 보호자에게 정보를 공개해야 하는 경우 등이다.

• 윤리적 딜레마를 해결하기 위한 구체적 전략

클라이언트와 상담하기 전 사전에 비밀보장의 범위와 한계 예외 상황에 대해 명확히 설명하고 그들의 정보가 어떻게 사용되는지에 대해 이해하고 동의를 구해야 한다. 또한 법적 의무와 윤리적 기준을 검토하여 미리 발생할 수 있는 상황들에 대해 파악해야 한다. 예를 들어, 아동학대나 자해위험이 있을 시 법적 보고 의무를 수행하되 클라이언트에게 이유를 설명하고 신뢰관계 유지를 위해 노력해야 한다. 윤리적 딜레마 상황에서 혼자 독단적 결정이 아니라 경험이 많은 동료나 슈퍼바이저 내지는 상급자와 사전 논의하는 것이 중요하다. 윤리위원회를 통해 객관적 결정을 내리는 경우도 있다. 개인정보 보호와 데이터 보호조치를 위해 사전 암호화된 플랫폼을 사용하고 개인정보 보호를 강화해야 한다.

(3) 진실을 말할 의무와 관련 구체적 전략

진실을 말할 의무는 사회복지사가 클라이언트에게 거짓 정보를 전달하지 않고 클라이언트가 놓인 상황을 정확히 판단할 수 있도록 올바른 정보를 제공해야 함을 의미한다. 진실된 정보가 제공될 때만이 클라이언트가 본인의 문제를 솔직히 털어놓게 되며, 이를 바탕으로 전문가는 효과적인 개입을 할 수 있다. 또한 클라이언트가 정확한 정보에 따라 자기결정을 하는 데 있어서도 진실을 말할 의무는 중요하다. 아울러 진실된 정보를 제대로 전달하지 못할 시 클라이언트가 잘못된 결정을 할 가능성도 높아지므로 전문가는 주의하여야 한다. 그러나 이 원칙 또한 특정한 원칙과 상충할 수 있으며 윤리적 쟁점이 발생할 수 있다. 예로서 첫째, 해악금지의 원칙과의 충돌을 들 수 있다. 전문가가 클라이언트에게 진실을 공개했을 경우 심리적·정서적 충격으로 인해 해를 입을 가능성이 높으므로 과연 정보를 진실되게 공개하는 것이 옳은 것인지에 대한 윤리적 딜레마에 빠지게 된다. 따라서 진실을 말해야 하는 경우라 하더라도 충분한 준비와 지지를 바탕으로 정보를 제공해야 한다. 둘째, 정보제공의 범위와 관련한 윤리적 쟁점이다. 클라이언트가 이해하기 어려운 정보를 과도하게 제공하지 않는 것이 필요하다. 또한 클라이언트의 이해능력, 문화적 배경, 상황에 따라 정보를 적절히 조정해야만 한다. 그렇다고 하여 정보를 축소하거나 확대해서는 아니 된다. 셋째, 같은 정보라 하더라도 클라이언트가 어떻게 수용하느냐에 따라 주관적 이해와 해석이 발생할 수 있으므로 과연 진실된 정보라 하더라도 클라이언트에게 어떤 의미로 전달되고 있는지에 대해 파악해야만 한다.

- 윤리적 딜레마를 해결하기 위한 구체적 전략

진실을 말하는 것과 관련하여 발생할 수 있는 딜레마를 줄이기 위해서는 개입 초기단계에 사전에 정보를 어떻게 제공할지에 대한 명확한 합의를 이끌어 내는 것이 필요하며, 복잡한 윤리적 딜레마가 발생할 경우는 독단적 해결보다 동료나 슈퍼바이저와 논의를 통해 문제의 해결방안에 대해 분석하고 대안을 마련하는 노력이 필요하다. 아울러 클라이언트가 진실을 말할 경우 받게 되는 해악과 관련하여 최소화할 수 있는 방안을 마련하고 준비시켜야 하며 지지적 환경을 조성해 주어야 한다. 가능한 윤리강령과 법적인 지침을 준수하여 진실을 말하는 원칙을 지켜나가는 것이 필요할 것이다.

(4) 제한된 자원의 공정한 분배와 윤리적 쟁점

자원의 배분과정에서 투명성과 공정성이 결여되면 클라이언트와의 관계에서 불평등이 야기되며 신뢰에 문제가 발생한다. 그러나 제한된 자원으로 인해 클라이언트의 욕구를 충족하기 어려운 상황이 발생하면 윤리적 갈등이 발생할 수밖에 없다. 전문가의 입장에서 어떤 클라이언트에게 자원을 우선적으로 배분할 것인지 기준을 마련해야 하며, 공정한 자원배분을 하면서도 효율성을 유지하기 위해서 이중적인 딜레마를 겪게 된다. 만약 특정 집단에게 자원을 우선적으로 배분하게 되면 불평등이라는 문제가 야기될 수 있다.

- 윤리적 딜레마를 해결하기 위한 구체적 전략

전문가는 자원배분의 기준을 명확히 정의하고, 이를 클라이언트와 공유하여 투명성을 높이도록 하여야 한다. 다양한 이해관계자 의견 수렴을 통해 자원배분에 영향을 받는 모든 이해관계자의 의견을 수렴하여 보다 공정한 결정을 내리도록 한다.

자원배분 결과를 정기적으로 평가하고, 필요시 기준을 수정하여 변화하는 상황에 맞춰 적응한다. 직원 및 관계자에게 윤리적 원칙과 공정한 자원배분에 대한 교육을 실시하여 공감대를 형성한다. 자원이 부족한 클라이언트를 위해 추가적인 지원 프로그램이나 자원을 찾아 제공할 수 있는 방안을 모색한다. 자원의 고갈이나 위기상황에서의 대처방안을 사전에 마련하여 신속하게 대응할 수 있도록 한다.

(5) 전문적 동료관계

전문적 동료관계에서 나타날 수 있는 윤리적 쟁점은 동료 사회복지사가 전문가로서의 권위를 남용하여 전문직에 해를 끼치거나 사회복지사가 속한 기관의 규정을 준수하지 않고 부정한 수단이나 속임수를 쓰는 경우를 말한다. 이런 경우 부정한 수단이나 속임수를 발견하는 즉시 보고해야 할 것인지 말 것인지 갈등을 겪게 된다.

• 윤리적 딜레마를 해결하기 위한 구체적 전략

동료와의 관계에서 올바른 행동을 할 수 있도록 명확한 윤리기준을 설정해야 할 것이며, 정기적인 피드백을 통해 동료와의 갈등을 조정해야 할 것이다. 또한 갈등이 심화될 경우 제3자의 중재를 요청해야 하며, 궁극적으로 이와 같은 윤리적 딜레마로부터 자유롭기 위해서는 교육과 훈련을 지속적으로 실시함으로써 갈등상황이 발생하는 것을 사전에 예방하고 준비하는 것이 필요하다.

4. 윤리적 갈등의 조정 과정과 내용

사회복지실천과정에서 직면하는 윤리적 갈등상황을 해결하기 위해 중요한 것은 체계적이고 조직화된 사고의 단계와 절차를 밟아가는 '과정'과 그러한 의사결정과정을 통해 사회복지사가 고려해야 할 '내용'이다. 윤리적 갈등을 해결하기 위한 '과정'은 '윤리적 의사결정모델'이고, 의사결정과정을 통해 사회복지사가 고려해야 할 내용은 '윤리사정심사(EAS : Ethical Assesement Screen)'와 '윤리규칙심사(ERS : Ethical Rules Screen)', '윤리원칙심사(=윤리원칙준거틀=윤리원칙의 우선순위, EPS : Ethical Principles Screen)'이다.

[그림 3-1] 윤리적 갈등 조정을 위한 형식과 내용

다음은 로웬버그와 해링턴이 제시한 윤리심사원칙에 대한 것으로 윤리적 의사결정과정에서 적용할 수 있는 모델이다.

1) 윤리적 갈등의 조정 과정 : 윤리적 의사결정모델(7단계)

① 1단계 : 무엇이 문제인지, 문제와 관련된 사람, 단체, 클라이언트 전문가, 지지체계, 피해자 등이 누구인지 확인한다.

② 2단계 : 누가 의사결정에 참여할 것인지를 결정한다.

③ 3단계 : 1단계에서 확인된 사람들이 가지고 있는 가치를 확인한다.

④ 4단계 : 달성된 문제를 해결 혹은 완화할 것이라고 생각되는 목적이나 목표를 확인한다.

⑤ 5단계 : 대안적 개입전략과 표적 확인 후 목적달성에 대한 대안 효과와 효능을 평가한다.

⑥ 6단계 : 가장 적절한 개입방법을 선택한다.

⑦ 7단계 : 실행을 모니터링하되 예측하지 못한 결과에 주목한다. 결과를 평가하고 추가적인 문제나 기회, 대안들을 확인한다.

2) 윤리적 의사조정의 내용 1(윤리사정심사 = EAS)

① 직면해 있는 윤리적 갈등과 관련되는 개인적 가치를 확인한다.

② 윤리적 결정에 관련된 사회적 가치를 확인한다.

③ 관련되는 전문적 가치와 윤리를 확인한다.

④ 선택할 수 있는 윤리적 대안들을 확인한다.

⑤ 어떤 윤리적 행동들이 다른 사람의 권리와 복지뿐만 아니라 클라이언트의 권리와 복지를 최대한 보호해 줄 수 있는가?

⑥ 어떤 윤리적 행위의 대안이 사회의 권리와 이해를 최대한 보호할 것인가?

⑦ 위의 ①, ②, ③ 사이의 갈등을 줄이기 위해서 무엇을 할 수 있는가? ⑤, ⑥ 사이의 갈등을 줄이기 위해 무엇을 할 수 있는가?

⑧ 어떤 대안적 행동이 최소 손실(=해악)의 원칙을 지킬 수 있는가?

⑨ 각각의 행위의 대안들은 어느 정도 효율적이며 윤리적인가?

⑩ 대안적 행동이 가지고 있는 단기 혹은 장기적 윤리적 결과들을 모두 고려하고 비교하고 평가해 보았는가?

3) 윤리적 의사조정의 내용 2(윤리규칙심사 = ERS)

① (사회복지사) 윤리강령을 검토하고, 어떤 기준들이 적용되는지를 결정한다. 이러한 윤리강령은 사회복지사의 개인적 가치보다 우선한다.

② 적용 가능한 한두 가지 윤리강령이 있다면 윤리강령을 따른다.

③ 특정한 문제에 대해 윤리강령이 적용되지 않거나 여러 개의 강령기준들이 상충되는 지침들을 제공하는 경우에는 윤리원칙심사를 적용한다.

4) 윤리적 의사조정의 내용 : 로웬버그와 돌고프의 윤리적 준거틀(윤리원칙심사 = EPS)

로웬버그와 돌고프의 윤리적 준거틀은 윤리적 갈등상황에서 어떤 원칙을 의무적으로 따라야 하는지에 대한 윤리적 원칙 준거틀로서 특정 문제에 대해 윤리강령 등으로 해결되지 않는 경우 최후의 수단으로 적용되는 원칙이다. 이 원칙은 순서가 있으며 여러 가지 원칙이 충돌하는 경우 상위 원칙을 가장 먼저 고려하여 적용한다.

<표 3-2> 로웬버그와 돌고프의 윤리적 준거틀

윤리원칙 1	생명보호의 원칙	인간의 생명보호가 다른 모든 것에 우선한다.
윤리원칙 2	평등과 불평등의 원칙	관계가 동등한 사람들은 평등하게 대우받아야 하며 동등하지 않은 관계 자체로 문제가 발생한다면 불평한 처우를 받아야 한다.
윤리원칙 3	자율과 자유의 원칙	사회복지실천과정에서 개인의 자율성과 자유를 존중하는 결정을 내려야 하지만 개인의 자율성과 자유도 자신이나 타인의 생명을 위협하는 경우에는 허용되지 않는다.

윤리원칙 4	최소 해악(손실)의 원칙	손실만 초래될 가능성이 높은 선택에서 비록 손실이 발생하더라도 손실이 최소화되거나 쉽게 회복될 수 있는 것을 선택한다.
윤리원칙 5	삶의 질의 원칙	인간의 삶의 질을 더 향상시키는 기회를 선택해야 한다.
윤리원칙 6	사생활 보호와 비밀보장의 원칙	사회복지사는 클라이언트의 사생활을 보호하고 클라이언트에 대해서 알게 된 사실을 다른 사람에게 공개해서는 안 된다.
윤리원칙 7	진실성과 정보공개의 원칙 (성실의 원칙)	클라이언트 및 관련자에게 오직 진실만 이야기하며 모든 관련 정보를 완전히 공개해야 한다.

제 4 장

사회복지실천 현장에 대한 이해

1. 사회복지실천현장의 개념
2. 사회복지실천현장의 분류
3. 주요 사회복지실천 분야별 기관
4. 사회복지사의 역할

제 4 장

사회복지실천현장에 대한 이해

학습목표

- 사회복지실천현장의 개념에 대하여 살펴본다.
- 사회복지실천현장을 기관 설립주체, 재원조달방식에 따라 분류할 수 있다.
- 사회복지실천 분야별 기관에 대해 이해할 수 있다.
- 사회복지실천현장에서의 사회복지사 역할에 대해 알아본다.

1. 사회복지실천현장의 개념

사회복지실천현장의 개념은 크게 두 가지로 분류하여 넓은 의미의 사회복지실천현장, 좁은 의미의 사회복지실천현장으로 구분할 수 있으며, 사회복지사업법에 따르면 '사회복지서비스를 제공하는 기관 및 시설'이라는 법적인 의미를 가지고 있기도 하다.

넓은 의미의 사회복지실천현장은 사회복지실천이 직간접적으로 이루어지는 현장을 뜻하며 물리적인 장소의 개념을 넘어 모든 사회복지실천이 이루어지는 전문분야와 영역을 뜻하기도 한다. 예를 들어, 아동, 노인, 여성, 장애인, 가족, 청소년 등 대상으로 분류하는 경우가 있으며 교정, 약물남용, 정신건강 등 문제영역별로 구분하는 경우도 있다. 현재 사회복지실천현장은 매우 다양하게 세분화되어 있으며 교도소, 학교, 기업, 군부대와 같이 특정 현장에서 이루어지는 교정복지, 학교사회복지, 정신건강사회복지, 의료사회복지, 군사회복지 등 현대사회가 되면서 새롭게 등장한 다양한 사회복지실천현장들이 있다. 좁은 의미로서의 사회복지실천현장은 클라이언트에게 직간접적으로 사회복지서비스를 제공하는 사회복지기관을 의미한다. 기관은 클라이언트의 문제해결을 위해 중요한 영향력을 미치며 사회복지사의 활동도 규정할 수 있다.

2. 사회복지실천현장의 분류

현대사회로 오면서 특정한 사회문제에 따른 특정한 대상에 대한 사회복지실천현장들이 다양화·세분화되고 있으며 현장 분류를 살펴보면 다음과 같다.

1) 기관의 기능 및 운영 목적에 따른 분류

기관의 기능과 운영 목적에 따라 크게 일차 현장과 이차 현장으로 구분할 수 있다. 일차 현장은 사회복지서비스의 제공을 주된 기능으로 하는 사회복지실천현장이며, 이차 현장은 사회복지서비스의 제공이 주된 기능은 아니지만 필요에 따라 사회복지서비스를 제공하는 사회복지실천현장을 말한다. 일차 현장의 주된 예로 종합사회복지관, 노인복지관, 장애인복지관, 자활지원센터, 지역아동센터, 노인요양시설 등이 있으며, 이차 현장의 예로 학교, 병원, 기업, 행정복지센터, 정신건강복지센터, 보육시설, 보호관찰소 등이 있다.

일차 현장 (주된 기능은 사회복지서비스의 제공)	이차 현장 (부수적으로 사회복지서비스를 제공)
종합사회복지관, 노인복지관, 사회복지시설 (노인, 아동, 장애인 시설) 등	병원, 학교, 기업, 행정복지센터, 정신건강복지센터, 보육시설, 보호관찰소 등

2) 기관 설립주체와 자금조달방식에 따른 분류

기관 설립주체와 자금조달방식에 따라서는 공공기관과 민간기관, 기타 공공기관으로 구분할 수 있다. 공공기관은 정부 규정과 지침에 따라 지도감독을 받는 실천현장으로 주로 사회복지서비스와 관련된 행정적 서비스와 아동보호, 소득보장 등과 관련한 프로그램 등을 제공하는 실천현장을 말한다. 예를 들어, 보건복지부, 시도 사회복지과, 시군구 사회복지과, 읍면동 복지담당, 행정복지센터 등이 있다.

민간기관은 사회복지와 관련한 프로그램을 제공하는 기관으로서 재단법인, 사단법인, 종교법인과 같은 비영리민간기관들이 주를 이룬다. 민간기관은 사회복지서비스를 직접 제공하는 사회서비스 기관과 간접적 서비스나 행정지원을 제공하는 협의체로 구분할 수 있다. 사회복지법인이나 재단, 사단법인, 종교단체, 시민사회단체, 사회복지공동모금회, 한국사회복지사협회 등이 대표적인 예이다.

기타 공공기관은 공기업과 준정부기관, 기타의 공공기관으로 구분할 수 있으며 주로 정부로부터 사회복지사업을 위탁받거나 조사연구, 교육훈련 사회복지기금조정 등의 업무를 수행하면서 정부와 민간 프로그램을 연계하는 중간 역할을 담당하고 있다. 한국사회복지사협회가 대표적인 기관이라고 볼 수 있다.

공공기관 (정부지원에 의한 운영)	민간기관 (사회복지사업을 목적으로 비영리민간기관이 운영)
보건복지부, 시도 사회복지과, 시군구 사회복지과, 읍면동 복지담당, 행정복지센터 등	사회복지법인이나 재단, 사단법인, 종교단체, 시민사회단체, 사회복지공동모금회, 한국사회복지사협회 등

3) 서비스 제공방식에 따른 분류

서비스 제공방식에 따라 사회복지실천현장은 간접적 서비스 제공기관과 직접적 서비스 제공기관으로 나눌 수 있다. 간접서비스 기관의 대표적 예로는 행정기관을 들 수 있으며, 행정기관은 사회복지행정서비스가 클라이언트에게 보다 체계적이고 효율적으로 전달될 수 있도록 지원하는 것을 목적으로 하는 기관이다. 주로 공공행정기관인 국가와 지방자치단체가 주체가 되어 서비스를 제공하고 있다. 민간행정조직은 특정 사회문제와 특정 대상층의 욕구를 기반으로 이를 법과 정책에 반영하고 해결방안을 모색하는 기능을 수행한다. 예로서 한국사회복지협의회, 한국사회복지사협회, 사회복지기관협의회, 노인복지시설협회, 장애인복지시설협회, 지역복지협의회, 사회복지공동모금회 등이 있다.

직접적 서비스 제공기관은 클라이언트에게 서비스를 직접 제공하는 것을 목적으로 하는 기관이다. 이는 주요 서비스 대상이나 문제영역에 따른 서비스 기관 분류라고 할 수 있다.

간접서비스 기관(공공・민간행정기관)	직접서비스 기관
• 보건복지부, 고용노동부, 교육부, 문화체육관광부 등 • 민간행정조직, 한국사회복지사협회, 사회복지기관협의회, 노인복지시설협회, 지역복지협의회 등	• 클라이언트에게 직접 서비스 제공 • 아동상담소, 종합사회복지관, 보육시설 등

4) 주거서비스 제공 여부에 따른 분류

주거서비스 제공 여부에 따라 생활시설과 이용시설로 구분할 수 있다. 생활시설은 주거서비스를 비롯한 다양한 사회복지서비스를 종합적으로 제공하는 시설을 말하며, 예로서 장애인생활시설, 노인요양시설, 아동시설, 청소년 쉼터, 치매요양센터, 공동생활가정 등이 있다.

이용시설은 주거서비스를 제공하지 않고 클라이언트는 본인의 집에서 거주하면서 낮시간 동안 사회복지서비스를 제공하는 기관을 방문하여 필요한 서비스를 제공받는다. 예로서 재가복지센터, 정신건강복지센터, 지역아동센터, 종합사회복지관, 장애인복지관, 청소년상담복지센터, 노인주간보호센터, 쪽방상담소, 아동보호전문기관, 영유아보육시설, 가정위탁지원센터, 장애인직업재활시설 등이 있다.

생활시설	이용시설
장애인생활시설, 노인요양시설, 공동생활가정, 청소년 쉼터, 노숙자 쉼터, 치매요양센터 등	재가복지센터, 종합사회복지관, 장애인복지관, 노인복지관, 노인주간보호센터, 장애인주관보호센터, 청소년상담복지센터 등

3. 주요 사회복지실천 분야별 기관

1) 아동 및 청소년 분야

아동・청소년 시설은 아동과 청소년이 건강하고 행복하게 성장하는 데 필요한 제반 사회복지서비스를 제공하는 사회복지시설이다.

아동 복지 시설	아동양육시설	보호를 필요로 하는 아동을 입소시켜 보호, 양육하는 시설. 보호대상아동을 입소시켜 보호, 양육 및 취업훈련, 자립지원 서비스 등을 제공하는 것을 목적으로 하는 시설(생활시설)
	아동일시보호시설	보호를 필요로 하는 아동을 일시보호하고 아동에 대한 향후의 양육대책수립 및 보호조치를 행하는 것을 목적으로 하는 시설
	아동보호치료시설	불량행위를 하거나 불량행위를 할 우려가 있는 아동으로서 보호자가 없거나 친권자나 후견인이 입소를 신청한 아동 또는 가정법원 지방법원소년부지원에서 보호위탁된 아동을 입소시켜 그들을 선도하여 건전한 사회인으로 육성하는 것을 목적으로 하는 시설
	공동생활가정	보호를 필요로 하는 아동에게 가정과 같은 주거요건과 보호를 제공하는 것을 목적으로 하는 시설(생활시설)
	자립지원시설	아동복지시설에서 퇴소한 자에게 취업준비기간 또는 취업 후 일정 기간 보호함으로써 자립을 지원하는 것을 목적으로 하는 시설(생활시설)
	아동상담소	아동과 그 가족의 문제에 관한 상담, 치료, 예방 및 연구 등을 목적으로 하는 시설(이용시설)
	아동전용시설	어린이공원, 어린이놀이터, 아동회관, 체육, 연극, 영화, 과학실험전시시설, 아동휴게숙박시설, 야영장 등 아동에게 건전한 놀이와 오락, 그 밖에 각종 편의를 제공하여 심신의 건강유지와 복지증진에 필요한 서비스를 제공하는 것을 목적으로 하는 시설(이용시설)
	지역아동센터	지역사회 아동의 보호, 교육, 건전한 놀이와 오락 제공, 보호자와 지역사회의 연계 등 아동의 건전한 육성을 위하여 종합적인 아동복지서비스를 제공하는 시설(이용시설)

	아동보호전문기관	아동학대 예방 사업과 더불어 신체적·정서적·성적으로 학대받거나 방임된 아동의 보호, 치료에 대한 신속한 처리 및 사례관리 등을 하는 기관(이용시설)
	가정위탁지원센터	가정위탁제도와 관련한 정책 수립 및 교육, 가정위탁 인식 증진을 위한 홍보사업을 전개하는 시설(이용시설)
	보장원 (=아동권리보장원)	아동정책에 대한 종합적인 수행과 아동복지 관련 사업의 효과적인 추진을 위하여 필요한 정책의 수립을 지원하고 사업평가 등의 업무를 수행하는 기관
청소년 복지시설	청소년 쉼터	가출 청소년에 대하여 가정, 학교, 사회로 복귀하여 생활할 수 있도록 일정 기간 보호하면서 상담, 주거, 학업, 자립 등을 지원하는 시설
	청소년자립지원관	일정 기간 청소년 쉼터 또는 청소년복지지원시설의 지원을 받았는데도 가정, 학교, 사회로 복귀하여 생활할 수 없는 청소년에게 자립하여 생활할 수 있도록 능력과 여건을 갖추도록 지원하는 시설
	청소년 치료재활센터	학습, 정서, 행동상의 장애를 가진 청소년을 대상으로 정상적인 성장과 생활을 할 수 있도록 해당 청소년에게 적합한 치료, 교육 및 재활을 종합적으로 지원하는 거주시설
	청소년 회복복지시설	소년법 제32조 제1항 제1호에 따른 감호 위탁처분을 받은 청소년에 대하여 보호자를 대신하여 그 청소년을 보호할 수 있는 자가 상담, 주거, 학업, 자립 등 서비스를 제공하는 시설

2) 가정 및 지역사회

(1) 한부모가족복지시설

출산지원시설	다음 각목의 어느 하나에 해당하는 자의 임신·출산 및 그 출산 아동(3세 미만에 한정한다)의 양육을 위하여 주거 등을 지원하는 시설 가. 제4조 제1호의 모 나. 혼인 관계에 있지 아니한 자로서 출산 전 임신부 다. 혼인 관계에 있지 아니한 자로서 출산 후 해당 아동을 양육하지 아니하는 모

양육지원시설	6세 미만 자녀를 동반한 한부모가족에게 자녀를 양육할 수 있도록 주거 등을 지원하는 시설
생활지원시설	18세 미만(취학 중인 경우에는 22세 미만을 말하되, 「병역법」에 따른 병역의무를 이행하고 취학 중인 경우에는 병역의무를 이행한 기간을 가산한 연령 미만을 말한다) 자녀를 동반한 한부모가족에게 자립을 준비할 수 있도록 주거 등을 지원하는 시설
일시지원시설	배우자(사실혼 관계에 있는 사람을 포함한다)가 있으나 배우자의 물리적·정신적 학대로 아동의 건전한 양육이나 모 또는 부의 건강에 지장을 초래할 우려가 있을 경우 일시적 또는 일정 기간 동안 모와 아동, 부와 아동, 모 또는 부에게 주거 등을 지원하는 시설
한부모가족 복지상담소	한부모가족에 대한 위기·자립 상담 또는 문제해결 지원 등을 목적으로 하는 시설

(2) 가족센터

- 가족센터는 여성가족부가 시행하는 가족정책의 주요 전달체계로서 다양한 가족지원정책을 제안 및 실행하기 위해 설립된 기관이다.
- 기존 운영되고 있는 건강가정지원센터와 다문화가족지원센터의 기능 확대를 통하여 가족센터로 운영하고 있다.
- 가족센터는 가족이 직면하는 돌봄, 소통 등 생애주기별 어려움을 해결하고 가족구성원의 욕구를 통합적으로 지원한다.
- 가족상담, 가족생활교육, 가족친화적 문화조성, 정보제공 및 지역사회 네트워크 사업을 추진한다.
- 한부모가족, 조손가족, 다문화가족, 맞벌이가족, 군인가족, 재소자가족, 이혼전후 가족 등 다양한 가족지원을 위한 상담, 교육 및 문화의 맞춤 통합서비스와 아이돌봄서비스 지원 등 가족돌봄 지원서비스를 시행하고 있다.

(3) 지역사회보장협의체

지역사회보장협의체는 「사회보장급여법」 제41조에 근거해 시장 · 군수 · 구청장은 지역의 사회보장을 증진하고, 사회보장과 관련된 서비스를 제공하는 관계 기관 · 법인 · 단체 · 시설과 연계 및 협력을 강화하기 위하여 해당 시 · 군 · 구에 지역사회보장협의체를 두도록 하고 있다.

운영목적은 첫째, 민관협력의 구심점으로서 지역사회보호체계를 구축하고, 둘째, 운영과 수요자 중심의 통합적 사회보장급여 제공 기반을 마련하며, 셋째, 지역사회 내 사회보장급여 제공기관 · 법인 · 단체 · 시설 간 연계 및 협력으로 지역복지자원의 효율적 활용체계를 조성하고, 넷째, 민관협력을 통해 사각지대 발굴 및 지원강화를 위한 읍면동 단위 주민 네트워크를 조직하는 데 있다.

지역사회복지협의체의 기능은 협치, 연계, 통합서비스 지원기능을 통해 수요자 중심의 통합적 서비스를 제공하는 것이다.

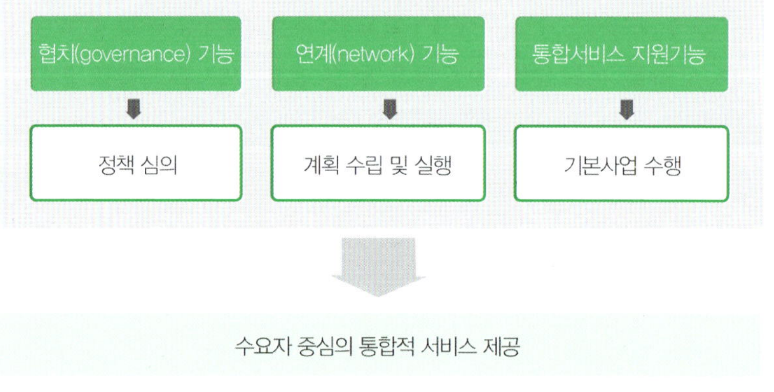

[그림 4-1] 지역사회복지협의체의 기능

협치 기능은 지역사회보장계획의 수립과 과정, 평가 등 지역사회보장의 주요 사항에 대해 민간과 공공이 협력하여 심의하고 자문하는 기능이며,

연계 기능은 사회보장과 관련된 서비스를 제공하는 관계기관과 법인, 단체, 시설과 연계하고 협력을 강화하는 기능이다. 통합서비스 지원기능은 협의체 내 각 분과 간 통합 및 조정역할을 수행하고 지역주민의 욕구를 반영한 통합적 서비스 제공체계를 지원하는 기능이다. 아울러 통합서비스 제공을 위해 기존의 보건복지뿐 아니라 고용·주거·교육·문화·환경 등 다양한 영역과 연계하는 기능이다.

3) 의료 및 정신건강

- 의료기관 내 사회복지실 : 의료비 지원연계(저소득층, 긴급지원 등), 퇴원계획 수립 및 요양기관 연계, 암환자, 희귀질환자 등 대상자 상담 및 사례관리, 가족상담, 심리적 지지, 복지자원 정보제공 등(국립중앙의료원, 지역 종합병원 사회복지실, 서울아산병원 사회복지팀 등)
- 정신건강복지센터 : 정신질환자의 발견·상담·진료·사회복귀훈련 및 이에 관한 사례관리 등을 실시하는 시설(이용시설)

4) 노 인

(1) 노인주거복지시설

양로시설	노인을 입소시켜 급식과 그 밖에 일상생활에 필요한 편의를 제공함을 목적으로 하는 시설
노인공동생활가정	노인들에게 가정과 같은 주거여건과 급식, 그 밖에 일상생활에 필요한 편의를 제공함을 목적으로 하는 시설
노인복지주택	노인에게 주거시설을 임대하여 주거의 편의·생활지도·상담 및 안전관리 등 일상생활에 필요한 편의를 제공함을 목적으로 하는 시설

(2) 노인의료복지시설

노인요양시설	치매·중풍 등 노인성질환 등으로 심신에 상당한 장애가 발생하여 도움을 필요로 하는 노인을 입소시켜 급식·요양과 그 밖에 일상생활에 필요한 편의를 제공함을 목적으로 하는 시설
노인요양 공동생활가정	치매·중풍 등 노인성질환 등으로 심신에 상당한 장애가 발생하여 도움을 필요로 하는 노인에게 가정과 같은 주거여건과 급식·요양, 그 밖에 일상생활에 필요한 편의를 제공함을 목적으로 하는 시설

(3) 노인여가복지시설

노인복지관	노인의 교양·취미생활 및 사회참여활동 등에 대한 각종 정보와 서비스를 제공하고, 건강증진 및 질병예방과 소득보장·재가복지, 그 밖에 노인의 복지증진에 필요한 서비스를 제공함을 목적으로 하는 시설
경로당	지역노인들이 자율적으로 친목도모·취미활동·공동작업장 운영 및 각종 정보교환과 기타 여가활동을 할 수 있도록 하는 장소를 제공함을 목적으로 하는 시설
노인교실	노인들에 대하여 사회활동 참여욕구를 충족시키기 위하여 건전한 취미생활·노인건강유지·소득보장, 기타 일상생활과 관련한 학습프로그램을 제공함을 목적으로 하는 시설

(4) 재가노인복지시설

방문요양서비스	가정에서 일상생활을 영위하고 있는 노인(이하 "재가노인"이라 한다)으로서 신체적·정신적 장애로 어려움을 겪고 있는 노인에게 필요한 각종 편의를 제공하여 지역사회 안에서 건전하고 안정된 노후를 영위하도록 하는 서비스
주·야간 보호서비스	부득이한 사유로 가족의 보호를 받을 수 없는 심신이 허약한 노인과 장애노인을 주간 또는 야간 동안 보호시설에 입소시켜 필요한 각종 편의를 제공하여 이들의 생활안정과 심신기능의 유지·향상을 도모하고, 그 가족의 신체적·정신적 부담을 덜어주기 위한 서비스
단기보호서비스	부득이한 사유로 가족의 보호를 받을 수 없어 일시적으로 보호가 필요한 심신이 허약한 노인과 장애노인을 보호시설에 단기간 입소시켜 보호함으로써 노인 및 노인가정의 복지증진을 도모하기 위한 서비스
방문 목욕서비스	목욕장비를 갖추고 재가노인을 방문하여 목욕을 제공하는 서비스
기타 서비스	재가노인지원서비스, 방문간호서비스, 복지용구지원서비스

(5) 노인보호전문기관

노인보호전문기관은 「노인복지법」 제39조의5에 근거해 설립된 국가지정 기관으로, 노인학대 예방과 피해 노인의 보호를 전문적으로 수행하는 기관이다. 또한 이 기관은 노인학대와 관련된 신고 접수, 현장조사, 피해자 보호, 상담 및 사례관리, 예방교육, 유관기관과의 연계 등의 업무를 담당하고 있다. 설립목적은 노인학대를 사전에 예방하고 학대 발생 시 신속히 개입하여 피해자를 보호하며 노인의 인권과 권익을 증진하기 위해 설립되었다.

(6) 노인일자리지원기관

노인일자리지원기관은 「노인 일자리 및 사회활동 지원에 관한 법률」 제9조 제1항 제2호에 따라 설치하는 노인복지시설로서 지역사회 등에서 노인일자리의 개발·지원, 창업·육성, 안전관리 및 노인에 의한 재화의 생산·판매 등을 직접 담당하는 기관이다.

(7) 학대피해노인 전용쉼터

학대피해노인 전용쉼터는 「노인복지법」 제39조의19에 따라 설치하는 노인복지시설로서 노인학대로 인하여 피해를 입은 노인을 일정 기간 보호하고 심신 치유 프로그램을 제공하는 기관이다.

5) 장애인

장애인거주시설	거주공간을 활용하여 일반가정에서 생활하기 어려운 장애인에게 일정 기간 동안 거주·요양·지원 등의 서비스를 제공하는 동시에 지역사회생활을 지원하는 시설(생활시설)
장애인 지역사회재활시설	장애인을 전문적으로 상담·치료·훈련하거나 장애인의 일상생활, 여가활동 및 사회참여활동 등을 지원하는 시설(이용시설)

장애인 직업재활시설	일반 작업환경에서는 일하기 어려운 장애인이 특별히 준비된 작업환경에서 직업훈련을 받거나 직업생활을 할 수 있도록 하는 시설(이용시설)
장애인 의료재활시설	장애인을 입원 또는 통원하게 하여 상담, 진단·판정, 치료 등 의료재활서비스를 제공하는 시설

4. 사회복지사의 역할

사회복지실천을 수행하는 전문가는 사회복지전문가, 즉 사회복지사라고 하며(Minahan, 1981), 그들의 역할은 학자에 따라 다양하게 분류된다.

먼저 헵워스와 라슨(Hepworth & Larsen, 2006)은 사회복지사의 역할을 서비스 직접 제공자, 체계연계자, 체계개발자, 체계 유지 및 향상자, 조사 연구자로 구분하였다.

콤튼과 갤러웨이(Compton & Galaway, 1999)는 사회복지사의 역할을 중개자, 조력자, 교사, 중재자, 옹호자로 제시하였다. 또한 커스트-애쉬만과 헐(Kirst-Ashman & Hull, 2008)은 앞선 학자들의 분류에 더해 사례관리자와 조정자의 역할을 추가로 포함시켰다.

마지막으로 재스트로(Zastrow)는 사회복지사의 역할을 열 가지로 제시하였으며, 이는 다양한 문헌에서 언급되고 있다(강병철 외, 2013; 김용환 외, 2013; 박주현 외, 2014; 윤선오 외, 2015).

1) 서비스 직접 제공자

(1) 가능하게 하는 자

가능하게 하는 자(enabler)로서의 사회복지사의 역할은 클라이언트가 자신의 감정을 더욱더 잘 이해하고, 행동을 수정하며, 문제상황에 대처할 수 있도록 도움으로써 그들의 사회적 기능을 향상시킨다.

(2) 조력자

조력자로서의 사회복지사는 클라이언트가 위기상황에서 겪는 다양한 스트레스에 효과적으로 대응할 수 있도록 지원하는 역할을 한다.

이 역할은 희망을 전달하고, 저항감이나 양가감정을 완화시키며, 개인의 강점을 발견하고 활용할 수 있도록 돕는 것, 그리고 사회적 자원을 연결해 지지 기반을 마련해 주는 것 등을 포함한다.

(3) 교육자

교육자로서의 사회복지사는 클라이언트와 기타 관련 체계에 정보를 제공하고 필요한 기술을 전달하는 역할을 수행한다. 이 역할을 효과적으로 수행하기 위해 사회복지사는 해당 분야에 대한 전문적인 지식과 풍부한 정보를 갖추고 있어야 한다. 예를 들어, 청소년에게 성교육을 실시하거나, 부모에게 양육기술을 교육하고, 장애인을 대상으로 사회적응 기술을 훈련시키는 것 등이 이에 해당한다. 또한 효과적인 교육자가 되기 위해서는 정보를 정확하고 쉽게 전달할 수 있는 의사소통능력도 필수적이다.

2) 체계연결자

(1) 중개자

도움이 필요한 클라이언트에게 지역사회서비스를 연결시키는 사회복지사의 역할이다. 사람을 자원과 연결시키기 위해서는 지역사회의 자원에 대해 잘 파악하고 있어야 적절하게 의뢰할 수 있다. 연결 담당자와 좋은 업무

관계를 유지하면서 자원체계의 정책을 잘 파악하고 있는 것이 성공적인 의뢰의 필수요소이다. 예를 들면, 학교폭력 가해학생에게 지역사회복지기관에서 실시하는 분노조절 프로그램을 소개하는 것, 거동불편 노인에게 무료급식제공기관의 밑반찬 배달서비스를 연계하는 것 등이다.

(2) 사례관리자/ 조정자

사례관리자 또는 조정자로서의 사회복지사는 클라이언트의 욕구와 문제를 정확히 파악한 후, 문제해결에 필요한 자원이나 서비스를 개발하고 적절히 연결해 주는 역할을 수행한다. 또한 연계된 서비스가 초기 목표에 맞게 지속적으로 제공되고 있는지 점검하고 조정하는 역할도 한다. 예를 들어, 장애 아동의 경우 단순히 장애 관련 서비스뿐만 아니라 교육, 또래관계, 가정환경 등 다양한 영역에서의 지원이 함께 이루어져야 건강한 발달이 가능하므로 사례관리가 필요하다. 이처럼 복합적인 욕구를 가진 클라이언트의 문제는 한 명의 사회복지사나 단일 기관만으로 해결하기 어렵기 때문에, 사회복지사는 지역사회의 사회복지관, 학교, 병원, 재활치료센터, 상담기관 등과 유기적인 협력을 통해 종합적인 서비스를 제공하는 사례관리 및 조정자의 역할을 한다.

(3) 중재자

중재자의 역할은 서로 다른 두 집단 간의 갈등이나 이해관계를 해결하여 서로 간에 만족스러운 결과를 얻을 수 있도록 도와주는 역할이다. 가령 노동자와 고용주 사이의 갈등 또는 집주인과 세입자의 갈등이 있을 때 양측의 이해관계를 고려하여 최선의 해결책을 제시하고 서로에게 만족을 주도록 도와주는 것이다. 중재자의 역할을 수행하는 사회복지사는 양쪽의 입장을 정확히 이해하여 어느 한쪽의 입장을 편파적으로 지지하지 않고 중립적 위치에서 갈등을 해결해 나가는 것이 매우 중요하다.

(4) 클라이언트 옹호자

옹호란 사회정의를 지키고 유지하려는 목적으로 개인, 집단, 지역사회의 입장에서 직접적으로 대변·개입·지지하는 행동을 포함한다. 사회복지실천 초창기부터 사회복지사의 주요 역할인 옹호자의 역할은 클라이언트 개인이나 집단의 권익보호를 위해 새로운 자원이나 서비스를 제공하도록 대신 촉구하는 정치적 역할을 수행하며, 특히 클라이언트가 필요한 것을 얻을 힘이 거의 없을 때에 적절하다. 중재자의 역할이 양측의 이해를 절충하고 타협하여 공동의 이해영역을 도출하는 역할임에 비해, 옹호자의 역할은 클라이언트의 이해와 권리만을 대변하는 역할이다. 예를 들면, 사회복지사가 클라이언트의 직장에서 임금체불 문제를 해결하는 것, 미등록 이주노동자 자녀가 교육받을 수 있도록 관계법 개정을 제안하는 것 등이다. 단, 사회복지사는 클라이언트의 권리나 이익을 법적인 범위 안에서만 옹호할 수 있다(김융일 외, 1995)

3) 체계개발자

(1) 프로그램 개발자

사회복지사는 클라이언트의 욕구 발생에 대응하여 서비스를 개발할 기회가 있다. 예를 들어, 교육적인 프로그램, 지지집단, 기술개발 프로그램 등이 있는데, 현재 사용하는 개입에 대한 자료수집 등을 사정하여 기관의 서비스를 확대하거나 증진시켜야 한다.

(2) 기획가

사회복지사는 접근성이 떨어지는 작은 지역사회, 시골 지역, 신흥 도시에서 보통 지역사회 지도자와 함께 기획하는 역할을 맡을 필요가 있다. 이 역할에서 그들은 공식·비공식적으로 영향력 있는 사람들과 함께 욕구에 대응하여 프로그램들을 계획한다. 그러한 욕구들은 아동보호 프로그램, 노인과 장애인들을 위한 운송수단, 레크리에이션 프로그램, 건강보호 프로그램 등을 포함한다.

(3) 정책개발자

사회복지사는 사회복지실천현장에 있기 때문에 클라이언트의 욕구를 평가하고, 어떤 정책과 절차가 클라이언트의 관심에 부합되는지를 파악할 수 있다.

4) 체계 유지와 강화 역할

(1) 팀 구성원

사회복지사는 많은 기관에서 클라이언트의 문제와 서비스 전달에 협력하는 임상팀의 일원으로 활동하게 된다. 팀 구성은 내과 의사, 심리학자, 정신과 의사, 사회복지사, 간호사, 교사, 작업치료사, 레크리에이션 치료사 등으로 이루어진다.

(2) 촉진자

촉진자(facilitator)는 집단의 지도자 역할을 수행하는 사람으로, 가족치료집단, 과업집단, 교육집단, 자조집단, 감수성 훈련집단 등 다양한 목적을 가진 집단에 개입하여 집단의 효과적인 운영을 돕는다.

이러한 촉진자 역할은 거시적 실천 영역에도 적용될 수 있으며, 이 경우 사회복지사는 구성원들을 조직하고, 필요한 자원이나 기술에 접근할 수 있도록 하여 변화와 발전을 촉진하는 책임을 갖는다.

(3) 조직분석가

서비스 제공에 부정적인 영향을 미치는 기관의 구조나 정책 절차 등을 비판적으로 분석하고 문제점을 지적하는 활동으로, 이를 위해서는 조직이론과 행정이론에 대한 이해와 전문지식이 요구된다.

(4) 자문가/ 조언을 받는 사람

사회복지사는 자문을 제공하고 받는 역할을 모두 수행할 수 있다. 즉, 사회복지사가 전문지식을 가지고 자문제공자로서 해야 할 역할도 있지만, 약물남용, 아동학대, 성 문제 등과 같은 전문지식이 필요한 문제에 대해서는 그 분야의 전문가로부터 조언을 받아야 한다.

5) 연구자와 조사활용자

연구자는 관심 있는 주제에 관한 문헌연구나 자신의 실무에 대한 평가, 프로그램에 대한 분석, 지역사회 욕구조사 등의 활동을 통해 이론적 또는 실천적인 전문직으로 발전시키는 활동을 수행하는 역할을 한다. 즉, 지식개발을 위해 조사나 연구 등을 수행하고 관련 분야에서의 조사, 연구 및 실무의 진행과 평가 등을 통해 전문이론의 발전을 도모하고 동료들과 그 결과를 공유한다. 또한 사회복지사는 자신이 제공한 서비스를 과학적이고 체계적으로 평가할 책임이 있으며, 이러한 과정을 위해 사회복지사는 연구를 수행하고, 연구들을 활용해야 한다.

제 5 장

사회복지실천 현장의 통합적 접근

1. 통합적 접근의 등장배경
2. 사회복지실천의 통합적 접근의 개념
3. 통합적 접근의 관점 및 이론

제 5 장

사회복지실천현장의 통합적 접근

학습목표

- 통합적 접근의 등장배경에 대해 이해한다.
- 통합적 접근의 개념에 대해 이해한다.
- 통합적 접근의 이론모델에 대해 이해한다.

1. 통합적 접근의 등장배경

사회복지실천의 전통적 3대 방법론인 개별사회사업, 집단사회사업, 지역사회조직은 각각 독자적인 이론적 배경을 가지고 발전해 왔으며, 각각의 방법론은 클라이언트를 개인, 집단, 지역사회로 나누어 각기 다른 방법으로 클라이언트의 문제를 해결하고자 하였다. 그러나 전통적 방법으로는 클라이언트의 복합 다양한 생활상의 문제를 하나의 개입방법으로 해결하는 데 한계가 있었다. 전통적 3대 방법론의 한계를 정리하면 다음과 같다.

첫째, 전통적 사회복지실천방법은 제한된 특정 문제에 중심을 두고 개입하는 것으로, 최근의 복합 다양하고 중첩된 클라이언트의 상황을 해결하기에는 어려움이 발생한다.

둘째, 사회복지서비스의 지나친 파편화와 분화로 인해 클라이언트가 가진 문제와 욕구를 해결하기 위해 여러 기관을 찾아다녀야 하는 부담감이 있었다.

셋째, 공동기반이 없는 전문화는 사회복지 전문직의 공통된 정체성 및 일체감을 형성하는 데 장애요인이 되었다.

따라서 클라이언트의 특정한 문제가 아니라 사회변화에 따라 발생하는 복합 다양한 클라이언트의 문제를 새로운 방식으로 접근할 필요성이 제기되었고, 통합적 방법론이 그에 대한 결과물이라고 할 수 있다.

2. 사회복지실천의 통합적 접근의 개념

통합적 접근은 1929년 밀포드회의로부터 시작되었으나 1950년대부터 시작되어 1960년대와 1970년대 미국을 중심으로 적극적인 활동이 일어났다. 사회복지실천의 통합적 접근(intergrated approach 혹은 generalist approach)이란 전통적 사회복지실천의 3대 방법론(seperate method approach : 개별사회복지실천, 집단사회복지실천, 지역사회조직)에서 벗어나 개인과 집단, 지역사회를 구분하지 않고 이들 방법을 총괄하여 개입하는 사회복지실천방법이다. 다른 표현으로는 '사회복지사가 개인, 집단, 지역사회에서 제기되는 사회문제에 도움을 주기 위해 활용할 수 있는 여러 원리나 방법을 하나로 통합하는 것'이라고도 한다. 이는 사회복지실천의 대상이 개인이든, 집단이든, 지역사회든 관계없이 사회복지실천과정에서 도출되는 공통적인 원리와 개념에 근거하여 클라이언트를 돕는 방법이다. 통합적 접근의 특징과 사회복지사의 역할을 살펴보면, 우선 통합적 접근은 개인, 집단, 지역사회를 대상으로 사회복지실천을 수행할 때 공통적으로 적용 가능한 원리나 개념 등을 전제로 한다. 기존의 전통적 사회복지실천방법은 인간과 환경 둘 사이에 초점을 두는 접근방법이었지만 통합적 접근방법은 인간중심의 접근과 환경중심으로 접근으로 나누어 인간이나 환경에만 개입하는 것이 아니라 인간과 환경 간의 상호작용(두 체계 간의 공유영역인 사회적 기능수행 영역)에 개입하는 것을 핵심으로 한다. 그리고 통합적 접근은 특정 이론에 한정짓지 않는다. 기존의 정신분석 이론에서 활용되었던 이론부터 환경과 체계를 강조하는 이론 등 다양한 이론과 개념을 사용하여 문제의 성격과 상황에 따라 선별적인 접근을 한다. 클라이언트는 잠재력이 있다는 전제하에 강점관점을 중요시하며 클라이언트의 자기결정과 개별화를 강조한다. 또한 통합적 접근은 생태체계적 관점을 중요시하므로 인간과 환경이라는 각각의 체계뿐 아니라 이들 간의 상호작용에 초점을 둔다. 통합적 접근에서 문제를 바라보는 관점은 병리적이거나 부정적이지 않고 전체 문제해결과정 중 일차적 초점을 의미하며 쟁점, 욕구, 현안, 어려움 등에 해당하는 광범위하고 포괄적인 개념이다. 통합적 모델은 생태체계적 관점을 중요시하므로 순환적 인과성을 적용한다. 이는 원인과 결과가 정해진 것이 아닌 어떤 결과는 다른 것의 원인이 되고 이는 다시 결과에 영향을 주며 이 결과는 다음 원인으로 다시 작용한다고 보아 상호 간의 영향성에 중점을 둔다. 기존의 전통적 방법은 단선적 인과성을 가지지만 통합적 접근방법은 다양한 원인들이 서로 영향을 주고받을 수 있다고 본다.

3. 통합적 접근의 관점 및 이론

통합적 방법은 기존의 전통적 접근방법을 부정하는 것이 아니라 사회복지실천의 공통점을 묶고 생태체계적 관점에서 클라이언트와 환경의 상호작용에 관련된 다양한 체계에 대한 사정과 개입을 통해 클라이언트의 삶의 질 향상을 돕고자 하는 사회복지실천의 기본 틀이다(양옥경 외, 2003).

1) 환경 속의 인간 관점

환경 속의 인간(person in environment)은 개인과 환경의 상호작용을 강조하며 사회복지문제의 원인을 개인 또는 환경 어느 한쪽의 결함으로 인한 것이 아니라 개인적 요소와 환경적 요소의 상호관계로 인해 나타난 결과로 본다. 핀커스와 미나한(Pincus & Minahan, 1973)은 사회복지실천은 사람들이 생활과업을 성취하고 고통을 덜며 소망과 가치를 실현할 수 있는 능력에 영향을 주는 인간과 사회환경 간의 상호작용에 관심을 두었으며, 인간은 개인의 심리 내적 특성만 가지고 이해할 수 없으며 환경과 상황까지도 고려하여 이해해야 한다고 하였다. 환경 속의 인간 관점을 반영한 사회복지실천의 내용을 살펴보면, 사회복지는 인간이 경험하는 다양한 사회복지문제의 원인을 개인 또는 환경이 어우러져 나타나는 결과라고 보았으며, 이러한 환경 속의 인간 관점을 사회복지실천에 적용하며 사회적 맥락을 고려하여 문제를 사정하고 개인, 환경 간 상호작용 증진을 위해 환경변화를 시도하거나 개인의 역량을 강화하며 개인의 변화를 위한 해결책을 주변 환경의 변화에서 찾는다.

2) PIE(파이)분류체계

환경 속의 인간 관점이라는 분류체계가 무엇인지에 대해 살펴보면 일명 PIE(Person In Environment) 분류체계라고 정신의학협회의 정신장애 분류체계인 정신질환 진단 및 통계 편람(DSM : Diagnostic and Statistical Manual for Mental Disorders)을 사회복지분야에 맞게 분류 고안한 것이다. DSM은 정신의학적 문제들에 대해 질병 및 병리적 개념으로 문제를 분류한 것이기에 사회복지분야에 적용하기에는 어려움이 있으므로 사회복지실천의 특성에 맞게 네 가지 요소로 분류하여 클라이언트의 사회적 기능상의 문제를 사정하는 기준으로 사용하고 있다.

<표 5-1> PIE 분류체계의 기본 구조

사회적 기능수행상의 문제(요소 1)	사회복지사는 클라이언트의 사회적 역할 문제를 확인하고 묘사한다.
환경상의 문제(요소 2)	사회복지사는 요소 1(클라이언트의 사회적 기능)에 영향을 주고 있는 환경상의 문제를 묘사한다.
정신건강상의 문제(요소 3)	사회복지사는 클라이언트에 대한 이해와 개입과 관계가 있는 현재의 정신적·성격적 장애나 상태, 발달상의 장애나 상태를 표시한다.
신체건강상의 문제(요소 4)	클라이언트의 사회적 역할 수행과 환경문제에 대한 이해 및 유지에 관련 가능성이 있는 현재의 신체장애나 상태를 표시한다.

※ 파이(PIE) 분류체계는 환경 속의 인간 개념을 활용한 클라이언트가 경험하는 사회적 기능수행상의 문제를 사정하는 분류체계이며 DSM(정신질환 진단 및 통계 편람)은 정신의학적 문제들에 대해 질병 및 병리적 개념으로 문제를 정의하고 분류하는 체계를 말함

(1) 생태체계관점의 특징

생태체계관점은 생태학과 일반체계이론이 결합된 관점으로서 인간과 주변 환경 간의 상호작용, 상호의존성, 적응을 설명하기 위한 관점이다. 생태체계관점은 개인의 대처능력 강화와 개인에게 영향을 주는 환경 모두를 강조하는 관점으로서 개인을 둘러싸고 있는 다양한 체계 간의 상호작용을 설명하는 기초적 틀이다. 생태체계관점의 특징을 살펴보면 개인과 환경은 지속적으로 영향을 주고받으며 환경의 다양한 측면이 인간의 발달에 미치는 영향에 대해 설명한다. 그리고 개인과 환경 간의 적합성과 상호교류, 적응을 지지하거나 방해하는 요소를 중시하며 역기능적인 것조차도 적응적이거나 합리적인 것으로 개념화한다. 또한 클라이언트의 문제를 개인의 부적

응이나 역기능적인 것으로 보지 않고 개인과 환경 사이에서 적합성이 낮은 것으로 보며 부정적인 결과나 수용하기 어려운 행동이 나타난다 하더라도 그것은 역기능적인 것이 아니라 그 상황에서 적응적인 것이며 그 행동조차도 의미가 있는 것으로 파악한다. 기존의 인간행동을 바라보는 전통적인 관점과는 차별화된 관점이라 할 수 있다. 생태체계관점은 개인과 환경 간의 상호교류, 적응을 지지하는 방해요소 등을 중요시하는 관점으로서 인간과 환경 사이의 상호작용에 초점을 두는 사회복지실천에서 매우 중요한 관점이라고 할 수 있다.

(2) 생태체계관점의 주요 개념

① 적응

적응은 개인 대 환경의 적절한 결합을 의미한다. 유기체는 환경에 의해 선택된 유전적 변천을 이용하면서 변화에 적응해야 한다. 생태체계이론에서 적응상의 문제는 병리적인 것이 아니라 개인의 욕구와 대처가 환경의 자원이나 혹은 지지와 일치하지 못하는 것으로 바라본다.

② 석합성

적합성은 개인의 적응적 요구와 환경의 속성이 어느 정도 부합되는가의 정도를 의미하는 것으로 개인 또는 십단의 욕구나 능력 등이 그들이 처한 물리적·사회적 상황과 조화와 균형을 이루는 정도를 의미한다. 개인은 환경과의 사이에서 상호작용하며 적합성이 높을 수도, 또는 낮을 수도 있지만 높은 경우 환경과의 적응이 잘된 상태라고 볼 수 있다.

③ 스트레스

스트레스는 인간과 환경 사이의 상호작용에 불균형이 야기되어 적응적인 균형과 적합성에 혼란이 일어난 상태를 말하며 외부적 압력으로부터 개인의 일상적인 삶에 있어 균형이 깨진 상태를 말한다.

④ 대처

대처는 개인이 문제를 극복하기 위해 노력하는 적응의 한 형태이며 욕구를 해결하기 위해 고안된 특별한 행동이다.

⑤ 생활영역(적소)

적소는 지역사회 내에서 개인이 어떤 환경에서 보다 잘 적응하고 기능하며 발달을 촉진하기도 하고 방해하기도 하는 환경 내의 생활영역을 말한다.

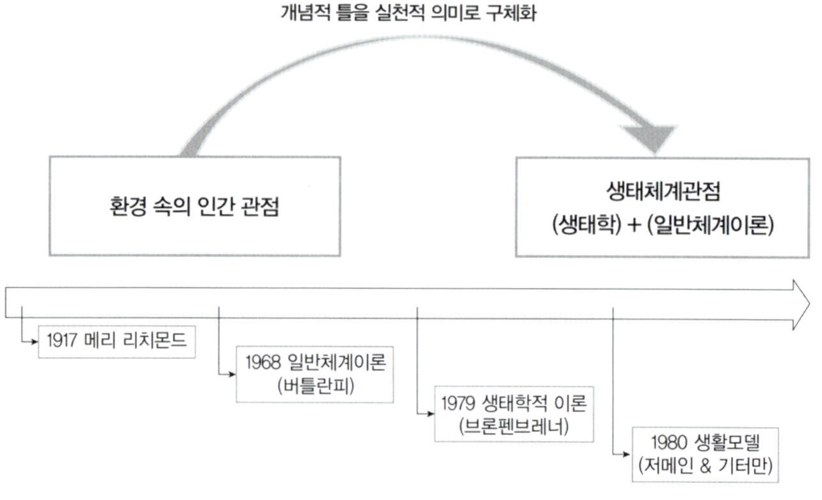

[그림 5-1] 환경 속의 인간 관점과 생태체계관점의 관계

출처 : 사회복지사 국가자격시험 연구회(2024).

(3) 생태체계관점에 영향을 준 이론

① 생태학적 이론

발달심리학자인 유리 브론펜브레너는 생태학적 이론(=생태학적 모델)을 제시한 학자로 인간의 발달을 사회문화적 관점에서 이해하려 하였으며, 특히 아동발달에 대한 사회적 맥락의 중요성에 강조하였다. 브론펜브레너는 인간발달에 영향을 미치는 환경체계를 미시체계, 중간체계, 외부체계, 거시체계 등 네 가지로 구분하였으며, 이후 시간체계를 추가하였다.

가. 미시체계

미시체계는 인간이 일상생활을 함에 실제적이고 직접적인 영향을 미치는 환경을 말하며 가족, 친구, 학교, 이웃, 유치원, 학교, 방 크기 등 관계적 측면과 물리적 환경까지도 포함하는 체계이다.

나. 중간체계

중간체계는 가정과 학교 간의 관계, 학교와 직장 간의 관계 등 미시체계의 특성과 상호작용하는 관계의 체계를 말한다.

다. 외부체계

외부체계는 중간체계의 확장된 체계로서 직접 참여하지는 않지만 개체발달에 영향을 미치는 환경체계를 말한다. 부모의 직업환경, 근무조건, 이웃, 정부기관, 비형식적인 사회적 관계망, 교통통신시설, 문화시설, 부모의 아동양육을 위한 교육기회 등이 포함된다.

라. 거시체계

거시체계는 미시체계, 중간체계, 외부체계에 포함된 모든 요소뿐 아니라 개체가 직접 참여하지는 않지만 세대에서 세대로 전수되는 행동유형, 신념,

관습 등 개인이 살고 있는 문화적 환경을 포함하는 개념을 말한다.

마. 시간체계

시간체계는 시간이 지남에 따라 일어나는 변화와 사회역사적 환경을 말하며 브론펜브레너가 처음 발표했던 네 가지 체계에 새롭게 추가된 체계이다. 인간은 출생한 시대, 성장배경에 따라 영향을 받으며 부모와 가족, 친구, 학교 등 개인을 둘러싸고 있는 미시체계로부터 문화, 관습, 이념 등 거시체계에 이르기까지 모든 생태체계는 개인의 삶에 영향을 미치게 된다. 따라서 시간체계는 과거, 현재, 미래의 변화 모두를 포함하는 개념이라 할 수 있다.

② 일반체계이론

일반체계이론은 생물학자인 버틀란피(Bertalanffy)가 제시한 이론으로, 유기체와 환경 간의 상호작용, 상호관련성을 전체성, 상호성, 개방성의 개념으로 설명한 이론이다. 즉, 생물과 무생물, 개인, 집단, 가족 등을 체계로 보고 체계의 속성과 체계 내부에서 이루어지는 상호작용의 특성을 파악하기 위해 개발되었다. 일반체계이론을 포함하는 체계이론은 개인과 환경을 원인과 결과라는 인과적 관점에서 이해하지 않고 상호보완적인 관계에 있는 전체로 파악한다. 이는 인간과 환경을 단선적인 관계가 아니라 상호적인 관계로 보는 것으로서 어느 한쪽이 다른 쪽에 일방적으로 영향을 주는 것이 아니라 양자가 서로 영향을 주고받는 순환적인 관계에서 형성된 전체로 보는 것이다. 이렇게 인간과 환경을 상호보완적이고 순환적인 관계로 보기 때문에 인간과 환경 간의 상호작용, 개인과 체계가 효율적으로 기능할 수 있게 하는 데 관심을 둔다. 일반체계이론의 주요 개념은 구조적 특성, 진화적 특성, 행동적 특성으로 나눌 수 있다. 먼저 구조적 특성은 체계들

사이 에너지 교환과정이 비교적 느리고 오랜 기간이 걸려 관찰자에게 정태적으로 보일 때를 말하고, 진화적 특성이란 일정 기간 느리게 변화하지만 정태적이지 않은 과정이며, 행동적 특성은 에너지 교환과정이 비교적 빠르고 짧은 기간 동안에 이루어질 때를 말한다(최옥채 외, 2011). 체계의 구조적 특성을 나타내는 개념으로는 경계, 개방체계, 폐쇄체계, 위계 등이 있고, 진화적 특성을 나타내는 개념으로는 안정상태, 항상성 등이 있으며, 행동적 특성과 관련된 개념으로는 투입, 산출, 환류 등이 있다.

가. 체계

체계(system)란 상호의존적이며 상호 영향을 주고받는 부분들로 구성되어 있는 전체를 의미한다. 이는 다시 말하면, 상호관계를 맺고 있는 구성단위들의 집합체이지만 구성단위들의 단순집합이 아니라 구성단위 간의 상호작용 또는 관계양상을 포함하는 하나의 전체 또는 단위를 의미한다. 이런 맥락에서 체계의 속성은 "전체는 각 부분들의 합보다 크다"고 정의된다(엄명용 외, 2005). 예를 들어, 학교라는 체계는 학교를 구성하고 있는 학생과 교사라는 부분을 통합하는 전체 체계이며, 학교를 둘러싼 지역사회와 같은 큰 체계의 입장에서는 학교가 부분이 되는 것이다.

나. 경계

경계(boundary)는 살아 있는 세포를 둘러싼 막에 비유할 수 있으며, 체계를 둘러싸고 외부와의 접촉을 통제하는 비가시적 경계를 말한다(Zastrow & Kirst-Ashman, 1997). 경계는 한 체계를 다른 체계와 구분해 주거나 체계의 한 부분을 다른 부분과 구분해 주는 경계들로, 경계는 벽과 같은 물리적 경계를 의미할 수도 있고, 정서적·심리적인 것일 수도 있다. 예를 들어, 개인의 신체적인 경계는 피부가 되며, 사회체계의 경계(가족, 조직, 지역사회)는 덜 명확하지만 그중 가족과 관련된 예로 대가족, 핵가족, 부부, 부모, 형제자매 등을 나누는 관념적 경계들을 들 수 있다. 경계를 기준으로 에너지나 정보교류의 양에 차이가 있으며, 경계는 명확성(clarity), 투과성(permeability), 유연성(flexibility) 등의 속성을 가지고 있다(Turner, 1996).

다. 개방체계와 폐쇄체계

개방체계(open system)는 다른 체계와 상호교류하는 체계이며, 체계 내 사람들이 환경 또는 다른 체계들과 빈번한 상호작용을 하는 경우를 일컫는다. 따라서 개방적인 체계는 체계 내에서뿐만 아니라 외부로부터와 외부로의 자유로운 에너지・정보・자원의 교환을 통해 체계 자체의 기능을 유지, 발전시킬 수 있다.

폐쇄체계(closed system)는 외부체계들과 상호교류가 없거나 혹은 교류할 수 없는 고립된 체계를 말하며, 폐쇄체계에서는 사람들이 주로 그 체계 안에서만 상호작용을 하고 체계 밖의 환경 혹은 다른 체계와는 상호작용을 하지 않는다. 따라서 환경의 다른 에너지에 접근이 불가능하여 자체의 에너지만을 사용해야 하기 때문에 체계의 번영과 발전이 어렵다. 이러한 현상을 엔트로피(entropy)라고 한다. 엔트로피(entropy)란 분해되고 해체되고 혹은 무너지거나 사멸하게 되는 체계들의 경향을 일컬으며, 부적 엔트로피(negative entropy) 혹은 네겐트로피(negentropy)는 엔트로피의 반대개념으로, 체계를 유지하고자 하고 발전을 도모하며 생존하는 힘을 말한다(Sheafor & Horejsi, 2008).

폐쇄체계에서는 엔트로피가 증가하는 경향이 있으며 개방체계에서는 네겐트로피라고 하는 반대과정이 존재하는데, 개방체계는 자유롭게 드나들 수 있는 에너지에 접근할 수 있기 때문에 체계가 그 에너지를 가지고 조직하고 구성할 수 있다. 예기하지 못한 환경의 영향에 대한 폐쇄체계의 전형적인 반응은 조직을 상실하는 것, 체계가 와해되는 방향으로 변화하는 것인 반면, 같은 현상에 대한 개방체계의 전형적인 반응은 자신의 구조를 보다 높은 수준으로 또는 보다 복합적인 수준으로 정교화하거나 변화시킨다(Turner, 1996).

라. 투입, 전환, 산출, 환류

투입(input)은 체계 외부로부터 체계 내로 유입되는 에너지나 정보 등을 의미한다. 전환(throughput)은 투입물을 처리하여 체계의 기능 유지에 필요한 형태로 전환하는 작용을 의미한다. 산출(output)은 전환활동을 통해 나타나는 결과물이 체계 밖으로 나타나 다른 체계에 영향을 미치는 것을 의미한다. 환류(feedback)는 체계가 자신의 기능을 모니터링하고 안전한 상태를 유지하기 위해 필요한 것으로, 환류를 통해 새로운 행위를 산출하거나 기존의 행위를 조절함으로써 스스로의 목적을 향해 나아가도록 하는 과정에 필요한 것이다. 부정적 환류는 산출이 양적 혹은 질적인 면에서 기대한 바를 충족시키지 못한다는 정보를 전달해 변화를 촉구하는 것이며, 긍정적 환류는 산출이 바람직하다고 확인시켜 주며 안정성 혹은 현재보다 빈도나 강도를 상향조정할 것을 장려하는 것이다(Compton, Galaway, & Cournoyer, 2005).

마. 동귀결성과 다중귀결성

동귀결성(equifinality)은 다양한 출발에서 시작해서 동일한 결과에 이른다는 뜻이다. 체계들의 초기 상황이 서로 다르더라도 그 체계들이 개방되어 있어 주변의 체계들과 목적지향적인 교류를 하면 결국 동일한 상태 또는 목적을 이끌어 낼 수 있다는 것이다. 다중귀결성(multifinality)은 똑같은 출발에서 다양한 결과에 이른다는 뜻으로, 유사한 상황에 있는 체계라 할지라도 체계 내의 구성요소들 간의 상호작용 양상 또는 체계들과의 상호작용 양상과 특성이 다르면 최종 상태도 서로 달라질 수 있음을 나타낸다. 한 가지 원인이 여러 결과를 유발할 수 있다는 개념이다. 따라서 유사한 문제를 가지고 있는 클라이언트라 하더라도 문제의 종결상태가 항상 동일하지는 않다고 할 수 있다(윤선오, 2015). 동귀결성과 다중귀결성을 사회복지실천현장에서 살펴보면, 형제자매처럼 똑같은 부모 밑에서 태어나서 똑같은 환경에서 학교를 다니고 성장하지만 성인이 된 후 서로 달라진 삶의 모습을 하고 있는 사람들을 많이 볼 수 있다. 한편 서로 다른 환경에서 태어나고 다양한 경험을 통해 성장하지만 결과적으로 동일한 결과가 나타나기도 한다. 아이들이 성장하면서 경험하게 되는 좌절, 실패, 위기, 외로움 등을 어떻게 대처하느냐에 따라 결과는 달라질 수 있다. 이것은 개인의 대처능력 또는 회복능력에 따라 달라질 수도 있지만, 개인을 둘러싸고 있는 체계(가족, 형제, 이웃, 또래집단, 학교, 지역사회 등)의 영향을 어떻게 받느냐에 따라 달라질 수도 있는 것이다.

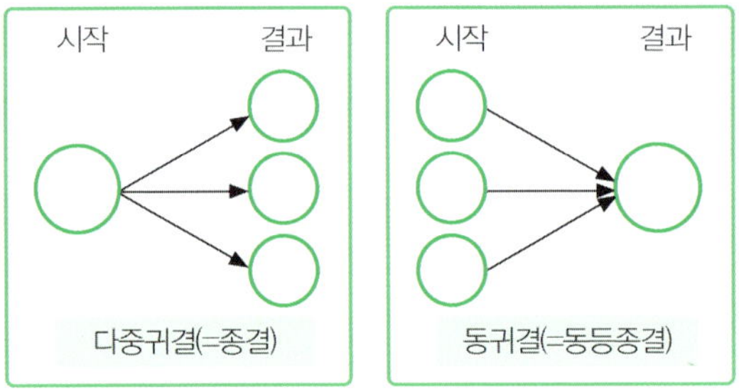

[그림 5-2] 다중귀결성 VS 동귀결설

출처 : 사회복지사 국가자격시험 연구회(2024).

바. 엔트로피와 역엔트로피

엔트로피는 폐쇄체계 중 하나로서 무질서, 혼란, 해체 등으로 해석되며 인간사회나 체계의 붕괴 또는 변화의 은유로서 사용된다. 반면 역엔트로피는 엔트로피의 반대개념으로 혼란과 무질서의 상태에서 질서나 구조를 회복하려는 시도의 개념으로 사용된다. 사회복지는 이러한 무질서 상태인 엔트로피 체계를 조정하여 질서를 회복하려고 노력하며 복지체계 내의 행정누수나 제도의 비효율, 전달체계의 왜곡 등과 같은 엔트로피를 조정하여 역엔트로피 상태를 만들기 위해 개입하는 역할을 한다.

3) 강점관점

강점관점은 문제중심적 관점에서 클라이언트의 문제를 해결하고자 했던 반성으로부터 발전한 모델로서, 모든 인간은 자신의 삶의 질 향상을 위해 필요한 강점을 가지고 있으며 문제나 어려움에 직면할 시 문제를 해결해 나갈 능력과 힘을 갖고 있다고 보는 관점이다. 즉, 강점관점은 클라이언트를 병리적이고 나약한 사람으로 보아 전문가가 개입해야 할 대상으로 보는 것이 아니라, 잠재력을 믿고 발견하며 활용하여 스스로 문제를 해결할 능력이 있는 존재로 바라보는 것이다.

<표 5-2> 병리적 관점과 강점관점의 비교

병리적 관점	강점관점
개인을 사례, 즉 진단에 따른 증상을 가진 자로 규정한다.	개인을 독특한 존재, 즉 강점을 가진 기질, 재능, 자원을 가진 자로 규정한다.
치료의 초점이 문제에 있다.	치료의 초점이 가능성에 있다.
클라이언트의 진술은 전문가에 의해 재해석되어 진단에 활용된다.	클라이언트의 진술은 그 사람을 알아가고 평가하는 중요한 방법 중 하나이다.
사회복지사는 클라이언트의 진술에 회의적이다.	사회복지사는 클라이언트의 진술을 인정한다.

어린 시절 상처는 성인기의 병리를 예측할 수 있는 전조이다.	어린 시절 상처는 개인을 약하게 할 수도 강하게 할 수도 있다.
치료의 핵심은 실무자에 의해 고안된 치료계획이다.	치료의 핵심은 개인, 가족, 지역사회의 참여이다.
사회복지사는 클라이언트 삶의 전문가이다.	개인, 가족, 지역사회가 클라이언트 삶의 전문가이다.
선택, 통제, 헌신, 개인적 발달의 가능성은 병리에 의해 제한된다.	선택, 통제, 헌신, 개인적 발달의 가능성은 열려있다.
실천을 위한 자원은 전문가의 지식과 기술이다.	실천을 위한 자원은 개인, 가족 혹은 지역사회의 강점능력과 적응 기술이다.
원조목적은 행동, 감정, 관계의 부정적인 영향을 감소시키는 것이다.	원조목적은 그 사람의 삶과 함께하며 가치를 확고히 하는 것이다.

출처 : Saleebey(1996), pp. 296-306.

4) 임파워먼트 모델(=역량강화모델)

임파워먼트(empowerment) 모델은 강점관점보다 좀 더 협의의 개념으로서, 임파워먼트는 무력감을 갖는 개인이나 가족 혹은 지역사회가 힘을 가질 수 있게 해주는 것이다. 클라이언트는 이미 문제를 해결할 수 있는 잠재적인 힘과 능력이 있다는 사실을 전제로 한다. 즉, 강점관점을 도입해 보는 것이다. 이런 강점관점으로 클라이언트를 보았을 때 클라이언트에 대해 과거와는 전혀 다른 새로운 존재로 볼 수 있게 된다(김혜영 외, 2015 재인용). 임파워먼트 모델은 클라이언트를 문제중심이 아니라 강점중심으로 봄으로써 클라이언트의 잠재력 및 자원을 인정하고 클라이언트가 건강한 삶을 결정할 수 있도록 권한 혹은 힘을 부여하고자 하는 것이다(김미옥, 2007).

<표 5-3> 전통적 문제해결과정과 역량강화과정의 비교

전통적인 문제해결과정	역량강화과정
문제(욕구, 결함, 증상, 병리)를 가지고 있는 개인과 고위험집단을 병리 또는 질병 집단으로 분류	개인과 집단이 문제가 있음에도 불구하고 강점(소망, 열망, 재능, 기술, 지식)과 자질, 내적 자원을 가지고 있다고 믿음
문제가 있는 개인과 집단을 다루어야 할 사례와 문제로 규정	문제를 도전과 기회로 적극적으로 인식
문제, 회복과 같은 병리중심적 용어	회복력, 극복과 같은 가능성, 발전적 용어
개인, 가족, 집단의 삶을 조정하는 전문가, 질문식 인터뷰	• 개인, 가족, 집단이 자신의 삶의 전문가, 클라이언트 자신의 관점에서 정보 수집 • 대화적・목적적
초점 : 과거와 현재 중심	초점 : 지금, 여기, 미래 중심
전문가에 의한 원조와 치료계획 중심	개인, 가족, 집단의 협력적 동반자 관계 중심
클라이언트를 수동적 수혜자로 인식, 전문가에 의해 통제됨	클라이언트를 적극적 권리행사자, 소비자, 서비스이용자로 인식
최종목적 : 문제해결	최종목적 : 삶의 질 향상

(1) 임파워먼트 모델의 등장배경

1970년대에는 일반체계이론과 생태학이론이 사회복지의 주요 이론 틀로서 활용되면서, 생태체계적 관점에 근거한 강점 지향 혹은 해결중심 접근의 중요성이 대두되었고, 이는 1970년대 중반에 임파워먼트 모델로서 새롭게 나타나게 되었다. 따라서 이 모델은 완전히 새로운 것이 아니라 일반 사회복지에 오랫동안 내재되어 있는 강점중심 개입의 재부상이라고 할 수 있다(김혜영 외, 2015 재인용).

(2) 임파워먼트 모델의 주요 개념들

사회복지실천에서 임파워먼트를 어떻게 활용하는지 이해하기 위해서는 강점관점, 임파워먼트 과정, 역량강화에 대한 충분한 이해가 있어야 하며,

이들이 서로 분리된 것이 아니라 연속적인 일련의 과정으로서 상호 밀접한 연관성을 갖는다는 것을 알아야 한다. 이러한 세 차원을 역동적인 상호작용 관계 안에서 살펴볼 때, 강점관점은 임파워먼트 과정을 활용하여 클라이언트의 역량을 향상시키고자 하는 사회복지사에게 중요한 준거틀이 된다(양옥경, 2010).

① **임파워먼트**(권한부여)

권한부여는 전통적인 힘, 통제력, 소유, 또는 다른 사람에 대한 영향력, 법적 또는 행정적 권위, 삶의 능력과 권위, 물리적인 힘에 대한 개념으로, 다른 사람 등에 대한 통제력, 인간으로서의 권위, 영향력의 소유일 뿐 아니라 스스로의 삶에 대한 통제력을 갖는 것을 의미한다. 특히 개인의 자신 확신, 변화의 가능성 향상, 개인의 진정과 같은 심리학적 경험 등을 강조한다.

권한부여는 개인, 대인관계, 구조적 차원 등 모든 사회체계 수준에 적용 가능하며, 클라이언트에게 임파워먼트를 하고자 하는 사회복지사는 클라이언트의 낮은 지능수준이 문제가 아니라 자원의 부족, 자원에 대한 정보의 부족, 사회구조의 문제에 불과하다는 인식이 필요하다(양옥경 · 김미옥, 1999).

② **전문적 관계에 대한 시각 : 협력과 파트너십**

임파워먼트 모델에서 클라이언트는 전문적인 파트너로서 변화과정에 능동적으로 참여하며, 자신이 처한 환경과 능력을 가장 잘 알고 있는 사람으로 간주된다. 이는 사회복지사와 클라이언트 간의 전문적인 파트너십을 형성하게 한다. 이러한 협력은 클라이언트와 전문가가 서로의 자원을 상호 협력하여 활용하기 때문에 문제해결을 위한 자원의 범위가 활성화되며, 변화 책임에 대한 전문가의 부담을 경감시키면서 성장을 촉진시킨다(김미옥, 2007).

③ 클라이언트에 대한 시각 : 소비자

클라이언트를 소비자로 보는 개념을 가장 잘 반영하는 것이 바로 임파워먼트 접근이다. 임파워먼트 접근은 클라이언트와 사회복지사의 관계를 협력과 파트너십을 강조한 수평적인 파트너로서 보기 때문이다. 즉, 클라이언트를 개입의 객체가 아니라 주체로 보기 때문에 자기결정권은 가장 잘 보호되고 반영될 수 있다. 따라서 임파워먼트 접근은 클라이언트에 대한 시각을 변화시킨다. 즉, 클라이언트는 기존의 수혜자, 환자, 도움을 받는 사람들이라는 낙인으로부터 소비자라는 개념으로 전환된다(Miley et al., 1995, 이경아 외 공역, 2004 재인용).

④ 역량

역량(competence)은 인간체계의 구성원을 돌보는 기능을 수행할 수 있으며, 다른 체계와 효율적으로 상호작용하고, 사회적 · 물리적 환경의 자원체계에 기여할 수 있는 능력이다. 임파워먼트 모델에 근거한 사회복지사는 개인 문제를 클라이언트 체계의 결점으로 보기보다는 개인적 역량과 환경적 요구 사이의 불일치로 인하여 발생한다고 본다(김혜영 외, 2015 재인용).

5) 4체계 모델

핀커스와 미나한(Pincus & Minahan, 1973)은 사회복지실천과 관련해 4체계 모델(클라이언트 체계, 표적체계, 행동체계, 변화매개체계)을 제시하여 사회복지실천 전문직의 정체성의 기초를 제공하였다.

(1) 변화매개체계

사회복지실천에서 계획적인 변화를 목적으로 특수하게 고용된 전문가, 즉 사회복지사를 말한다. 변화매개체계(the change agent system)란 클라이언트의 문제상황 변화를 위해 그 문제 관련 체계들을 확인하고 그 체계들과 함께 노력하고자 계획을 수립하고, 실천하고자 노력하는 사회복지사와 사회복지사를 고용하는 기관(사회복지관, 상담실, 각종 쉼터, 치료기관 등)과 조직을 말한다.

(2) 클라이언트 체계

클라이언트 체계는 서비스나 도움이 필요한 사람을 말하며, 사회복지사의 서비스를 제공받는 개인, 가족, 집단, 기관이나 지역사회가 대표적인 예이다. 만약 사회복지사(변화매개인)와 계약을 맺으면 클라이언트가 된다.

(3) 행동체계

변화매개인이 변화노력 과정에서 상호작용하게 되는 이웃, 가족, 전문가 등을 말한다. 변화매개인은 변화노력 과정에서 단계에 따라 다양한 행동체계와 작업을 할 수 있다.

(4) 표적체계

변화매개인이 변화 또는 그의 목표를 달성하기 위해 영향을 미칠 필요가 있는 사람들로서, 클라이언트 체계와 동일할 수도 있고 상이할 수도 있다. 표적체계는 클라이언트 체계 외부에 있을 때 클라이언트 체계의 목표에 동조적이거나 적대적일 수 있다. 예를 들면, 법원의 강제명령으로 행동치료를 받기 위해 온 비행청소년일 경우, 법원은 클라이언트 체계이고 비행청소년은 표적체계이다. 또한 부모 간 갈등으로 심리적 어려움을 호소하는 자녀, 부부를 대상으로 한 가족치료의 경우, 자녀는 클라이언트 체계, 부모는 표적체계이다. 단, 부모도 문제를 인식하고 도움을 요청한다면 부모도 클라이언트 체계에 포함된다.

6) 6체계 모델

콤튼과 갤러웨이(Compton & Galaway, 1994)는 핀커스와 미나한의 4체계에 전문가체계와 의뢰-응답체계를 추가하여 6체계 모델을 제시하였다.

(1) 전문가체계

전문가체계는 전문가를 육성하는 교육체계, 전문가 단체, 사회복지사 윤리강령, 사회복지사협회, 사회복지기관 등으로 구성된 체계이다.

(2) 의뢰-응답체계

의뢰체계는 서비스를 요청하여 잠재적인 클라이언트를 사회복지사의 관심영역으로 끌어들이는 법원, 경찰 등이며, 응답체계는 법원, 경찰, 외부 전문가 등의 요청에 의해 서비스 기관으로 오게 된 사람들이다.

제 6 장

사회복지실천의 전문적 관계

제 6 장

사회복지실천의 전문적 관계

학습목표

- 관계형성의 기본 요소 다섯 가지를 제시하고 각각의 의미를 말로 설명할 수 있다.
- 관계형성의 기본 원리 일곱 가지를 제시하고 각각의 의미를 말로 설명할 수 있다.
- 관계형성의 실천원칙 일곱 가지를 제시하고 각각의 의미를 말로 설명할 수 있다.

사회복지실천은 사회복지사(social worker)와 클라이언트(client)의 관계(relation)를 통해서 이루어진다. 즉, 사회복지실천에서 관계의 의미는 사회복지사와 클라이언트의 관계로 한정된 개념이며 본질적으로 도움을 요청하는 클라이언트와 도움을 제공하는 사회복지사 간의 통제적(혹은 제한적) 관계를 의미한다. 따라서 두 사람의 관계형성이 사회복지실천의 핵심적인 요인이 된다. 즉, 사회복지사와 클라이언트의 관계가 사회복지서비스의 결과에 매우 중요한 영향을 미치게 된다. 그러므로 사회복지사는 관계의 의미와 전문적인 관계의 특성을 잘 이해하고 이를 바탕으로 효과적인 관계형성을 할 수 있는 능력을 갖추어야 한다.

일반적으로 관계는 두 사람 사이의 상호작용을 의미하며, 상호작용을 통해서 정서적 교환이나 태도의 교환 혹은 지식이나 정보의 교환 등이 이루어진다. 흔히 '관계를 맺고 관계를 유지한다'라는 표현의 의미는 지적인 정보를 교환하는 상호작용적 관계를 의미하기보다는 본질적으로 정서적인 관계성을 의미한다. 사회복지실천에서 '관계'는 일반적인 관계와 유사한 부분도 존재하지만 사회복지만의 독특성을 지니고 있다. 따라서 이 장에서는 사회복지실천에서 관계가 어떤 의미이며 일반적인 관계의 의미와 차이점이 무엇인지를 정리해 보고자 한다.

1. 관계형성의 중요성

사회복지실천에서 사회복지사에게 요구되는 가장 기본적이고 중요한 자질 중의 하나가 클라이언트와의 관계형성이다. 클라이언트는 기본적으로 욕구와 문제를 가지고 사회복지사를 만나게 되며, 사회복지사에게 클라이언트의 문제해결이나 욕구해소를 위한 개입에 가장 기본이 되는 것이 관계이다. 즉, 관계는 사회복지사가 클라이언트를 돕는 과정을 촉진하는 매개체이다. 그러므로 관계의 질은 사회복지사의 클라이언트에 대한 영향력, 개입에 대한 클라이언트의 수용 정도, 그리고 클라이언트를 원조하는 최종 결과를 결정짓는 중요한 요소가 된다. 또한 클라이언트와 맺은 원조관계는 많은 클라이언트의 긍정적인 변화의 원인이 된다.

사회복지사와 클라이언트의 긍정적인 관계형성을 통해서 클라이언트로 하여금 '자기존중감'을 높이고 자신이 가치 있는 존재라는 느낌을 갖도록 한다. 특히 지속적인 보살핌 혹은 애정관계를 경험해 보지 못한 클라이언트에게는 사회복지사와 맺는 긍정적인 관계가 정서적 박탈에 대한 보상적인 역할을 하게 됨으로써 정서적 박탈에 대한 교정역할을 하게 된다.

2. 관계형성의 기본 요소

사회복지사와 클라이언트의 관계의 가장 큰 특징은 '전문적' 관계라는 점이다. 즉, 클라이언트는 도움을 요청하고 사회복지사는 적절한 전문적인 도움을 제공하는 관계이다. 전문적 관계는 항상 수혜자인 클라이언트의 입장에서 출발하여야 하며 도움을 주는 사회복지사는 그에 따른 전반적인 책임을 져야 한다. 일반적인 관계에서도 상호작용적 관계, 상호 간의 신뢰가 중요한 관계의 특성이지만 전문적인 사회복지서비스를 제공하는 사회복지사와 클라이언트의 관계는 일반적인 관계의 특성은 물론이고 전문적인 관계로서의 독특한 특성을 지니고 있다. 여기에서는 관계형성의 기본 요소들을 중심으로 전문적 관계의 특성을 다음과 같이 정리해 보고자 한다.

① 의도된 목적을 지닌다 : 의도적 목적성

전문적 관계형성의 가장 기본은 개인적 관심을 바탕으로 관계형성을 하는 것이 아니라 일정한 목표에 의한 관심을 갖는 것이다. 그러므로 사회복지사와 클라이언트는 서로 합의한 목적을 바탕으로 관계를 유지하고 발전시켜 나가야 한다. 목적은 클라이언트의 욕구나 문제를 해결하고 나아가 삶의 질을 변화시키기 위한 원조이다.

② 사회복지사는 전문적 관계의 권위를 지닌다 : 권위성

사회복지사의 권위는 전문화된 지식, 기술, 그리고 전문직 윤리강령을 바탕으로 하는 권위와 클라이언트로부터 나오는 자발적인 위임된 힘에 따른 권위를 부여받는다. 사회복지사는 자신의 권위에 따른 권한의 종류와 범위를 알리고 어떻게 사용할 것인지를 설명해 주어야 한다.

③ 사회복지사는 자신의 원조방식에 대해 통제적이어야 한다 : 통제적 관계

사회복지사는 관계의 객관성을 유지해야 하며 자신의 감정, 반응, 그리고 충동을 자각하고 그 책임을 져야 하므로 전문적 관계이면서 동시에 통제적 관계이다.

④ 시간제한적 관계이다 : 시간제한성

사회복지사와 클라이언트는 구체적이고 정해진 시간 범위 내에서 관계를 맺고 유지하여야 한다. 따라서 목적이 달성되었거나 목적달성이 불가능한 경우는 관계가 종결된다. 사회복지실천과정은 시작단계, 중간단계, 그리고 종결단계에 이르게 되는 시작과 종결이 정해진 과정이므로 시간제한적인 관계이다. 제한된 시간 내에 목적을 달성하기 위해서는 관계의 활용이 효과적이고 원만하게 이루어져야 한다.

⑤ 사회복지사와 클라이언트의 관계는 상호책임성을 지닌다 : 클라이언트에 대한 헌신

사회복지사는 클라이언트를 위해 헌신하여야 한다. 즉, 자신의 이익보다는 클라이언트의 이익을 위해 헌신하여야 한다. 클라이언트 역시 자신의 문제해결을 위해 함께 헌신하여야 한다. 그러므로 어느 한쪽의 일방적인 헌신이 아니라 양자가 동시에 노력하여야 하며, 이를 상호책임성이라 한다.

상호책임성을 위해 사회복지사는 타인의 욕구에 민감하여야 하고 객관성과 분명한 자기인식을 바탕으로 관계를 형성하여야 한다. 그리고 클라이언트는 사회복지사에게 자신의 문제를 진실하고 성실하게 알려야 하며 성실하고 개방적인 태도를 유지하여야 한다.

3. 관계의 기본 원리

클라이언트와 사회복지사의 전문적 관계는 좋은 신뢰관계가 바탕이 되어야 한다. 좋은 신뢰관계 형성을 위해서는 사회복지사가 클라이언트의 기본적인 욕구를 파악하고 욕구에 적절한 반응을 보여야 하며 지켜야 할 원칙들이 있다. 이러한 원칙들을 '관계의 기본 원리'라 하며, 이를 정리하면 다음과 같다.

① 타인에 대한 관심 및 원조의지

사회복지사는 기본적으로 클라이언트에게 일어난 일이나 상황에 대해서 진실한 관심을 가져야 하며, 이를 바탕으로 클라이언트가 느끼는 감정에 대해 공감하고 교류할 수 있어야 한다. 클라이언트에 대한 관심은 책임감과 타인에 대한 이해를 포함하는 의미이며, 클라이언트의 삶과 욕구에 대한 '무조건적인 긍정적 존중'의 의미이다. 그리고 사회복지사는 클라이언트를 도우려는 원조의지를 지녀야 한다. 즉, 클라이언트가 스스로 선택하고 통제할 수 있는 능력과 자질을 갖추도록 원조하는 자세나 태도를 지니고 있어야 한다.

② 헌신과 의무

원조과정에서 책임감을 지니고 일관성 있게 원조하는 관계를 유지하는 것을 말한다. 목적달성을 위해서는 사회복지사와 더불어 클라이언트도 헌신과 의무를 다해야 한다. 먼저 사회복지사는 클라이언트의 이익을 위해 활동하며 클라이언트와의 약속을 지키고 클라이언트의 문제에 초점을 유지하는 등 클라이언트가 성장하고 긍정적으로 변화할 수 있도록 관계유지에 헌신해야 한다. 다음으로 클라이언트는 자신의 문제에 정직해야 하고 수용하는 자세를 가지며 사회복지사와의 약속을 지키는 등 의무를 다해야 한다.

③ 권위와 권한

사회복지사의 권한은 전문적 지식과 경험을 갖추고 사회복지기관 혹은 정부로부터 위임된 제도적인 혹은 사회적인 허가(sanction)의 근거를 바탕으로 한 지위로, 클라이언트에게 영향력을 행사하는 것을 권위라고 한다. 권위(authority)란 클라이언트와 기관으로부터 사회복지사에게 위임된 권한(power)이며, 사회복지사는 전문적인 지식과 경험을 가지고 일정한 지위를 가지고 있기 때문에 영향력을 미칠 수 있는 권한을 지닌다.

사회복지사가 갖는 권위의 유형은 제도적 측면과 심리적 측면의 권위로 구분된다. 제도적 측면의 권위는 사회복지기관 내에서 사회복지사가 갖는 위치와 기능에서 비롯된 권위이며, 심리적 측면의 권위는 전문가인 사회복지사에게 클라이언트가 정보나 조언을 구함으로써 부여하는 권위에 해당한다.

④ 진실성과 일치성

진실성은 사회복지사가 클라이언트와 관계를 형성하고 유지하면서 일관성을 지녀야 하고 정직성과 개방성을 유지하는 것을 말한다. 정직성은 사회복지사가 자신에 대한 정직한 인식을 가지는 것과 기관의 정책이나 역할을 클라이언트에게 바로 인식시키는 것들을 말한다.

일치성은 클라이언트와 사회복지사의 관계형성이 일관되고 정직한 개방성을 지녀야 하며, 대화의 내용이나 행동이 일관성을 유지하고 전문가로서의 자아와 가치체계에 부합되는 것을 의미한다.

⑤ 수용성

관계의 기초가 가치에 대한 개인의 권리를 수용하는 것이며 이런 개인의 가치에 대한 권리를 받아들이는 것을 수용성이라 한다. 즉, 개인의 약점과 장점, 바람직하거나 그렇지 못한 성격, 긍정적 혹은 부정적 감정 등을 있는 그대로 받아들이고 수용하는 것을 말한다.

비심판적 태도를 견지하고 능동적으로 클라이언트를 이해함으로써 클라이언트는 자신의 감정이나 기타 다양한 것들을 자유롭게 표현할 수 있다는 믿음을 갖도록 하여야 한다.

⑥ 정서적

기본적으로 관계의 형성은 정서나 태도를 주고받음으로써 형성된다. 특히 관계형성의 초기에는 언어적 의사소통을 통한 상호작용보다는 비언어적 소통을 통한 정서적 상호작용이 중요하다.

⑦ 감정이입

감정이입은 타인의 감정을 자신의 입장으로 왜곡하지 않고 타인의 입장에서 깊이 있게 느낄 수 있는 능력을 의미한다. 사회복지사는 타인의 감정을 자신의 입장을 배제하고 타인의 입장에서 느낄 수 있어야 하며, 클라이언트의 감정에 몰입하면서도 문제와 해결 가능성에 대해서 객관적으로 분석하고 이성적으로 행동하여야 한다. 감정이입이 제대로 이루어지기 위해서 사회복지사는 클라이언트의 언어적 메시지를 적극적으로 경청하여야 하며 비언어적 표현에도 민감성을 유지하여야 한다. 인간은 자신의 감정을 언어적으로 표현하는 것은 7% 정도에 불과하고 나머지 90% 이상은 비언어적으로 표현하기 때문에 비언어적 표현에 높은 민감성을 가져야 상대의 감정을 제대로 읽을 수 있다.

4. 관계형성의 실천원칙

1) 비에스텍의 관계형성 7대 원칙

비에스텍(Biestek, F. P., 1957)은 도움을 요청하는 모든 사람에게는 공통적인 기본 감정 및 태도의 유형이 존재한다고 하였으며, 도움을 요청하는 사람들이 갖는 일곱 가지 욕구를 제안하였다. 그리고 일곱 가지 욕구를 충족시키고 효과적으로 문제를 해결하기 위해 필요한 7대 원칙을 제시하였다. 즉, 클라이언트의 문제를 효과적으로 해결하기 위한 사회복지사와 클라이언트의 관계형성에 필요한 일곱 가지 원칙을 제안하였으며, 이는 다음과 같다.

① 개별화

개별화(individualization)란 사회복지사가 클라이언트를 만났을 때 클라이언트의 독특성을 인정하는 것을 의미한다. 즉, 클라이언트를 자신만의 고유한 역사, 능력 및 성격을 지닌 독특한 존재로 인정하는 것을 의미한다. 따라서 클라이언트를 고유한 특성을 지닌 독특한 인격체로 인정하고, 개별화되고 차별적인 존재로 인식하며, 그에 맞는 원조 내용과 방법을 적용해야 한다.

사회복지사는 클라이언트가 개별화된 존재임을 인식하고, 개인의 삶의 역사와 개인의 성격 등 관련 정보를 수집하여 이를 바탕으로 개인의 특성에 맞는 원리나 방법을 찾아 활용하여 문제해결방법을 마련하고, 이를 토대로 개별화된 접근을 하여야 한다.

② 의도적 감정표현

의도적 감정표현이란 자신의 감정을 표현하고 싶은 클라이언트의 욕구를 인식하고 클라이언트가 자신의 감정을 자유롭게 표현할 수 있도록 해주는 것을 의미한다. 특히 클라이언트는 자신의 부정적 감정을 표현하는 것에 부담을 갖기 때문에 클라이언트가 부담스러워하거나 비난받을까 두려워하는 감정을 자유롭게 표현할 수 있도록 도움을 주어야 한다.

관계형성에서 의도적인 감정표현이 중요한 이유는, 먼저 클라이언트가 자신의 감정을 의도적으로 표현하게 되면 억압적인 감정표현이 완화되면서 자신의 문제를 방어하기보다는 분명하고 객관적으로 바라볼 수 있게 된다. 그리고 클라이언트의 감정표현을 진지하게 경청하는 관계를 통해서 클라이언트를 지지하게 된다.

감정표현을 자유롭게 할 수 있도록 관계를 형성하기 위해서는 안정된 환경을 제공하는 것도 중요하다. 즉, 클라이언트가 자유롭고 안정된 분위기 속에서 자신의 감정을 표현할 수 있기 때문에 편안하고 안정된 환경을 제공하여야 한다.

초기에 성급하게 감정을 노출하도록 유도하거나 무리하게 해석하는 것, 감정표현을 비난하거나 섣불리 조언·충고하는 태도는 클라이언트의 감정표현을 방해하므로 유의하여야 한다.

③ 통제된 정서적 관여

통제된 정서적 관여(controlled emotional response)란 사회복지사가 클라이언트의 감정에 민감하게 반응하고, 그 감정의 의미를 제대로 이해하며, 나아가 감정에 적절히 반응하는 관계형성을 의미한다. 클라이언트의 감정을 상대의 입장에서 이해하고 받아들이는 것을 공감(empathy)이라 하는데, 사회복지사에게 필요한 가장 중요한 능력 중의 하나가 공감능력이다. 공감을 통한 클라이언트의 감정 이해를 바탕으로 적절한 반응이 이루어져야 하며, 또한 원조목적에 맞도록 통제되고 조정되어야 한다.

정서적 관여가 중요한 이유는 클라이언트는 자신의 문제에 대해 공감을 얻고 싶은 욕구를 갖기 때문이다. 사회복지사의 공감적 반응을 통해서 클라이언트는 자신의 감정이 수용된다는 느낌을 갖게 되고, 이를 통해서 심리적 안정을 얻는다.

④ 수용

수용(acceptance)은 사회복지사가 클라이언트를 있는 그대로 인식하고 받아들이는 것을 말한다. 즉, 클라이언트가 어떤 처지나 모습을 지녔다 하더라도 차별적 시각이나 관점으로 바라보고 반응하지 않는다는 의미이다. 클라이언트가 지니고 있는 강점 혹은 한계, 바람직한 성격 혹은 반대의 성격, 긍정 혹은 부정적 감정, 건설적 혹은 파괴적 태도 등과 같이 다양한 측면의 클라이언트의 특성들에 대해서 편견 없이 있는 그대로 인정하고 존중하는 것이다. 사회복지사는 항상 클라이언트를 인간적인 존엄성을 바탕으로 존중하여야 한다.

수용의 중요성은 클라이언트를 수용함으로써 클라이언트가 현재 있는 그대로의 자신을 나타낼 수 있고, 나아가 자신에 대해 안도하고 자신을 긍정하는 바탕이 된다. 그러나 클라이언트가 비정상적인 행동을 하거나 부정적인 어떤 모습을 보이더라도 무조건 용서하거나 인정한다는 의미는 아니다. 즉, 어떤 부분이 문제이고 어떻게 개선하거나 고쳐야 하는지는 분명하며, 이를 위해 적절한 지도나 개선이 필요하지만, 현재의 문제행동이나 그릇된 모습 때문에 클라이언트를 '문제아' 혹은 '범죄자'로 낙인찍고 차별적으로 이해하거나 관계형성을 해서는 안 된다는 의미이다.

⑤ 비심판적 태도

비심판적 태도(nonjudgmental attitude)란 클라이언트가 지닌 문제의 원인에 대해서 클라이언트가 무엇을 잘못했는지, 유죄인지 혹은 무죄인지, 결백한 것인지 아니면 책임이 무거운지, 클라이언트의 특성상의 문제인지 혹은 가치관의 문제인지 등의 원인에 관한 판단을 하지 않고 책임의 정도를 따지지 않은 것을 말한다. 비심판적 태도를 지녀야 하는 이유는 클라이언트는 심판받지 않으려는 욕구를 지니고 있으며 원인을 따지고 추궁하는 것은 사회복지사와 클라이언트의 관계형성을 방해하기 때문이다.

그러나 사회복지사가 문제상황의 원인이나 클라이언트의 잘못에 대해 판단을 하지 말라는 것은 아니다. 즉, 원인을 판단한다 하더라도 문제파악과 해결책을 찾는 방안이 되어야 하지 상담관계에서 심판을 하거나 강요하는 수단으로 이용되어서는 관계형성이 제대로 이루어질 수 없다는 의미이다.

⑥ 클라이언트의 자기결정권

클라이언트의 자기결정권(client self-determination)이란 클라이언트는 자신의 삶에 대해 스스로 결정할 수 있는 욕구와 능력을 지니고 있다는 원리에 바탕을 둔 원칙이다. 즉, 클라이언트의 권리와 욕구를 인정하는 것을 바탕으로 모든 의사결정과정에 스스로 참여하고 선택하도록 하는 권리를 보장하는 것이다. 예를 들어, 치매대상자에게 장기요양서비스를 제공하는 경우라도 중증도 이상의 치매질환자가 아니라면 가장 우선적으로 대상자의 권리와 선택을 바탕으로 적절한 서비스를 제공하는 것이 원칙이다.

자기결정권이 중요한 이유는 인간은 누구나 자신의 삶에 대해서 스스로 선택하고 결정하길 원하기 때문이다. 그러므로 스스로 결정하도록 하고 클라이언트의 잠재력을 자극하고 지지하면 클라이언트는 자신의 내재적 잠재력을 발견하고 이를 실현함으로써 문제해결에 적극적으로 참여하고 자신의 삶을 변화시킬 수 있다.

자기결정권을 행사하도록 하면서 유의할 사항은 모든 결정을 클라이언트에게 맡기는 것이 아니라 문제해결에 필요한 다양한 해결책을 제시하고,

이들 대안들 중에서 효과적인 해결책을 스스로 선택할 수 있도록 돕는 것이다.

자기결정권은 자신의 능력, 법적·윤리적 측면, 사회기관의 기능 등의 조건에 따라 제한받을 수도 있다. 가능한 한 클라이언트의 자기결정권을 최대한 존중하여야 하지만 지적·정신적·신체적 장애 등의 문제로 스스로 결정할 능력이 없는 경우는 자기결정의 기회를 제한받을 수도 있다.

⑦ 비밀보장

비밀보장(confidentiality)이란 사회복지사가 클라이언트와의 전문적인 관계에서 알게 된 정보를 클라이언트의 동의 없이는 치료목적 외에 제3자에게 누설하지 않아야 한다는 원칙이다. 이는 사회복지실천에서 가장 기본적인 원칙이며 사회복지사의 윤리적 의무에 해당한다. 비밀이 보장된다는 전제하에 클라이언트는 사회복지사나 상담가를 믿고 자신의 문제나 감정 등을 노출하였는데, 상담내용이 타인에게 알려지게 되면 클라이언트가 갖는 신뢰에 문제가 생길 뿐만 아니라 분노심이 생길 수도 있다.

비밀보장의 원칙이 중요한 이유는 비밀보장을 통해서 클라이언트가 신뢰감을 갖게 되고, 이를 바탕으로 적극적인 관계형성이 가능해지기 때문이다. 신뢰감을 바탕으로 자신을 노출하게 되고 적극적인 의사소통이 가능해지기 때문에 비밀보장은 매우 중요한 원칙이다.

비밀보장의 원칙에 예외적인 경우도 있을 수 있다. 즉, 비밀보장이 클라이언트를 위험에 빠트리거나 제3자의 보호나 안전에 위협을 가져오는 경우에는 비밀보장의 원칙을 유보한다. 예를 들어, 자살의 위험이 있거나 혹은 방화 등의 행위를 통해 공공의 이익이나 제3자를 위험에 빠트리게 할 경우에는 유보할 수 있다. 이때는 비밀보장을 지킬 수 없다는 사실을 클라이언트에게 신속히 알리고 필요한 조치를 취할 수 있도록 해야 한다. 또한 예외적인 경우로 법적으로 클라이언트의 정보를 공개하라는 법원의 명령이 있을 경우에는 정보공개를 거부할 권리를 갖지 않는다. 즉, 법원의 정보공개 요구 명령에는 따라야 한다.

2) 자기결정과 비밀보장의 제한

(1) 자기결정의 제한

- 클라이언트가 지적・정신적・신체적 장애 등으로 인해 자기 이익을 위한 합리적인 판단이나 선택을 수행하기 어려운 경우 자기결정권을 최대한 존중하되 필요시 적절히 제한한다.
- 클라이언트의 결정이 법률, 사회규범, 윤리적 기준에 위배될 경우 사회적 책임과 윤리기준에 따라 자기결정권 제한이 가능하다.
- 클라이언트의 결정이 자신 또는 타인의 생명・신체에 심각한 위험을 초래할 가능성이 있는 경우 제한할 수 있다.

(2) 비밀보장 원칙의 한계

- 클라이언트 자신의 생명이나 안전이 위협받을 경우 클라이언트의 보호를 우선으로 하고 비밀보장의 원칙은 유보한다.
- 클라이언트의 비밀을 보호하는 것이 타인의 생명이나 안전을 위협할 경우 비밀보장의 원칙은 적용되지 않는다.
- 클라이언트의 정보를 공개하라는 법원의 명령을 받을 경우 사회복지사는 클라이언트에 대한 정보공개를 거부할 수 없는 경우도 있다. 단, 민사소송에서는 증언거부가 가능하고 비밀보장을 유지할 수 있다.
- 전문적인 치료를 위한 사례회의나 슈퍼비전 등에서 면담내용이 공개될 수 있다.

(3) 관계형성의 장애요인과 사회복지사의 대처

① 관계형성의 장애요인과 대처

전이 (transference)	• 클라이언트가 과거 타인과의 관계에서 경험했던 소망이나 두려움의 감정을 사회복지사에게 보이는 것 • 클라이언트의 반응이 비현실적임을 지적하고 사회복지사에 대한 현실적인 관점을 갖도록 돕는다. • 사회복지사에 대한 감정을 과거 다른 사람에게도 느낀 적이 있는지 알아보고 그 근원에 대해 클라이언트가 깨닫도록 돕는다.
역전이 (counter-transference)	• 사회복지사나 상담가 등 원조 전문가가 클라이언트를 마치 자신의 과거 어떤 인물처럼 느껴 무의식적으로 마치 그 과거인물을 대하듯 반응을 보이는 것 • 사회복지사는 자신의 감정의 근원에 관심을 갖고 클라이언트와의 현실적인 관계에 집중하도록 노력해야 한다. 만일 역전이로 관계 지속이 힘들 경우 클라이언트에게 사전에 알려 다른 사회복지사에게로 의뢰한다.
양가감정 (ambivalence)	• 클라이언트가 개입목표와 반대되는 행동을 보이는 원인 중 하나 • 양가감정을 수용하고 자유롭게 표현할 수 있게 돕는다. • 양가감정은 실천과정부터 다루어야 한다.
저항	• 저항의 원인 : 양가감정, 서비스 개입에 대한 오해와 선입견 • 저항이 변화로의 진전을 심각하게 방해할 경우에만 다룬다. • 저항을 부정적으로 해석하지 말고 자연스러운 것으로 이해한다. • 저항의 저변에 있는 현재의 감정에 초점을 둔다. • 저항의 진행단계 : 갈등-방어-해결-통합
침묵	• 침묵을 섣불리 깨려고 하지 말고 어느 정도 기다린다. • 침묵이 너무 길어지거나 자주 발생하면 개입하는 것이 좋다. • 침묵이 언제 발생하는지, 언제 침묵이 길어지는지 등 침묵 자체와 침묵의 의미를 탐색해야 한다.

② 관계형성에서의 사회복지사의 자기노출(자기개방, self-disclosure)

- 언어적 · 비언어적 표현을 통해 사회복지사가 자기 자신의 정보를 의식적으로 공개하는 것으로 클라이언트의 관계형성에 도움이 된다.

- 사회복지사의 자기노출 시 유의사항
  - 사회복지사 개인의 경험을 노출하는 경우 역전이에 주의한다.
  - 사적인 대화가 되지 않도록 주의한다.
  - 자기노출의 초점을 클라이언트에게로 맞추어야 한다.
  - 클라이언트가 보이는 반응을 고려해 자기노출의 양과 형태를 조절한다.
  - 불안정한 성격, 무능력 등 지나친 자기노출은 피한다.
  - 자기노출의 긍정적인 면과 부정적인 면 양쪽을 균형 있게 사용한다.
  - 자기노출의 내용과 감정은 일치해야 한다.

제 7 장

사회복지실천의 면접론

제 7 장

사회복지실천의 면접론

학습목표

- 면접의 개념과 특징에 대해 이해할 수 있다.
- 면접의 유형에 대해 설명할 수 있다.
- 효과적인 면접을 위한 조건에 대해 이해할 수 있다.
- 면접의 기술에 대해 이해할 수 있다.

1. 면접의 개념과 특징

사회복지실천현장에서 가장 기본적인 실천방법은 면접이다. 면접(interview)은 전문적 관계에 바탕을 두고 클라이언트의 문제가 무엇인지를 파악하고 문제상황에 처한 사람과 그 상황을 이해하고 개입하여 원조를 제공하기 위한 의사소통방법이다. 사회복지실천에서 이루어지는 면접의 특징을 살펴보면 다음과 같다(Compton & Galaway, 1999).

① 면접은 전후관계와 세팅이 있다

클라이언트에게 서비스를 제공하는 기관(=세팅)이 있고 면접의 내용은 특정한 전후관계(맥락)가 있다. 즉, 서비스를 제공하는 기관이 있고 그 기관의 상황적 특성이 있다.

② 면접은 일정한 목표와 방향이 있다

면접은 구체적 목적을 달성하기 위한 과정이며 일정한 목표와 방향이 있다. 따라서 만약 어떤 상황과 관련이 없는 내용일 경우 면접에서는 다루지 않는다.

③ 면접은 계약에 의해 수행된다

면접은 계약에 의해 수행되므로 목적달성을 위해 함께 활동할 것을 합의한 상태에서 이루어진다.

④ 면접은 특정한 역할관계가 있다

면접에서 사회복지사와 클라이언트의 역할은 모두 다르다. 사회복지사는 전문가로서 면접자가 되며 클라이언트는 피면접자로서의 역할을 다한다.

⑤ 면접은 공식적 활동이다

면접은 개인적 수준에서 이루어지는 것이 아니라 공식적으로 이루어지는 활동이다.

⑥ 면접의 목적은 단계에 따라 달라진다

면접은 클라이언트를 돕는 것이다. 그러나 실천과정상에서 세부적으로 개입할 시 면접의 목적은 달라진다. 초기의 사회복지실천단계에서는 클라이언트와 신뢰관계를 형성하고, 자료수집단계에서는 면접을 통해 유용한 정보를 수집할 수 있으며, 사정단계에서는 목표설정과 개입계획 수립에 필요한 판단을 할 수 있고, 개입단계에서는 클라이언트의 문제해결을 위한 변화를 도모할 수 있다. 면접을 보다 명확히 하기 위해 카두신(Kadushin, 1972)은 면접이 대화와 다른 특징과 차이점에 대하여 다음과 같이 구체적으로 제시하고 있다.

첫째, 면접은 대화와 달리 명백한 목적을 가지며 내용은 단일성, 진보성, 주제의 계속성을 가진다. 그러나 대화는 목적을 갖지 않는 경우가 많으며 연상적이고 명확한 대화의 주체가 없다.

둘째, 면접은 대화와 달리 목표달성을 위한 상호작용을 지도할 수 있는 리더가 있다. 목적을 달성하기 위해서는 면접에 참여하는 참여자의 역할과 면접과정을 책임지고 이끌어가는 면접자의 역할관계가 구조화되어 있다. 그러나 대화는 이와 같은 구조적 역할관계가 없다.

셋째, 면접은 비상호적 관계이다. 면접은 특정 주제에 대해 보다 전문지식과 지도력을 가진 전문가가 클라이언트에게 서비스를 제공하도록 되어 있다. 그러나 대화는 기대되는 상호작용은 면접에서처럼 클라이언트의 문제를 해결하는 데 도움이 되지 않는다.

넷째, 면접자의 행동은 계획적이며 의식적으로 선택된 것이다. 그러나 대화에 참여하는 행동은 자발적이고 비계획적이다.

다섯째, 면접은 전문가가 클라이언트의 욕구를 수용하여야 하며 개인적인 이유로 종결할 수 없다. 면접자는 면접의 목적이 달성되거나 더 이상 지속될 수 없다고 판단될 때까지는 계속해야 한다. 그러나 대화는 이와 같은 이유를 포함해 어떤 경우에도 대화를 중단할 수 있다.

여섯째, 면접은 공식적인 만남이므로 대화와 달리 시간, 장소, 시간에 대한 명확한 설정이 있다.

일곱째, 면접은 도중 불쾌하거나 감정이 상하는 상황이 발생하더라도 피할 수 없다. 그러나 대화는 불편한 상황이 발생하면 대화를 회피할 수 있다. 면접에서는 불편하거나 불쾌한 감정이 생긴다면 오히려 그러한 사실을 나타낼 수 있도록 자극할 의무가 있다.

2. 면접의 유형

재스트로(Zastrow, 1999)에 따른 면접의 유형을 살펴보면 정보수집면접, 사정면접, 치료면접으로 구분할 수 있다(이종복 외, 2006, 이준우·임원선, 2011 재인용).

1) 정보수집면접

정보수집을 위한 면접은 클라이언트의 개인 혹은 집단, 또는 지역사회에 대한 정보를 얻기 위한 면접이다. 이 면접의 목적은 클라이언트의 주변 환경을 파악하고 개인적·사회적 문제를 이해하는 데 도움을 주며 문제해결을 위한 효과적 개입을 위해서도 필요한 면접이다. 정보수집을 위한 면접에 포함되는 내용은 클라이언트의 일반사항(나이, 성별, 학력, 결혼상태, 주소 등), 현재문제(현재문제상황, 현재문재상황과 관련된 과거력 등), 가족력(클라이언트와 원가족의 관계, 부모, 형제관계, 부부관계, 자녀관계 등), 개인력(아동기 성장과정, 발달단계상의 문제, 학교생활, 교우관계, 직장생활, 결혼생활 등), 사회적·직업적 기능(클라이언트의 사회적 직업적 기능 등) 등이다.

예 노인보호전문기관 사회복지사가 어르신 클라이언트로부터 학대 정황에 관한 내용을 파악하고 심리상태를 확인하는 면접

2) 사정면접

사정을 위한 면접은 클라이언트의 문제를 파악하고 문제의 원인과 심각성을 평가하여 서비스의 적격 여부를 결정하기 위한 면접으로, 진단면접이라고도 한다. 즉, 서비스를 제공할지 말지, 제공한다면 어떤 서비스를 제공할지에 대한 판단을 내리기 위한 면담을 말한다. 사정면접은 앞서 살펴본

정보수집면접과 비교해 목적지향적인 성격을 가진 면접이다. 또한 사정을 위한 면접은 클라이언트의 문제상황에 대한 이해, 강점파악, 문제해결과정의 장애물 파악, 클라이언트 욕구의 우선순위 설정의 기능을 한다. 나아가 사정면접을 실시함으로써 현재문제를 파악함은 물론 목표달성을 위한 개입방법을 결정하게 하기도 한다.

예 • 알코올 중독 판별검사를 위한 면접, 클라이언트의 장애유형을 판단하기 위한 면접, 가족의 자원, 지역사회에서 이용 가능한 서비스 종류 등에 대해 평가하는 면접 등

• 교통사고로 중증장애를 갖게 된 클라이언트의 장애 유형, 장애의 심각도, 예상되는 재활치료의 효과, 가족의 자원, 지역사회에서 이용 가능한 서비스의 종류 등에 대해 평가하는 면접

3) 치료면접

치료면접은 클라이언트가 처한 사회적 상황을 변화할 수 있도록 하는 면접이다. 치료면접은 클라이언트의 감정, 태도, 행동들을 효과적으로 변화시키기 위해 클라이언트에게 자신감, 자기효율성을 강화하고 사회적 기술훈련을 통해 문제해결능력을 키우면서 클라이언트의 문제를 돕는다. 치료면접은 심리적 문제를 해결하고 도움을 받는 상담과 유사하다.

예 • 직장 내 스트레스로 우울감과 무기력감을 느끼고 있는 남성에게 심리적 지지를 제공하기 위해 이루어지는 면접

3. 효과적 면접을 위한 조건

면접이 효과적으로 이루어지기 위해서는 편안하게 자신의 이야기를 충분히 나눌 수 있는 적합한 환경이 조성되어야 한다. 이는 면접참여자가 면접에 참여할 시 자세나 태도, 감정, 반응 등에 중요한 영향을 미치기 때문이다(양옥경 외, 2011; 이종복 외, 2006; 조휘일·이윤로, 1999). 다음은 효과적인 면접을 위해 갖추어져야 할 조건들에 대한 내용이다.

1) 면접 장소

면접이 이루어지는 장소는 우선 편안한 느낌이 드는 장소이어야 하며 산만하지 않고 사생활이 보호되는 장소이어야 한다. 너무 시끄럽거나 대화를 나누기가 불편한 요소들이 있는 장소는 적합하지 않다. 상담실이나 사회복지사의 사무실처럼 주위 조건이 조절 가능한 곳이 바람직하며 면접실이 권위적인 느낌이 들지 않고 편안하고 마음의 여유를 느낄 수 있는 장소가 좋다. 때로는 편안한 의자, 조명, 간단한 그림 등이 있으면 좀 더 편안을 느낌을 줄 수도 있다. 면접 시 고려해야 할 물리적 조건을 살펴보면 다음과 같다.

- 과하게 어둡거나 밝은 곳은 피하는 것이 좋다.
- 안락함을 느낄 수 있는 적당한 온도의 장소가 좋다.
- 공간적으로 답답함을 느끼지 않을 정도의 넓은 공간이 좋다.
- 면담에서 사용되는 가구는 마주 보는 배치보다 90도 각도로 배치하는 것이 좋다.
- 사생활이 보장되는 안전하고 독립된 공간이어야 한다.
- 다른 사람이 쉽게 들어오거나 방해할 수 없는 공간이 좋다.
- 전화벨 소리로 면담의 집중을 깨뜨리지 않는 조용한 곳이 좋다.

2) 면접 시간

면접은 시간적 제한을 두고 진행해야 클라이언트가 하고 싶은 이야기를 사전에 생각하고 정리할 수 있으며, 면접이 목적에 부합하고 초점에 집중할 수 있도록 도와야 한다. 면접 시간은 약 50분 전후로 45분에서 75분 정도가 적합하며 이보다 길어지게 되면 집중력이 떨어지고 지루하여 효과가 낮아질 수 있다. 물론 클라이언트에 따라 집중력과 의사소통능력이 다르므로 상황에 따라 조금씩 다를 수는 있다. 면접은 너무 오래 하기보다 클라이언트가 말한 것과 들은 것을 소화하고 생각할 시간을 주는 것이 바람직하다. 클라이언트에게는 면접과 관련하여 총 횟수, 소요 시간 등에 대해 알려주는 것이 맞으며, 면접에서 횟수, 소요 시간 등을 미리 짜고 틀을 정하는 것을 면접의 구조화라고 한다.

4. 면접의 기술

1) 경청하기

경청은 면접의 가장 기본이자 중요한 기술로 단순히 듣고자 하는 것이 아니라 클라이언트의 감정과 사고를 이해하기 위해 적극적으로 들어주는 것이다. 또한 상대방에게 관심을 집중하고 전달하려고 주의를 기울여 상대의 어려움을 공감하고 필요한 반응을 하며 듣는 것이다. 상대방의 말을 경청할 때는 말하는 사람의 어휘, 억양, 신체언어 등 비언어적인 메시지를 모두 포함하여 경청해야 한다. 또한 사회복지사는 클라이언트의 말을 경청하고 있다는 사실을 고개를 끄덕이거나 짧은 감탄사를 통해 적절한 시점에서 반복적으로 표현해야만 한다. 좋은 경청자는 자신의 이야기는 최소화하고 상대의 말을 집중적으로 들으면서 중간에 끼어들거나 섣부른 충고를 하지 않으며 적절한 눈맞춤과 표현을 통해 경청하고 있음을 표현한다. 또한 온정과 이해가 담긴 표정, 적당한 속도의 언어 구사, 필요한 경우 신체적 접촉, 다양한 얼굴표정 등 효과적인 경청을 위해 다양한 비언어적 태도를 클라이언트에게 보여주며 클라이언트의 말에 집중하고 있다는 존중과 분위기를 만들어야 한다.

2) 질문하기

질문하기는 클라이언트와 친밀감을 나누고 다양한 정보를 얻기 위해 필요한 기술로서 너무 많거나 적은 질문으로 부담을 주거나 곤란을 주어서는 아니 되며 적절한 시점에서 적절한 속도와 양으로 질문하여야 한다. 질문하기에는 폐쇄형 질문과 개방형 질문이 있으며, 폐쇄형 질문은 클라이언트의 초점을 제한하는 반면 개방형 질문은 클라이언트로 하여금 지각영역을 넓혀주어 자신의 생각을 충분히 말할 수 있도록 기회를 주는 질문기법이다(Bemjamin, 1987, 권향임 외, 2023 재인용).

(1) 개방형 질문

개방형 질문은 클라이언트가 질문내용에 대해 직접 답변을 선택하고 설명하도록 하는 질문유형이다. 클라이언트는 본인이 중요하다고 생각하는 문제에 초점을 두면서 스스로의 감정과 사고를 탐색하고 전달할 수 있다. 개방형 질문의 장점은 면접 초기 클라이언트에 대한 정보가 아무것도 없는 상황에서 유용하며 클라이언트가 스스로 본인의 생각을 유연하게 표현할 수 있고 클라이언트에 대한 많은 정보를 얻을 수 있다는 것이다. 또한 개방형 질문을 통해 클라이언트와 감정이나 경험을 서로 공유하며 이해할 수 있고 그로 인한 신뢰관계를 형성하는 데도 유용하다. 개방형 질문의 단점은 클라이언트로 하여금 많은 생각과 감정을 표현할 수 있는 시간을 할애함으로 인해 대화의 시간이 길어질 수 있고 명확한 답변에 대한 요구가 없으므로 본래의 주제에서 벗어나 답할 수도 있다는 것이다. 또한 인지적 능력에 문제가 있거나 타인의 앞에서 자신의 생각을 자유롭게 표현하는 것이 어려운 사람에게는 부담이 될 수 있으며, 경험이 부족한 클라이언트는 질문을 혼란스러워하거나 위협으로 받아들일 수도 있다.

개방형 질문의 예를 살펴보면 다음과 같다.

예
- 당신은 어떤 이유로 이곳을 방문하게 되었습니까? (면접 초기)
- 오늘 하시고 싶은 이야기가 있다면 말씀해 보시겠어요? (면접 초기)
- 행복한 삶은 어떤 것이라고 생각하시나요?
- 최근 읽은 책 중에서 가장 인상 깊었던 부분은 무엇일까요?

(2) 폐쇄형 질문

개방형 질문과 비교해 보다 구체적인 사실에 대해 정보를 얻을 필요가 있을 때 사용하는 질문기법이다. 주로 면접 초기에 많이 사용되지만 면접 전반에서 사용된다. 폐쇄형 질문은 간단하고 명확한 정보를 얻을 때 주로 적절하며 클라이언트의 초점을 제한하고 정확한 사실에 대해서만 질문을 한다. 일반적으로 예 또는 아니요로 대답하는 질문의 형태이며 숫자나 특정한 위치와 같이 명확한 답을 얻기 위한 질문도 폐쇄형 질문이다. 폐쇄형 질문은 클라이언트에 대한 이해의 폭을 좁힐 수 있다는 한계가 있다. 폐쇄형 질문의 장점은 클라이언트로부터 구체적인 정보를 필요로 하거나 클라이언트가 혼란으로 인해 스스로 답변을 잘 할 수 없는 경우 대화의 초점을 맞출 수 있다는 것이다. 또한 질문이 명확하게 설정되기 때문에 클라이언트가 쉽게 이해할 수 있어 질문에 대한 오해의 소지를 줄일 수 있으며, 개방형 질문에 비해 대화의 초점이 집중되어 주제에 대해 집중적으로 탐구할 수 있다. 폐쇄형 질문의 단점은 예, 아니요와 같은 짧은 답변을 유도하기 때문에 깊이 있는 대화가 어려워 정보를 확보하는 데 어려움이 따른다는 것이다. 또한 클라이언트의 생각이나 창의성을 표현할 기회가 줄어들어 의견제시를 드러내기에 한계가 있으며, 클라이언트의 감정과 경험을 공유하기에 어려움이 있어 사회복지사와 클라이언트 간의 감정적인 교류를 형성하는 것에는 부정적 영향을 미칠 수 있다.

폐쇄형 질문의 예를 살펴보면 다음과 같다.

예
- 오늘 점심은 드셨습니까?
- 운동을 좋아하시나요?
- 실제로 가출을 한 경험이 있습니까?
- 회의는 몇 시에 시작이 하나요?
- 당신의 주소는 어디인가요?
- 당신의 나이는 몇 살인가요?

이상으로 개발형 질문과 폐쇄형 질문 두 가지를 살펴보았으나 중요한 것은 어떤 질문도 클라이언트에게 잘못을 추궁하기나 위협을 가하는 듯한 형태가 되면 안 된다는 것이다.

(3) 피해야 할 질문유형

질문하기에서 피해야 할 질문의 유형이 있다. 우선 '왜'로 시작하는 질문을 피하는 것이 좋다. '왜'라는 질문을 과하게 사용하면 클라이언트에게 마치 추궁하는 것과 같은 느낌을 줄 수 있으며 대화의 흐름을 방해할 수 있다.

예
- '왜' 그런 말을 했어요?

또한 한 번에 여러 가지 질문을 쏟아붓는 폭탄형 질문(이중질문, 중첩질문)은 피하는 것이 좋다. 한꺼번에 여러 가지 질문을 폭탄형으로 하게 되면 클라이언트가 혼란스러움을 느끼게 되며 어느 질문에 먼저 초점을 두고 답을 해야 할 것인지 당황할 수 있다. 한 번에 하나씩 단계적으로 질문을 하는 것이 바람직하다.

예 두 개의 질문이 한 문장에 포함된 경우

- "친구와 갈등이 생긴 이유가 뭔지, 그걸 어떻게 해결하려 했는지 말씀해 주시겠습니까?"
- "이번 교육이 유익했고, 강사도 만족스러우셨나요?"

예 긍정과 부정이 혼합된 질문

- "이 제품은 만족스럽지만, 다시 구매할 의향은 없으신 거죠?"

마지막으로 유도형 질문은 피하는 것이 좋다. 클라이언트에게 특정한 방향으로 질문의 답변을 이끌어 내는 것은 클라이언트의 솔직한 의견이라기보다 사회복지사가 기대하는 방향으로 질문을 유도하는 것이 된다. 이는 클라이언트의 답변을 진실되지 않고 거짓으로 이끄는 데 영향을 미칠 수 있다.

예
- "그 사람이 잘못한 게 분명하지 않나요?"
- "이 결정이 옳다고 생각하셨기 때문에 그렇게 행동하신 거죠?"
- "다들 그 사람 별로라고 하던데, 당신도 그렇게 느끼죠?"

3) 관찰하기

관찰하기는 사회복지실천과정에서 클라이언트가 말하고 행동하는 것에 관심을 기울이고 이해하는 기술이다. 특히 관찰하기는 클라이언트가 언어적으로 표현하는 것뿐 아니라 비언어적인 행동표현에도 관심을 두고 유심히 관찰해야 한다. 특히 사회복지사는 클라이언트의 비언어적인 표정, 손놀림, 눈 맞춤, 얼굴 붉힘, 억양 등을 통해 클라이언트의 감정과 표현의 차이를 분명히 해야 하며 다음과 같은 사항을 살펴보아야 한다.

- 클라이언트의 시작하는 말과 종결하는 말 : 클라이언트의 시작하는 말은 자신의 문제를 보는 시각과 원조에 대한 태도를 반영하는 것이며, 마무리하는 말은 면접의 의미를 함축하거나 자신의 문제해결능력을 나타낸다.
- 대화 중 주제 바꾸기 : 대화 중에 주제를 바꾸는 경우 주의 깊게 관찰해보아야 한다. 말하기 곤란하거나 회피하고 싶은 주제가 나오면 클라이언트는 자신을 드러내지 않으려 하거나 갑자기 화제를 바꾸어 상황을 피하려 한다.
- 반복적으로 언급되는 말 : 반복적으로 언급하는 내용들을 잘 관찰해야 한다. 클라이언트는 자신이 강조하고 싶은 내용에 대해서는 반복적으로 이야기하게 되므로 주의 깊은 관찰이 필요하다.
- 일관적이지 않은 말 : 일관성 없고 의미가 불분명하며 모순된 말을 잘 관찰해야 한다. 클라이언트가 이런 말을 하는 것은 양가감정, 혼란, 죄책감의 결과일 수도 있으므로 잘 관찰해야만 한다.
- 침묵 : 클라이언트가 면담 중 말을 멈추는 침묵은 주의가 필요하다. 침묵은 주제가 자신에게 위협적으로 느껴지거나 말하기 곤란한 경우 나타날 수 있다. 침묵의 의미에 대해서도 탐색할 필요가 있다.
- 비언어적 표현 : 자세, 표정, 음성 고저, 눈 맞춤 등과 같은 비언어적 표현을 잘 관찰해야 한다. 만약 언어적 표현과 비언어적 표현이 일치하지 않을 때는 비언어적 표현에 더 관심을 기울여야 한다.

4) 명료화하기

명료화하기는 클라이언트의 말에 담겨 있는 의미를 클라이언트에게 명확하게 말해주는 것 또는 분명하게 말해달라고 요청하는 것이다. 즉, 클라이언트가 면담과정에서 일관성 없는 진술을 하거나 모호한 답변을 하는 경우 재질문하여 분명한 답을 요구하거나 클라이언트의 실제반응에서 드러난 감정과 생각 속에 암시되었던 의미를 클라이언트에게 말해주는 것이다. 예를 들면 다음과 같다. "당신의 말을 듣고 있자니 제 입장이 좀 그러네요"라고 클라이언트가 말한다면 사회복지사는 "'그러네요'라고 말씀하였는데 구체적으로 어떻다는 것인가요? 사례를 들어 말해주시겠습니까?"와 같은 질문을 통해 클라이언트가 모호하게 표현한 것들에 대해 좀 더 구체적으로 자신의 생각과 감정을 표현하게 함으로써 미처 생각지 못했던 측면을 볼 수 있도록 도와주는 기술이다. 명료화하기를 사용하기 전 고려해야 할 것은 우선 클라이언트가 언어나 비언어로 제시한 내용을 확인하는 것이다. 둘째, 클라이언트가 표현한 메시지 중에서 애매한 부분, 혼란스러운 부분, 더 확인할 필요가 있는 부분을 찾는 것이다. 셋째, 명료화해야 할 내용을 적당한 말로 표현하는 것이다. 넷째, 클라이언트를 관찰하여 반응을 확인한 후 명료화의 효과를 평가하는 것이다.

예
- 클라이언트 : 당신은 쉽다고 말하지만 듣는 사람의 입장에서는 좀 그래요.
- 사회복지사 : '좀 그래요'라고 하셨는데 구체적으로 어떻다는 것이지요?

5) 직면하기

직면하기(confrontation)는 클라이언트가 지속하고 있는 생각과 감정 사고가 불일치할 경우 이를 사회복지사가 지적해 줌으로써 스스로 모순된 부분을 인식하고 직시하도록 만드는 기술이다. 이 경우 클라이언트가 인지하지 못하는 경우도 있으며 또는 본인이 인정하기를 거부하는 경우도 있어 두 경우 모두 가용 가능한 기술이다. 단, 직면하기 기술을 사용할 때 유의해야 할 점이 있다. 직면하기 기술은 클라이언트와 충분히 공감대를 형성한 이후에 사용해야 하며, 클라이언트가 극도로 긴장하거나 경직된 상태에서는 사용하지 않는 것이 바람직하다. 또한 직면하기 기술은 클라이언트가 의도하는 목표와 신념에 맞지 않거나 모순되는 행동, 그리고 그로 인해 나타나는 부정적 결과 등에 대해서도 지적해 줄 수 있다. 직면하기 기술을 사용하는 방법의 예를 들어보면 다음과 같다.

예
- ○○ 학생은 시험점수를 잘 받고 싶다고 말하면서 학교에는 나가지를 않았네요.
- ○○ 씨는 일하는 엄마들이 아이를 돌보지 않는 것에 무책임하다 말씀하시면서 본인은 직장을 구하고 싶다고 말씀하시는군요.

6) 해석하기

클라이언트의 표현과 행동에 관한 이유와 그 바탕에 깔려 있는 요인에 대해 인지할 수 있도록 언급해 주거나 클라이언트가 보다 상세히 말할 수 있도록 지지함으로써 스스로 행동요인에 대하여 통찰할 수 있도록 도와주는 기술이다. 해석기술은 클라이언트의 무의식에 대한 설명하는 기술로서 전문성이 바탕이 되어야 하며 사회복지사가 특정 상황에 대해 해석하는 것이므로 정확한 해석이 아닐 수도 있다. 따라서 해석하기 기술을 사용할 때는 매우 신중해야 하며 클라이언트와의 신뢰관계도 매우 중요하다. 해석하기 기술의 예를 들면 다음과 같다.

예 • (솔직히 말하기 어려워 눈치를 보는 청소년에게) "어머니가 그랬듯 너도 ○○를 비난할까 봐 두려움을 느끼는 것 같구나."

7) 침묵 다루기

클라이언트의 문제에 개입하다 보면 침묵하는 경우가 있다. 적절한 침묵은 클라이언트가 자신의 문제를 생각할 수 있는 여유를 줄 수 있으므로 긍정적이라고 볼 수 있으나 오래 지속되는 침묵은 사회복지사가 현명하게 다루어 주어야 한다. 즉, 침묵이 너무 자주 발생하거나 오래 지속되지 않도록 침묵이 언제 발생하는지에 대해, 또 언제 길어지는지에 대해 침묵을 탐색해야만 한다.

예 • 면담 초기에 긴장된 침묵 : "처음이라 어색하게 느끼실 수 있습니다. 편안해지실 때까지 잠시 이렇게 계셔도 좋습니다."

• 불신이나 방어기제로 인한 침묵 : "이 자리에 오신 것만으로도 이미 큰 걸음을 내디디신 거예요. 급하게 이야기하지 않아도 괜찮습니다. 오늘은 천천히 서로를 알아가는 시간으로 생각하셔도 좋아요."

• 감정(분노, 슬픔 등)이 북받칠 경우의 침묵 : 말없이 잠시 기다려 주거나 손수건을 건낼 수 있으며 조용히 고개를 끄덕이며 감정을 존중해 준 후 다음과 같이 말함. ""괜찮습니다. 천천히 말씀하셔도 됩니다. 이 자리에서는 편히 표현하셔도 됩니다.", "그 이야기를 꺼내는 게 많이 힘드셨던 것 같아요. 감정이 정리되실 때까지 기다릴게요. 지금 이 침묵도 충분히 의미 있는 시간이니까요."

• 깊은 생각으로 침묵하는 경우(생각을 정리하는 침묵) : 서두르지 않고 침묵을 유지한 뒤 부드럽게 이어감. "지금 그 질문에 대해 곰곰이 생각 중이신 듯하네요. 혹시 어떤 생각이 드셨는지 말씀해 주실 수 있

을까요?"

- 말문이 막히는 침묵 : "그 부분을 말로 꺼내는 게 어려우신 듯하네요. 천천히 준비되실 때 말씀해 주셔도 괜찮습니다."
- 조심스러운 주제에서 오는 침묵 : "이야기하시기 어려운 이야기라는 거 이해합니다. 준비가 되시면 천천히 나눠주셔도 괜찮아요."

8) 기타 면접기술

(1) 요약하기

요약하기(summarizing)는 클라이언트의 생각과 행동과 감정을 사회복지사의 언어로 정리해 주는 기술로서 클라이언트가 지금까지 말한 내용을 일목요연하게 압축하여 정리해 주는 기술이다. 요약하기 기술은 한 주제에서 다른 주제로 넘어갈 때나 회기를 마무리할 때 지금까지 클라이언트가 말한 내용을 전체적으로 요약해서 간단히 정리해 주는 것이다. 요약하기 기술을 사용하면 클라이언트 입장에서는 본인이 말한 내용을 다시 한번 정리해 볼 수 있는 기회가 되기도 하며, 사회복지사 입장에서는 자신이 클라이언트의 말을 잘 이해했는지에 대해 확인도 받을 수 있다. 또한 클라이언트는 자신이 말한 내용에 대하여 사회복지사가 경청해 주었다는 점을 통해 신뢰를 가질 수 있다.

(2) 초점화하기

초점화하기(focusing)는 클라이언트의 말이 이야기의 흐름으로부터 벗어나 초점을 잃었을 때 다시 집중하도록 도와주는 기술을 말한다. 즉, 클라이언트의 표현이 산만하고 특정 주제로부터 회피하고자 할 때 간단히 질문함으로써 다시 초점으로 되돌려주는 것이다.

(3) 재보증하기

재보증하기(reassurance)는 합리적 생각과 결정에 대해 클라이언트가 확신을 갖지 못하고 자신 없어 할 경우 사용하는 기법이다. 사회복지사는 클라이언트에게 자신감을 갖게 하기 위해 신뢰감을 표현하며 클라이언트가 불안감을 가지 않도록 안심시켜 줄 수 있다.

(4) 재명명(재구성)

재명명(relabeing)은 특정 문제에 대해 클라이언트가 부여하는 의미를 수정해 줌으로써 주어진 상황을 부정적인 시각에서 긍정적인 시각으로 변화하도록 돕는 기술이다. 재명명은 재구성(reframing)으로 불리기도 하며, 클라이언트의 인지와 사고의 변화를 가져오고 바른 행동으로 연결될 수 있도록 행동수정을 목표로 하는 기술이다.

(5) 일반화하기

일반화하기(universalization)는 클라이언트의 생각과 감정, 행동 등이 본인뿐 아니라 다른 사람들도 비슷하다는 것을 말해줌으로써 다른 사람들과의 이질감, 소외감, 일탈감을 해소하고 스스로에 대한 신뢰와 자신감을 회복할 수 있도록 해주는 기술이다.

(6) 감정 반영하기

감정 반영하기(reflecting feeling)는 클라이언트의 감정을 사회복지사가 말로 표현해 줌으로써 클라이언트가 표현한 감정을 사회복지사가 이해하고 있다는 것을 알려주는 기술이다.

(7) 환기법

환기법(ventilation)은 클라이언트의 문제나 상황에 관한 감정을 스스로 표현하도록 하는 기술이다. 사회복지사는 클라이언트로 하여금 부정적인 감정, 분노, 증오, 슬픔 등 문제해결에 방해요소로 작용하는 문제들을 표현하게 함으로써 클라이언트의 감정의 강도를 감소시켜 줄 수 있다.

(8) 세분화

세분화(partialization)는 클라이언트가 가진 문제를 처리하기 용이하도록 작은 단위로 쪼개어 나누어주는 기법이다. 클라이언트는 한 번에 많은 문제를 해결할 수 없으므로 혼란스럽다. 사회복지사는 혼란스러워하는 클라이언트의 전체적인 문제를 가능한 한 작은 단위로 세분화해 줌으로써 탐색가능하도록 만들어 주는 것이다.

제 8 장

사회복지실천 과정

1. 접수 및 자료수집
2. 사 정
3. 계획수립
4. 개 입
5. 종결 및 평가

제 8 장

사회복지실천과정

학습목표

- 사회복지실천의 과정을 이해할 수 있다.
- 접수 및 자료수집의 개념을 이해할 수 있다.
- 사정과정에 대해 이해할 수 있다.
- 계획수립과정에 대해 이해할 수 있다.
- 개입과정에 대해 이해할 수 있다.
- 종결 및 평가과정에 대해 이해할 수 있다.

사회복지실천과정은 도움을 필요로 하는 개인, 가족, 집단, 지역사회에 대해 사회복지사가 문제해결을 위해 전문적 지식과 기술을 활용하여 단계적으로 서비스를 제공함으로써 돕는 과정이라고 할 수 있다. 사회복지실천과정은 학자에 따라 3단계나 5단계 혹은 7단계로 구분하기도 하며, 각 단계별 과정은 서로 중복되는 과정도 있다. 이 장에서는 사회복지실천과정을 접수 및 자료수집, 사정, 계획, 종결 및 평가 5단계로 구분하여 살펴보고자 한다.

1. 접수 및 자료수집

1) 접수의 개념

사회복지기관에서 서비스대상자를 만나게 되는 경로는 다양하다. 도움이 필요한 사람이 직접 기관을 찾아오기도 하고, 또는 타 기관에 의해 의뢰로 오는 사람도 있고, 전화상담도 이루어지고 있으며, 사회복지기관에 근무하는 사회복지사들이 일상생활 속에서 발굴하기도 한다. 이렇듯 서비스를 필요로 하는 사람이 사회복지기관에 찾아왔을 때 서비스를 제공하는 기관의 정책과 서비스에 부합할 경우 사회복지사가 그 사람의 문제와 욕구를 파악하여 서비스를 제공할 것인지의 여부를 판단하는 과정을 초기면접 또는 접수(intake)라고 한다. 접수는 도움을 요청한 사람이 가지고 있는 욕구와 문제를 확인하고 사회복지사가 근무하는 기관에서 서비스를 제공할 수 있는지의 여부를 판단하는, 즉 서비스를 받을 수 있는지의 적격 여부를 판단하는 과정이라고 이해하면 된다. 접수의 환경은 아늑하고 자유로운 분위기 속에서 이루어져야 하며, 기관 방문자의 프라이버시가 충분히 보장된 곳에서 이루어지도록 환경을 조성하는 것이 필요하다. 또한 접수단계에서는 정확한 판단을 위해 클라이언트의 상황을 면밀히 파악하는 것이 중요하다. 이를 위해 클라이언트의 특성, 문제 또는 욕구, 자원과 대처능력을 평가해야 하며, 클라이언트의 연령, 성별, 성 정체성, 사회경제적 지위, 문화 등 다양한 요소에 대한 사회복지사의 감수성이 필요하다(엄명용 외, 2017).

2) 접수 시 과제

접수는 서비스를 제공하는 최초의 과정으로 문제나 욕구를 가진 사람이 사회복지기관을 방문(잠재적 클라이언트)했을 때, 기관에서 서비스를 제공할 수 있는지의 여부를 결정하는 중요한 과정으로, 지식과 경험이 풍부한 사회복지사가 접수를 담당하는 것이 좋다. 접수과정을 거쳐 사회복지기관에서 적합한 서비스를 줄 수 있다고 판단될 때 문제나 욕구를 가졌던 사람은 비로소 클라이언트가 되고, 서비스의 적격자가 되지 못하면 서비스 수혜 대상자가 되지 못한다.

이때 경험이 풍부한 사회복지사라면 사회복지기관을 찾은 사람에게 맞는 다른 서비스 기관을 지역사회 안에서 찾아 연결할 것이다. 이처럼 접수를 담당하는 사회복지사의 역할은 크다고 할 수 있으며, 이때 갖게 되는 사회복지사에 대한 인식은 사회복지를 접하게 되는 모든 사람에게 큰 영향을 미친다.

(1) 클라이언트의 주호소 욕구 및 문제 확인

클라이언트는 욕구나 문제를 가지고 사회복지기관을 찾은 사람 중에서 기관의 정책이나 서비스에 부합될 때 그 서비스를 받는 사람을 말한다. 클라이언트의 욕구와 문제를 확인한다는 것은 사회복지기관에 대한 바라는 바를 확인한다는 것이다. 표면적으로 드러난 서비스 신청자의 호소문제를 중심으로 기대를 명확히 해야 하며, 사회복지사와 서비스 신청자가 신뢰관계를 형성하는 첫걸음이기도 하다. 먼저 문제를 확인할 때는 클라이언트가 주로 호소하는 문제에서부터 출발해야 하며, 그 문제가 클라이언트에게 얼마나 중요하며 무엇 때문에 이 문제가 발생하게 되었는지 그 원인을 탐색해야 한다(이영실 외, 2014). 이때 클라이언트가 호소하는 문제는 사회복지사의 관점에서 볼 때 실제 근본적인 문제가 아닐 수 있으며, 클라이언트가 문제를 정확하게 인지하지 못하는 경우도 있으므로 사회복지사는 클라이언트의 실제 문제가 무엇인지 정확하게 판단하는 힘이 필요하다.

다음은 클라이언트에게 가장 빈번히 나타날 수 있는 문제 유형을 정리한 것이다(NCS 모듈학습, 2019).

- 인간관계에서의 갈등
- 사회적 관계에서의 불만족
- 공식적인 조직과의 문제
- 역할 수행상의 문제
- 사회적 전환에서 파생되는 문제
- 심리 행동상의 문제
- 자원 부재나 결핍의 문제
- 의사결정의 어려움
- 인종 간의 다른 문화로 인해 파생되는 문제

또한 사회복지사는 이와 같은 문제 유형을 참조하고 기능별 욕구 범주를 고려해서 주호소 문제를 설정할 수 있다. 클라이언트의 기능별 욕구 범주에 대해서는 <표 8-1>을 통해 확인해 볼 수 있다.

<표 8-1> 클라이언트의 기능별 욕구 범주

욕구 범주	내용 설명
신체적 욕구	건강유지 및 회복, 치료, 위생, 영양, 거주 환경 등 생존과 관련된 기본적인 욕구
심리정서적 욕구	자존감, 정체성, 심리적 안정감, 우울・불안 관리, 트라우마 치유 등 정서적 안정과 관련된 욕구
사회적 욕구	대인관계 형성, 소속감, 사회적 지지, 가족 및 지역사회와의 연결, 고립감 해소 등

경제적 욕구	안정적인 소득, 직업, 생계 지원, 경제적 자립, 복지서비스(예 기초생활보장) 접근
교육적 욕구	학습 기회, 문해력 향상, 직업 훈련, 정보 접근성, 자기계발 기회
영적 욕구	삶의 의미 탐색, 종교적·영적 신념의 지지, 내면의 평화와 통합
문화적 욕구	문화적 정체성 유지, 언어, 전통, 가치 존중 및 표현 기회

(2) 의뢰

의뢰(referral)는 잠재적 클라이언트인 서비스 신청자가 원하는 서비스를 해당 기관에서 제공받지 못할 때 서비스를 받을 수 있도록 다른 기관을 소개하고 연결해 주는 것이다. 즉, 서비스 신청자의 욕구나 문제해결을 위한 일들이 해당 기관의 정책과 기능에 맞지 않는다면, 서비스를 제공할 수 없기 때문에 이에 대해 충분히 설명한 뒤 해당 서비스를 받을 수 있도록 다른 기관에 서비스 신청자를 의뢰하는 것이다.

성공적인 의뢰를 위해서는 클라이언트의 동의가 필요하고, 클라이언트에게 의뢰기관에서 받게 될 서비스의 내용과 한계를 정확하게 설명해 주어야 한다. 또한 지나친 기대감을 갖지 않도록 하여야 하며, 그러면서도 클라이언트가 의뢰되는 것에 대해 거부감을 느끼지 않도록 해주어야 한다. 따라서 적절한 의뢰를 위해서 사회복지사는 자신이 소속되어 있는 기관의 정책이나 서비스는 물론 다른 기관들의 정책이나 서비스, 그 기관의 담당자, 지역사회 내의 자원들을 자세히 파악하고 있어야 한다. 이때에도 사회복지사는 다른 기관으로 의뢰를 하였다고 해서 자신의 역할이 끝나는 것이 아니라, 의뢰된 사람이 적절한 서비스를 받고 있는지 반드시 확인하는 것이 필요하다. 그리고 초기면접지를 의뢰기관에 보내도록 하여 서비스 신청자의 욕구나 문제를 의뢰기관 담당자가 알 수 있도록 해주는 것이 필요하다. 물론 의뢰기관에서도 적절한 접수단계를 거치겠지만, 클라이언트가 기관을 옮길 때마다 반복적으로 똑같은 내용을 사회복지사에게 이야기하는 것은 시간낭비일 뿐이다.

다음은 성공적인 의뢰를 위한 지침을 정리한 것이다.

〈성공적인 의뢰를 위한 지침〉

- 클라이언트의 동의를 얻은 후 의뢰를 결정한다.
- 의뢰기관의 이름, 전화번호, 위치, 찾아가는 방법과 해당 기관에서 만날 사람의 이름을 안내한다.
- 클라이언트가 있는 자리에서 의뢰기관 담당자와 전화 연결하고 가능하면 기관 담당자가 먼저 통화한 후 클라이언트가 직접 통화하도록 유도한다.
- 의뢰기관의 한계를 설명하고 모든 문제가 해결될 것이라는 비현실적인 기대를 갖지 않도록 한다.
- 클라이언트가 타 기관이나 담당자에게 의뢰될 때 거부감이나 버림받았다는 느낌을 갖지 않도록 세심히 배려한다.
- 클라이언트가 의뢰된 기관에서 서비스를 제대로 이용했는지 후속 점검한다.

(3) 관계형성을 통한 참여 유도

관계형성은 기관을 찾는 클라이언트가 일반적으로 갖게 되는 불안이나 두려움을 극복하기 위해서 사회복지사와 갖게 되는 긍정적 관계를 말하며, 이를 라포(rapport)형성이라고 한다. 사회복지를 실천하는 데 있어 사회복지사와 클라이언트 사이에서 상호작용이 원활하게 이루어지기 위해서는 좋은 관계형성이 필수적이며, 이런 관계형성은 문제를 해결하는 데 있어 중추적인 역할을 한다.

클라이언트는 접수단계에서 사회복지사와 기관에 대한 첫인상을 갖게 되고, 이 첫인상은 클라이언트가 앞으로의 활동에 참여하는 데 영향을 주게 된다. 그러면 사회복지사는 어떻게 해야 할까? 당연히 첫 만남에서 서로에게 호의적이고 적극적이며 긍정적인 경험이 될 수 있도록 효과적인 의사소통을 해야 한다. 상식적으로 생각해 볼 때 처음 만나는 사람에게 자신의 처지와 문제를 꺼낸다는 것이 쉬운 일일까? 단언컨대, 누구도 쉽게 자기 이야기를 꺼내지 않을 것이다. 따라서 사회복지사는 클라이언트에 대하여 긍정적이고 확신 있는 태도를 유지하는 것이 좋으며, 클라이언트의 이야기에 적극적인 경청을 하는 것이 중요하다. 더불어 사회복지사가 자신의 입장을 이해하기 위해 노력한다는 생각과 느낌을 받을 수 있도록 감정이입적 반응을 보여야 한다. 여기서 감정이입이란 다른 사람의 감정과 경험을 이해하는 능력으로, 클라이언트 내면의 생각과 느낌을 정확하게 인지하고 이해하는 것을 말한다. 사회복지사가 거짓 없이 있는 그대로의 정직하고 솔직한 모습을 보인다면 관계의 질을 결정짓게 되고 클라이언트의 참여 동기에 큰 영향을 주게 될 것이다.

(4) 양가감정 수용 및 저항감 해소

클라이언트는 변화를 원하는 마음과 변화를 원하지 않는 마음을 동시에 갖게 되는데, 이를 양가감정(ambivalence)이라고 하며, 사회복지사는 이런 클라이언트의 감정을 수용해야 한다.

우리가 사회복지현장에서 만나게 되는 사람들은 모두 사회복지사의 계획대로 움직이지 않는다. 이런 경우 사회복지사는 좌절하지 말고 그들의 행동 이면에 숨겨져 있는 저항의 이유를 알아내야 한다. 그리고 저항은 변화에 대한 두려움이나 서비스 요청을 주저하거나 제공된 서비스를 받지 않으려는 형태로 나타나게 되며, 서비스를 제공하는 과정에서 비협조적인 태도 등으로 표현된다. 따라서 사회복지사는 양가감정을 수용하고 자유롭게 표현하며 저항을 해소해 주어야 한다(김혜영 외, 2012). 리피트와 왓슨(Lippit & Watson, 1958)은 변화와 관련된 모든 당사자에게는 변화하려는 동기와 변화에 저항하려는 힘이 동시에 존재한다고 하였으며, 자발적인 클라이언트보다 비자발적인 클라이언트는 저항감이 더 강하기 때문에 사회복지사에 대해 더 적대적이며, 방어적인 태도를 취한다고 하였다(엄명용 외, 2017).

그래서 클라이언트의 저항을 받아주고 이해해 주기 위해서는 자기결정이나 선택을 지지해 주고, 서비스 제공과정에서의 역동성을 보아야 하며, 사회복지사는 클라이언트에 대해 자신이 편견을 가지고 있는지 살펴보아야 한다. 그리고 클라이언트를 바라볼 때 강점관점을 가져야 하며, 서비스를 제공할 때 사회정의로의 접근이 필요하다(이윤로, 2012). 즉, 자기결정이나 선택을 지지해 준다는 것은 클라이언트가 무엇이 필요한지, 자기 상황을 어떻게 바라볼 것인지를 찾아내는 것이 사회복지사의 역할이며, 사회복지사도 의사소통의 문제에 일정 부분 책임이 있음을 의미한다. 또한 사회복지사는 클라이언트에 대한 자신의 반응을 살피고, 문제가 있다면 건설적인 방법으로 변화시켜 나갈 수 있도록 해야 하며, 이때 슈퍼비전이 필요할 수도 있다. 강점관점이라는 것은 도움을 요청하는 사람도 그 시점에서 그가 할 수 있는 최선을 다하고 있음을 인정하고, 자신도 무엇인가 공헌할 것이 있다는 것을 인정해야 한다는 것으로, 신체적·정신적으로 건강한 사람들임을 기억해야 한다. 마지막으로 사회정의로의 접근은 서비스 과정에서 어려움이 있거나, 주저함을 가지고 있거나, 적대감을 가지고 있다는 이유로 서비스를 거부하거나 지연시킨다면 사회복지사로서 윤리적이지 못한 부분이기 때문에 서비스에 대한 욕구가 있다면 누구나 서비스를 받게 하는 것이 사회정의로의 접근이다(이윤로, 2012 재구성).

(5) 클라이언트 동기화시키기

클라이언트가 어떻게 사회복지기관에 접촉하게 되었는지를 탐색하는 일도 사회복지사에게는 매우 중요한 사항 중 하나이다. 자발적으로 사회복지기관을 찾아온 클라이언트는 문제해결에 있어서 긍정적인 감정을 가지고 있으며, 사회복지사에게 우호적이고 협조적인 태도를 취한다. 반면 비자발적인 클라이언트의 감정은 대부분 부정적이며, 변화의지가 없고 더 이상 변화를 기대하기 힘들다. 서비스 과정은 기본적으로 변화를 일으키는 과정이기 때문에 변화의지가 없는 비자발적인 클라이언트는 서비스 진행과정에서 실패를 가져오기 쉽다. 비자발적인 클라이언트는 원해서 찾아오는 것이 아니라는 사실을 명심하고 이들을 자발적인 참여자로 변화시키려면, 초기단계에서의 저항감과 두려움 등 부정적인 감정을 완화시키는 것이 중요하며, 사정단계에서는 개인의 욕구에 대한 파악 및 이해와 수용이 중요하다(김혜영 외, 2020). 그래서 사회복지사는 자발성을 보일 때까지 클라이언트를 격려하고, 지지하여 문제가 해결될 수 있다는 희망을 갖게 하는 동기화가 필요하다. 자발적 클라이언트는 변화에 대한 동기부여는 되어 있으나 두려움을 가지고 있으므로 이제까지 견뎌온 의지를 격려하며, 문제가 해결될 수 있다는 희망을 갖게 하여 동기화시키도록 한다(김혜영 외, 2020).

〈비자발적 클라이언트를 동기화하기 위한 행동 지침〉

- 비자발적 클라이언트는 억지로 바꾸기보다 있는 그대로 인정하고 수용하며 관계를 시작하는 것이 중요하다.
- 희망을 갖게 하고 용기를 준다. 즉, 사회복지사가 개입함으로써 긍정적인 결과가 초래될 수 있음을 알려준다.
- 서비스에 대한 저항의 실체를 그대로 이해한다.
- 감정을 짚어주는 말로 클라이언트가 솔직하게 표현할 수 있도록 유도하는 것이 중요하다.

- 구체적 서비스 제공은 관계형성의 계기가 되며, 클라이언트 욕구 해결 가능성을 고민하는 것이 중요하다.
- 비자발적 클라이언트와의 신뢰는 즉시 생기지 않으며, 점진적인 관계형성을 통해 이루어지므로 기다려야 한다.

3) 접수내용

(1) 초기면접지

초기면접지(intake sheet)는 사회복지사가 클라이언트가 신청한 내용을 기록하는 양식으로, 기관들마다 구체적인 내용이나 형식은 다르지만 대개는 공통된 내용들을 가지고 있다. 클라이언트가 직접 작성하기도 하고, 때로는 사회복지사가 간단한 면담을 통하여 면접이 끝난 후 작성하기도 한다.

(2) 면접지에 포함되어야 하는 내용

사회복지기관에서는 초기면접지를 이용하여 잠재적 클라이언트와 면담하면서 작성하기도 하고, 혹은 사회복지사가 자신이 질문할 내용들을 머릿속에 기억하고 있다가 면담 후에 내용을 기록하기도 한다. 초기면접지의 내용은 기관들마다 다르지만 보편적으로 많이 쓰이고 있는 내용들을 담아 보았다. 사회복지사는 본인이 근무하고 있는 기관에 맞게 조성해서 쓸 필요가 있다. 처음부터 너무 많은 질문을 하거나 민감한 정보(예 경제상황이나 건강상태 등)를 들추게 되면 오히려 역효과를 초래할 수 있다. 따라서 초기면접지의 내용을 다 질문하기보다는 추후 더 질문할 내용들을 선별하여 활용하는 것이 좋다.

- 클라이언트의 기본 정보 : 이름, 성별, 나이, 종교, 주소, 학력, 결혼 여부, 전화번호, 직업 등

- 가족관계 : 같이 살고 있는 가족을 중심으로 가족구성원의 이름, 나이, 직업, 종교, 교육 정도 등
- 주요 문제 : 사회복지사에게 요청한 도움 문제, 서비스 신청자가 느끼는 문제
- 인테이크 경위 : 기관을 찾아오게 된 이유 등
- 클라이언트 건강상태 : 건강 정도, 질병명, 유병기간, 장애 유무 등
- 경제상황 : 월 소득액, 월 지출액 등
- 주거상황 : 주거형태, 구조, 난방 여부 등
- 환경상황 : 가족력, 위생상태, 지역사회 관계, 고용현황, 자녀양육 등

4) 자료수집의 내용

자료수집은 클라이언트가 가지고 있는 문제를 이해하고 분석하는 데 있어서 필요한 사실을 모으는 과정으로, 서비스가 진행되는 동안에도 필요하지만 접수단계에서 집중적으로 이루어진다. 자료수집은 사정(assessment)을 위해서 먼저 수행하기도 하지만, 사정을 진행하면서 추가적으로 수집하는데, 클라이언트의 문제를 면밀히 이해하기 위해서는 개입에 도움이 되는 자료를 수집하여야 한다.

(1) 클라이언트의 일반적 사항

클라이언트의 이름, 나이, 성별, 결혼관계, 직업, 종교, 전화번호, 주소 등과 같은 인적사항 등 기본 정보를 수집한다.

(2) 개인력

클라이언트 개인의 생애주기에 따른 영아기, 유아기, 아동기, 청소년기, 청년기, 장년기, 노년기 등으로 구분하여 인간관계, 생활사건, 경험사건, 사

회적 관계 등에 관한 정보를 수집한다. 가계도를 통해 더 상세한 기록을 하도록 한다.

(3) 가족력

클라이언트 원가족의 가족관계, 현재 가족의 가족관계, 가족의 권력구조, 가족체계 등에 관한 정보를 수집한다.

(4) 경제상황

월 소득액으로 수입내역과 월 지출액으로 지출내역이 얼마인지에 관한 정보를 수집하도록 한다. 경제상황 정도는 초기 상담에서 클라이언트가 이야기하기를 꺼리는 경우가 많기 때문에 사회복지사의 역량이 필요하기도 하다.

(5) 주거상황

주거형태 및 구조(예 방이 몇 개인가, 화장실은 몇 개인가), 그리고 난방으로는 어떤 것을 사용하고 있는지를 수집한다.

(6) 지역사회 관계

이웃과의 관계는 어떠한지, 지역자원은 잘 활용하고 있는지, 또 연계상황이 있다면 그것은 어떤 것인지 등을 수집한다.

(7) 클라이언트의 강점과 약점

클라이언트의 강점과 약점을 파악하는 것은 클라이언트가 자신의 문제를 얼마나 잘 인지하고 있는지를 파악하는 데 도움이 되며, 위기상황에 어떻게 행동하고 대처해 가는지를 규명하는 데도 도움이 된다.

(8) 클라이언트의 환경

클라이언트를 둘러싼 환경 특성에 관한 자료이다. 친밀한 관계 및 이웃과 지역사회에 대한 정보, 사회적 관계망, 주요 사회제도 및 서비스 프로그램에 대한 수혜 경험, 차별 및 소외경험, 클라이언트가 현재 이용하고 있는 서비스 활용 가능한 자원, 클라이언트를 둘러싼 환경 속에 있는 한계 등을 수집한다.

5) 자료수집의 정보 출처

클라이언트의 자료를 얻을 수 있는 출처는 매우 다양하다. 클라이언트로부터 직접 수집한 자료가 우선 활용되지만 클라이언트 주변의 사람들과 전문가의 검사결과 등도 자료로 활용할 수 있다. 클라이언트 자신의 문제에 한 가지 자료만으로 정보를 수집하기보다 다양한 방법을 활용하여 정보를 수집하는 것이 바람직하다.

(1) 클라이언트가 작성한 양식지

클라이언트가 작성한 초기면접지나 접수면접지와 같은 양식을 통해 정보를 수집할 수 있다.

(2) 클라이언트의 직접적인 이야기 내용

클라이언트가 직접 전달한 주관적 내용을 토대로 정보를 수집할 수 있으나 때로는 주관성이 강해 객관적인 확인이 필요할 경우가 있다. 사회복지사는 면담 후 객관성을 확보하기 위해 조사할 필요가 있다.

(3) 관찰한 내용 및 직접적 상호작용 경험

사회복지사가 클라이언트와 직접 상호작용을 하며 관찰한 내용을 중심으로 자료를 수집할 수 있으며 클라이언트의 비언어적 행동(예 클라이언트의 몸짓, 얼굴표정, 손동작, 목소리의 크기나 고저, 계절에 맞는 옷차림, 위생상태, 정서표현 등)을 통해서도 정보를 수집할 수 있다.

(4) 주변 사람들로부터 수집한 정보

클라이언트의 가족이나 이웃, 친구, 교사, 직장동료로부터 정보를 수집할 수 있다.

(5) 심리검사나 평가 도구 결과

성격검사나 지능검사, 적성검사, 자아존중감, 우울줄검사(BDI), 알코올중독선별검사(CAGE), 다면적 인성검사(MMPI) 등과 같은 검사결과로부터 정보를 수집할 수 있다.

(6) 기타의 자료

클라이언트 사례와 관련된 신문자료, 투서 또는 소문 등으로부터 정보를 수집할 수 있다.

2. 사 정

1) 사정의 개념

사정을 얼마나 정확히 했느냐에 따라 개입결과가 달라질 수 있기 때문에 사회복지실천에서 사정은 매우 중요하다. 흔히 우리가 사용하는 사정은 처음부터 사용된 것이 아니었다. 처음에는 '진단(diagnosis)'이라는 용어로 불렸는데, 진단이라는 용어를 사용하게 되면서 클라이언트를 강점보다는 병리에 초점을 맞추게 되었으며, 이로 인해 인간은 누구나 성장할 수 있다는 잠재력과 가능성을 배제하는 결과를 초래하게 되었다(Hepworth & Larsen, 1993). 이렇게 클라이언트의 강점을 개발하지 못한다는 지적과 병리적 접근은 사회복지의 가치를 실현하지 못한다는 이유로 '진단' 대신 '사정'이라는 용어를 사용하게 되었다. 이렇듯 사정은 수집된 자료를 바탕으로 클라이언트가 가지고 있는 욕구와 문제의 원인을 규명하고, 개입을 하기 위하여 정보를 수집, 분석, 종합화하는 실천활동이다. 따라서 사회복지사는 클라이언트의 문제와 강점 및 약점, 자원을 이해하고, 문제에 영향을 주는 환경을 파악하여 클라이언트와의 환경 간의 상호교류를 이해하여야 한다.

2) 사정의 특성

사정이란 클라이언트의 욕구와 문제상황을 이해하고 이에 대한 근거를 바탕으로 계획에 연결시키는 것이기 때문에 전문적인 판단이 필요하다. 또한 사정을 얼마나 정확하게 하느냐에 따라 개입의 효과가 달라질 수 있기 때문에 사정 특성의 올바른 이해가 필요하다. 특히 사정이 갖는 특성은 '상황 속의 인간'이라는 이중적 관점을 갖는 것으로 클라이언트 개인의 욕구나 문제를 이해할 때, 클라이언트를 둘러싸고 있는 그의 환경체계까지 이해하는 것을 말한다. 헵워스와 라슨(김혜영 외, 2012; 양옥경 외, 2008; 최덕경 외, 2016; Hepworth & Larsen, 2006; Johnson & Yanca, 2007; Kirst-Ashman & Hull, 2008)은 사정의 특성을 다음과 같이 설명하고 있다.

① 사정은 계속적인 과정이다

일반적으로 사정은 처음 어떤 서비스를 줄 것인가 개입계획을 세울 때 판단하게 된다. 그래서 사회복지실천이 시작되는 초기 사정만을 생각할 수 있는데, 사정은 서비스가 진행되는 동안에도 새로운 정보가 나타날 수 있기 때문에 서비스 초기단계에서부터 서비스가 종결되는 단계까지 꾸준히 계속된다.

② 사정은 인간과 환경에 대한 이중초점을 갖는다

이중초점을 갖는다는 것은 클라이언트의 문제를 사정할 때 클라이언트의 문제뿐만 아니라 환경과 자원 등을 고려하여 '환경 속에 인간'이라고 하는 점까지도 고려한다는 것이다. 즉, 클라이언트뿐만 아니라 다른 인간에 대한 정보 및 클라이언트를 둘러싼 환경에 대한 정보, 또 이들 간의 상호작용에 대한 정보를 지속적으로 수집하고 분석하여 문제해결을 위한 개입계획을 마련해야 한다.

③ 사정은 클라이언트와 사회복지사의 상호작용을 기초로 한다

사정은 사회복지사 단독으로 진행하는 것이 아닌 클라이언트와의 상호작용 속에서 이루어져야 한다. 클라이언트가 사정단계에서 소외되는 것이 아니고, 사회복지사와 파트너라는 생각을 가질 수 있도록 참여시켜야 한다. 이런 상호작용 속에서 클라이언트는 힘을 얻게 되며, 자신이 수혜자가 아닌 중요한 파트너라는 생각을 가지게 된다.

④ 사정은 전개과정이 요구된다

사정은 지속적으로 수집된 정보를 바탕으로 하여 전체적인 클라이언트 상황을 이해하고, 부분적인 이해를 모아 전체적인 맥락 속에서 통합하여 사고하는 전개과정이 포함된다.

⑤ 사정은 수평적 탐색과 수직적 탐색 모두가 중요하다

초기 사정단계에서는 수평적인 탐색으로 현재의 관계나 능력, 기능들을 중심으로 클라이언트의 욕구를 발견하고 점차 시간이 지나면서는 수직적

인 탐색으로 클라이언트의 과거력, 개인력, 문제의 히스토리(history) 등에 대한 정보를 수집한다.

⑥ 클라이언트를 이해하는 데 지식적 근거가 필요하다

클라이언트를 이해하기 위해서 사회복지사는 전문적 지식, 즉 사회복지적 지식을 이용하여 사정을 하여야 한다. 사회복지적 지식은 인간행동 및 발달에 관한 지식, 가족구조 및 관계에 관한 지식, 집단 및 지역사회에 대한 지식, 사회복지정책 및 행정에 관한 지식, 그리고 클라이언트 개별 사례에 맞는 지식이 필요하다.

⑦ 클라이언트의 욕구발견과 문제를 규명한다

사정을 통해 클라이언트가 생활하는 환경에서 클라이언트의 욕구는 무엇인지, 또 욕구를 방해하는 장애물은 무엇인지를 명확히 밝혀내는 과정이다.

⑧ 클라이언트의 강점을 발견한다

사정단계에서 클라이언트의 문제나 한계를 밝혀내는 것도 중요하지만 문제를 해결하는 데 있어 클라이언트의 강점은 매우 유용하다. 클라이언트의 강점이 문제해결의 수단을 제공하기 때문이다. 이 밖에도 클라이언트의 문제와 욕구에 따라 사정이 달라져야 하는 개별화가 필요하다. 그러나 어떠한 사정도 완벽할 수는 없으며, 클라이언트를 완전히 이해하는 데는 한계가 있기 마련이다. 따라서 사정은 클라이언트를 이해하는 보조적인 수단이나 방법으로 이해하는 것이 옳다.

3) 사정의 과제

(1) 문제발견

사정의 과제로 첫 단계에서는 문제를 발견하는 일이다. 클라이언트가 제시한 문제에 초점을 두고 여러 가지 문제에 대해 탐색을 하게 된다. 그러나 클라이언트가 제시한 문제는 본질적인 문제가 아닐 수도 있기 때문에, 사회복지사는 전문가적 입장에서 진짜 클라이언트의 문제가 무엇인지를 찾아야 한다. 그래서 섣부른 판단은 금물이며, 문제의 범위를 클라이언트의 주변, 집단, 조직으로 확대해서 살펴보아야 한다. 특히 재스트로는 클라이언트의 문제체계를 사정하기 위해 15가지 질문을 할 것을 정의하였는데, 이는 다음과 같다(이효선 · 정푸름, 2012; Zawtrow, 2007).

① 무엇이 특별한 문제인가?

② 클라이언트는 문제를 어떻게 바라보는가?

③ 문제체계에는 누가 연관이 되어 있는가?

④ 문제체계에 속한 사람들은 어떻게 상호작용하고 있는가?

⑤ 문제의 원인은 무엇인가?

⑥ 문제행동이 일어나는 곳은 어디인가?

⑦ 문제행동은 언제 발생하는가?

⑧ 문제행동의 강도, 빈도, 기간은 어떠한가?

⑨ 문제의 행동력은 무엇인가?

⑩ 클라이언트가 원하는 것은 무엇인가?

⑪ 클라이언트는 문제해결을 위해 어떠한 노력을 했는가?

⑫ 문제에 대응하기 위한 클라이언트의 기술은 무엇인가?

⑬ 문제에 대응하기 위한 클라이언트의 외부 자원으로는 무엇이 필요한가?

⑭ 클라이언트의 자원, 기술, 강점은 무엇인가?

⑮ 문제해결을 위한 개입은 무엇인가?

(2) 정보수집

자료수집과 사정은 동시에 이루어질 수 있으며 순환될 수 있다. 결국 문제를 깊이 이해하기 위해서는 계속적인 자료를 수집하는 것이 좋다.

(3) 문제형성

문제형성(formulation)은 또 다른 말로 문제규정, 문제정의로 불리기도 한다. 문제형성은 사회복지사가 이제까지 모았던 정보를 분석하여 전문적인 시각에서 문제를 판단하는 과정이다. 클라이언트가 호소하는 욕구와 문제, 그리고 충족되지 않은 욕구, 또 욕구충족을 방해하는 요인들이 무엇인지를 탐색하여 문제를 정의하는 것이다(박귀영 외, 2015). 욕구는 인간이나 사회체계가 주어진 상황에서 합리적 기대에 맞게 반드시 필요한 것이며, '충족되지 못한 욕구가 무엇인가?'를 찾는 것이 중요하다. 이때 클라이언트가 제시한 문제를 '충족되지 못한 욕구'로 바꾸어 재진술하면 문제를 형성하는 데 도움이 된다.

예
- 아내에 대한 남편의 무관심(문제) → 남편에게 존중받고 싶은 욕구(충족되지 못한 욕구)
- 남편의 일 중독(문제) → 남편에게 중요한 존재임을 느끼고 싶어 함(클라이언트의 욕구로 바꾸어 진술)

4) 사정의 도구

(1) 가계도

가계도는 가족구성원을 도식화하여 나타내는 사정 도구의 하나로, 남성은 네모, 여성은 동그라미로 표시하며, 클라이언트는 이중선으로 표시한다. 자녀는 출생 순서에 따라 배치하며, 각 가족구성원의 출생, 결혼, 이혼, 사망 등의 주요 사건을 기호로 표기한다. 가족 간의 관계 역시 선을 통해 나타낸다. 가계도는 주로 초기 면접과정에서 작성되며, 사회복지사와 클라이언트 체계가 함께 협력하여 완성한다. 이 도구를 통해 가족의 구조를 시각적으로 구성하고, 구성원에 대한 다양한 정보를 통합적으로 표현할 수 있다. 가계도를 통해 분석할 수 있는 내용에는 가족구조에 대한 이해, 가족 내 클라이언트의 위치, 중요한 가족사건의 흐름, 가족 간 상호작용 방식, 그리고 잠재적인 문제의 파악 등이 포함된다.

① 가계도 작성방법

가계도 작성방법을 살펴보면 기본적으로 남성은 네모, 여성은 동그라미로 그리며, 클라이언트는 이중 테두리를 그리거나 P를 기입한다. 자녀는 출생 순으로 그려주고, 가족구성원들의 출생, 결혼, 이혼, 사망, 입양 등을 표기하고 관계도 표시한다.

② 가계도 도식

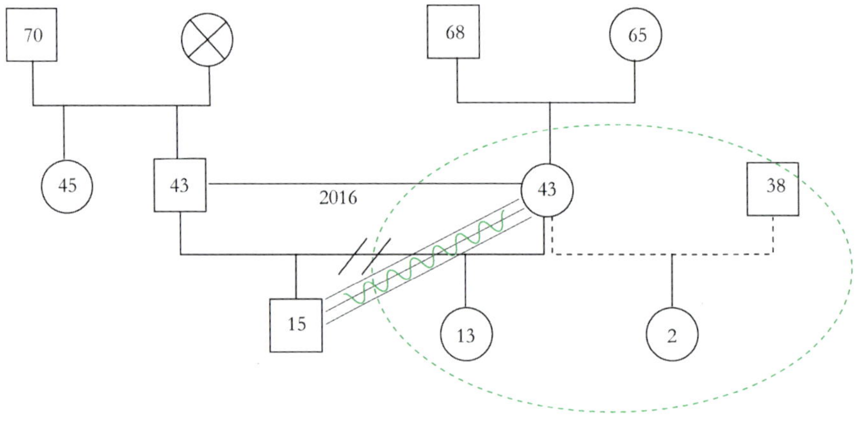

|그림 8-1| 가계도 예

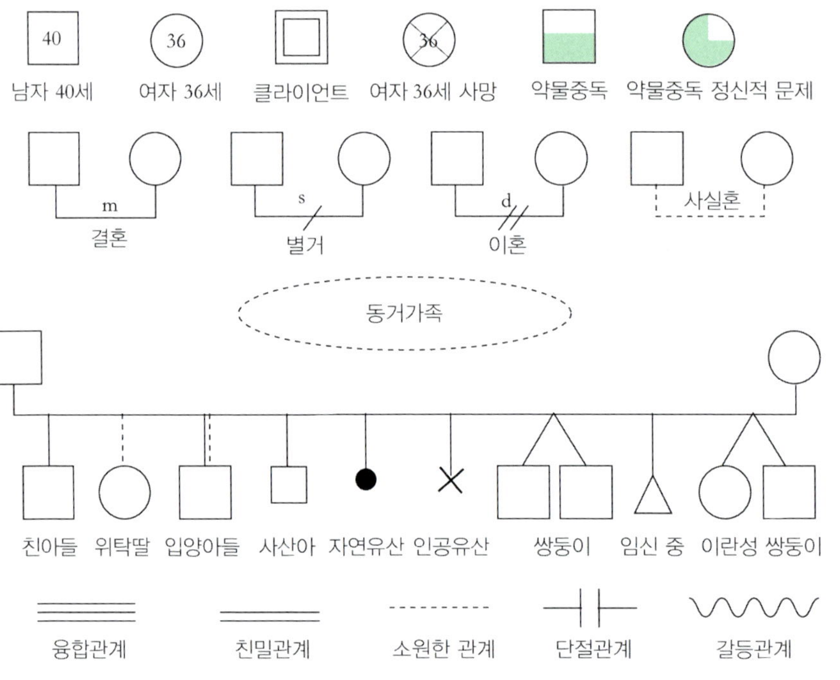

|그림 8-2| 가계도 도식

출처 : McGoldrick, Gerson, & shellenberber(1999), 이효선 · 정푸름(2012) 재구성.

(2) 생태도

생태도는 1975년 앤 하트만(Ann Hartman)이 개발한 평가 도구로, 가족과 그들이 생활하는 공간 내 사람들 또는 기관들과의 연결 관계를 그림 형태로 나타내는 사정 도구이다. 이 도구는 클라이언트와 그를 둘러싼 환경, 그리고 가족과 환경 간의 상호작용을 파악하는 데 유용하다. 특히 생태도는 가족이 외부체계들과 어떤 관계를 맺고 있는지를 선으로 시각화하여, 클라이언트를 생태학적인 관점에서 이해하는 데 도움을 준다(박귀영 외, 2015; 최덕경 외, 2016).

① 생태도의 작성방법

생태도는 가족구성원의 가계도를 먼저 작성하는데, 원을 중앙에 그리며 클라이언트와 그 가족을 표시한다. 다음으로 개인이나 가족의 외부 자원체계를 찾는데, 가족이 상호작용하고 있는 주변 환경체계, 즉 직장, 학교, 친구, 확대가족, 원가족 등을 중심원 주변에 각각 원으로 표시한다.

② 생태도 도식으로 알 수 있는 내용

- 클라이언트 주변 환경에 있는 주요 자원이나 그들 간의 관계
- 클라이언트에게 유용한 자원이나 환경
- 클라이언트에게 스트레스로 작용하는 체계
- 클라이언트와 환경체계 간 자원교환의 정도, 에너지 흐름과 방향, 활성화 자원
- 자원의 양(원의 크기는 양을 나타내기도 하며 동일하게 그리기도 함)

③ 생태도 도식

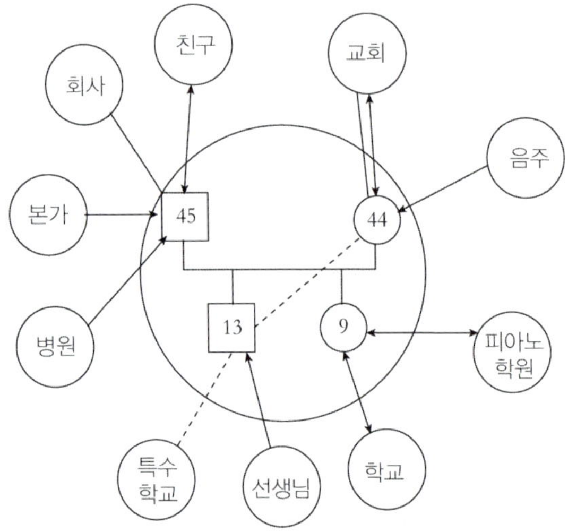

|그림 8-3| 생태도 예

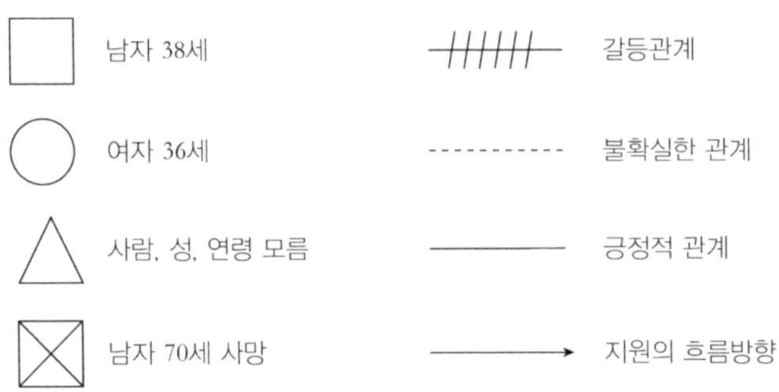

|그림 8-4| 생태도 기호

(3) 사회관계망

① 사회적 관계망 작성방법

클라이언트의 사회적 관계망을 사정하기 위해 사회복지사와 클라이언트가 함께 사회적 관계의 지지 정도와 질 및 지지의 방향과 기관 등을 살펴본다. 다음으로 가족, 친척, 직장이나 학교, 조직, 친구, 이웃, 전문가의 7개

영역에서 사회망 구성원을 찾는다. 그리고 개인과 사회망 구성원들 간의 관계에 대해 질문을 한다. 이때 개인과 사회망 구성원들 간의 관계에 대한 질문 시 물질적 지지, 정서적 지지, 정보나 조언, 비판, 친밀감, 접촉빈도, 알고 지낸 기간 등을 기록한다.

② 사회적 관계망 도표

<표 8-2> 사회적 관계망 도표

	생활영역	물질적 지지	정서적 지지	정보/조언	도움방향	비판	친밀도	접촉빈도	알고 지낸 기간
지지 제공자	① 가족 ② 친척 ③ 직장/학교 ④ 조직 ⑤ 친구 ⑥ 이웃 ⑦ 전문가	① 거의 없다 ② 가끔 ③ 자주	① 거의 없다 ② 가끔 ③ 자주	① 거의 없다 ② 가끔 ③ 자주	① 양방향 ② 내가 그에게 ③ 그가 나에게	① 거의 없다 ② 가끔 ③ 자주	① 양방향 ② 내가 그에게 ③ 그가 나에게	① 매일 ② 매주 ③ 한 달에 한 번 ④ 1년에 서너 번	① 1년 미만 ② 1~3년 ③ 3~5년 ④ 5년 이상
엄마	①	②	①	②	③	③	②	①	④
이모	②	①	①	②	③	②	③	③	④
친구(○○○)									
친구(○○○)									
선생님									
사회복지사									

출처 : 이재선 외(2016) 재구성.

(4) 생활력 도표(Life Chronology)

생활력 도표는 클라이언트가 사는 동안 겪은 사건이나 문제의 변화를 시간의 흐름에 따라 표로 작성하여 클라이언트의 생애 과정을 사정하는 도구이다. 생활력 도표를 통해 사건이나 문제의 발생시점과 그 관계를 파악할 수 있다.

<표 8-3> 생활력 도표

클라이언트 : 최OO(여 36세) 2017년 8월

연 도	연 령	장 소	가족상황	주요 사건	문 제
1982	1	천안	본인	미숙아로 태어남	황달이 심함
1992	10	천안	본인	엄마 가출	초등학교 무단결석
2000	18	서울	본인	동거	첫아이 출산
2002	20	서울	본인	동거남 가출	생활고
2004	22	아산	본인	둘째 아이 출산	아이 아빠 없음
2006	24	서울	둘째 아이	교통사고	장기입원
2010	28	서울	본인	동거 시작	동거남의 아이들과 갈등
2012	30	서울	본인	가정폭력	우울증
2014	32	서울	본인	첫아이 가출	자살시도

(5) 가족조각

가족조각은 경험적 가족치료에서 활용되는 기법으로, 가족구성원들이 자신의 가족을 물리적인 공간에 배치하도록 하여 가족 간 상호작용의 모습을 시각적으로 표현하게 한다. 이를 통해 가족구성원 간의 관계와 역동을 드러내고, 가족에 대한 이해를 돕는 데 목적이 있다.

가족조각의 유용성은 가족조각을 통해 가족구성원의 역기능적인 연합을 보여주고 관계를 재조정해야 함을 인식시켜 주는 것이다. 가족조각을 수행한 후 사회복지사는 가족구성원에게 원하는 가족의 모습을 다시 재조각하도록 하여 '가족이 앞으로 이렇게 변화 가능하다면 어떻게 하고 싶으세요?' 라는 질문을 통해 향후 인식한 문제적 가족관계를 어떻게 변화시킬 것인지에 대한 목표를 세우게 된다.

(6) 소시오그램

소시오그램은 집단 내 구성원들 간의 상호작용을 상징 기호로 시각화한 그림으로, 루마니아 출신 미국의 정신병리학자이자 심리학자인 사이코드라마의 창시자 야콥 모레노(Jacob Moreno)가 집단 내에서 구성원을 이끄는 힘과 배척의 양상을 체계화하여 이론화한 것이다.

① 소시오그램 작성방법

도표를 상・하단으로 구분하여 상단에 있는 구성원이 비공식적으로 지위수준이 높다고 볼 수 있으며, 하단에 있는 구성원은 낮은 지위를 가지고 있다고 보면 된다. 서로 가까운 구성원은 가깝게 표시하며, 관계가 소원한 구성원끼리는 멀리 두고 그려서 호감도의 강도를 표현한다.

실선은 호감을, 점선은 무관심을, 끊어진 선은 불편한 관계를 의미하며 화살표가 선호의 방향을 나타낸다. 관계의 강도나 거부를 나타내기 위해 다른 색으로 선을 그리기도 한다.

일반적으로 소시오그램(Sociogram)에서 남자는 △로 표시하지만 일부는 ㅁ로 표시하기도 한다. 또한 남녀 구분 없이 ○로 표시하는 경우도 있다.

이렇듯 소시오그램을 통해서 알 수 있는 정보는 집단 구성원의 성별, 구성원들 간의 친화력과 반감의 방향, 하위집단의 형성 여부, 소외된 성원이 있는지의 여부, 결속의 강도 등이다.

② 소시오그램 도식

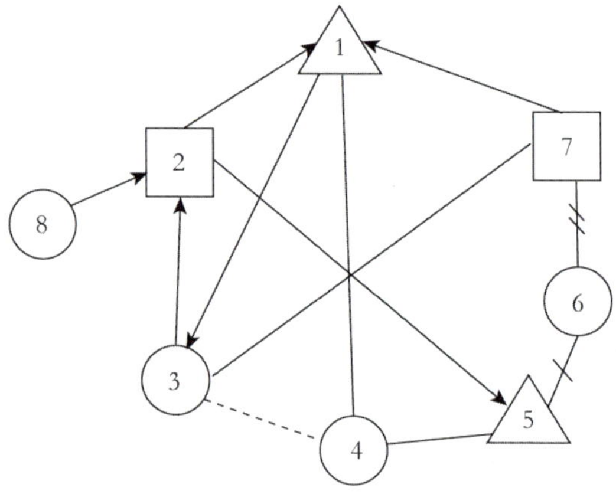

|그림 8-5| 소시오그램 예

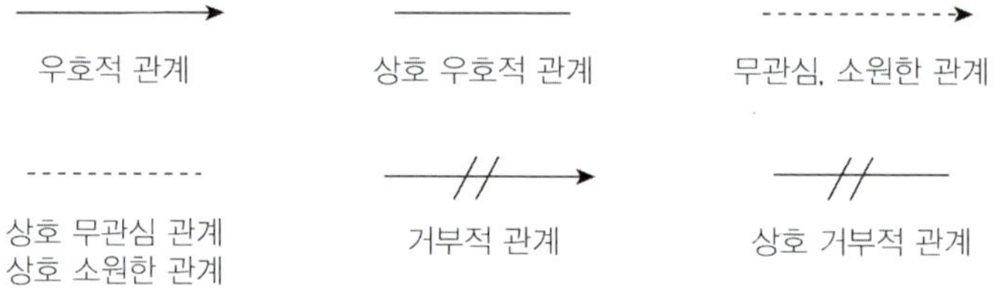

|그림 8-6| 소시오그램 기호

3. 계획수립

접수와 자료수집, 사정과정 다음은 계획수립단계이다. 계획수립단계는 클라이언트의 문제를 해결하기 위한 계획을 수립하는 단계이며, 크게 목표 설정하기와 계약하기 두 가지 활동으로 구분할 수 있다. 목표를 선정하기 위해서는 표적문제를 선정해야 하고, 다음은 개입목표를 설정해야 한다. 따라서 계획수립단계는 우선 표적문제 선정하기, 개입목표 선정하기, 계약하기 순으로 활동이 이루어진다고 볼 수 있다.

1) 표적문제 선정하기

표적문제란 클라이언트가 직면한 여러 문제 중에서 가장 먼저 해결해야 할 핵심 과제를 말한다. 그리고 모든 문제를 동시에 해결할 수 없기 때문에, 개입목표를 세우기 전에 반드시 다음과 같은 기준에 따라 두세 가지 이내로 선정해야 한다. 선정한 표적문제는 클라이언트가 쉽게 이해할 수 있는 표현으로 기술해야 하며, 사회복지사와 클라이언트가 함께 협의하여 결정해야만 한다.

표적문제를 선정하기 위한 지침과 절차를 살펴보면 다음과 같다. 첫째, 클라이언트가 중요하다고 인식하고 있고 시급히 해결이 필요하다고 원하는 문제를 첫째로 고려하여야 한다. 둘째, 문제 수는 현실적인 시간과 자원 제약을 감안하여 두세 가지 이내에서 선정하는 것이 좋다. 셋째, 사회복지사의 전문지식 기술과 클라이언트의 관점을 모두 반영하여 선택해야 한다. 넷째, 우선순위를 결정할 때는 다음과 같은 사항을 고려해야만 한다.

- 긴급성·위험성 : 개입하지 않으면 더 큰 문제가 될 가능성
- 생활기능장애 정도 : 일상생활에 미치는 부정적 영향의 크기
- 해결 용이성 : 바라는 결과를 달성하는 데 비교적 간단히 개입할 수 있는 문제
- 빠른 진전 가능성 : 단기간 내 의미 있는 변화를 기대할 수 있는 과제
- 핵심성 : 다양한 문제 가운데 해결 시 다른 문제들이 연쇄적으로 완화될 수 있는 중심 이슈
- 서비스 비용 : 시간과 비용, 에너지 투입 대비 효과성

- 윤리적 타당성 : 개입과정에서 윤리적 문제의 유무
- 효과 유지 가능성 : 개입 후 긍정적 변화가 오래 지속될지의 유무
- 손익비교 : 기대 성과를 가져올 이득이 잠재적 손실보다 클지의 유무

2) 개입목표와 목적 설정하기

개입목표는 '문제가 해결된 상태' 또는 '개입을 통해 일어나기를 바라는 변화'를 목표로 설정하는 것이며, 이 목표는 사정단계 직후에 수립되어야 한다. 즉, 문제의 본질과 우선순위가 충분히 규명된 이후에 현실적으로 측정 가능한 목표를 설정해야 함을 의미한다. 왜냐하면 사정이 끝나기 전까지는 목표가 모호할 수 있으며 과도하게 이상적일 수 있기 때문에 진단결과를 토대로 하여 시기와 범위를 분명히 해야만 한다. 개입목표 설정 시 유의할 점은 클라이언트가 원하는 결과와 관련성이 깊어야 하며 측정 가능한 용어로 표현되어야 한다. 또한 목표는 현실적으로 달성 가능한 수준으로 설정되어야 하고, 사회복지사의 지식과 기술범위 내에서 다룰 수 있는 것이어야 하며, 성장지향적이며 긍정적인 표현으로 기술해야 한다.

<표 8-4>

구 분	성장지향적인 개입목표	문제해결중심적 개입목표
특성	• 클라이언트의 잠재력과 강점을 개발하고 성장을 촉진하는 목표	• 당면한 문제를 제거하거나 통제하는 데 초점을 둔 목표
예시 1	• 클라이언트가 스스로 인식하고 긍정적으로 표현할 수 있도록 한다.	• 클라이언트가 부정적인 자기 비난 발언을 줄이도록 한다.
예시 2	• 클라이언트가 지역 커뮤니티 모임에 참여하여 새로운 친구를 2명 이상 만들도록 지원한다.	• 클라이언트가 외로움을 느끼는 빈도를 줄이도록 한다.

사회복지사는 자신의 가치나 권리에 맞지 않는 것은 동의하지 않으며, 목표는 기관의 기능과도 일치해야 한다. 다음으로 목적은 목표보다 더 광범위하고 추상적인 개념으로, 사회복지사와 클라이언트의 노력이 궁극적으로 향하고 있는 바람직한 결말로 문제가 해결된 상태, 즉 개입을 통해 일어나기를 바라는 변화를 의미한다. 목표는 목적을 세분화한 것으로 목적보다는 단기적이며 구체적인 내용이다. 구체적인 시간, 날짜, 횟수 등의 언급을 통해 구체화된 목표설정이 중요하다.

<표 8-5>

장기목표	단기목표
학교사회복지 : 학교생활에 긍정적으로 적응하고 또래와 원활한 관계를 형성	• 4주 이내 담임교사에게 주 1회 인사를 시도한다. • 6주 이내 친구에게 먼저 대화를 2회 시도한다. • 2개월 내 자신의 장점을 세 가지 이상 작성해 상담시간에 공유한다.
노인복지 : 어르신이 지역사회 내에서 사회적 관계를 유지하고 고립을 예방	• 4주 이내 경로당 프로그램에 1회 참여한다. • 8주 이내 이웃주민과 2회 이상 대화를 나눈다. • 2개월 이내 자조모임활동에 1회 이상 참석한다.
사회복지정책 : 국민의 삶의 질 향상	• 국민의 최소한 소득을 보장받는 것

3) 계약하기

(1) 계약의 개념과 기능

목표가 설정되면 서로의 의무와 과업, 구체적 실천활동을 상호 약속하는 계약단계로 들어간다. 계약(contract)이란 목표달성과 그것을 달성하기 위한 전략, 역할, 개입, 평가방법 등을 구체적인 활동용어로 기술한 계획에 대해 사회복지사와 클라이언트가 서로 동의하는 것을 말한다(양옥경 외, 2005). 다시 말해, 계약이란 사회복지실천활동에서 클라이언트와 사회복지사, 그 외

관련 체계가 성취할 목적 및 목표와 이를 달성하기 위한 실천활동을 누가(행동주체), 무엇(과업)을, 언제(시간적 조건), 어떤 방법(실천방법)으로 할 것인지, 그 외 전반적인 운영사항(회합시간, 장소, 비용, 평가)에 대해 구체적으로 계획하여 상호 합의하는 과정을 의미한다(김혜영 외, 2015). 사회복지실천에 있어서의 계약에 대해 콤튼과 갤러웨이(Compton & Galaway, 1984)는 표적문제, 개입의 목표와 전략, 참여자들의 역할과 과업에 대한 사회복지사와 클라이언트 사이의 동의라 하였고, 저메인과 기터만(Germain & Gitterman, 1980)은 원조과정에서의 목표, 과업, 참여자들의 역할, 원조기간 등에 대한 사회복지사와 클라이언트의 명백한 상호 동의라 하였다. 또한 바커(Barker, 1987)는 계약이란 개입과정에서 이행하게 될 목표, 방법, 약속시간, 의무 등에 대한 사회복지사와 클라이언트 간의 서면이나 구두로 이루어지는 동의라고 하였다(남연희 외, 2012). 사회복지실천에서 계약을 중시하는 이유는, 사회복지사와 클라이언트가 일종의 계약관계를 맺고 있으며, 개입활동의 성패가 클라이언트가 자신의 역할과 해야 할 일을 명확히 인식하고 적극적으로 참여하는 데 달려 있기 때문이다. 또한 계약은 클라이언트에게 문제해결과정에서 자신이 수동적인 존재가 아니라 주도적 역할을 수행하며, 사회복지사와 동등한 인격체로 존중받고 있다는 인식을 심어줄 수 있다.

계약은 상호 동의, 참여 양상의 차이, 상호 책임성과 의무, 명확성이라는 특성을 지닌다. 이러한 계약은 클라이언트와 사회복지사 간의 힘의 불균형을 완화하고, 양자 간의 간극을 연결하여 권위를 부여하는 기능을 수행한다(Fox, 1993). 계약은 사회복지실천과정 동안 초점과 지향점을 제공하고, 문제해결을 촉진시키며, 실천목표 및 활동에 대한 계획을 사회복지사와 클라이언트가 분명하게 의사소통하게 하고, 클라이언트-사회복지사 관계에 초점을 유지시키며, 협력을 증가시키기 위한 도구로서의 기능을 한다(Hepworth et al., 2010).

(2) 계약의 형태 및 요소

계약의 형태는 주로 서면계약, 구두계약, 암묵적 계약으로 나눌 수 있다. 이 중 서면계약(written contract)은 가장 공식적인 형태로, 사회복지사, 클라이언트, 그리고 관련 체계 간의 합의와 동의 내용을 명확히 문서로 기록하는 것을 의미한다. 사회복지실천 계획으로 구성된 목적 및 목표, 참여자의 역할과 시간적 조건에 대해 문서자료를 만들어 참여자들이 서명하는 형태로 구성된다. 서면계약의 장점은 개입목표를 명확히 하고, 우선순위를 설정하며, 각자의 역할과 책임을 구체화함으로써 클라이언트와 사회복지사 간의 오해나 갈등을 최소화할 수 있다는 점이다. 자발적이고 적극적인 클라이언트는 물론, 비자발적인 클라이언트라 하더라도 클라이언트에게 분명하지 않은 상태에서 클라이언트 모르게 처리되지 않음을 보장해 준다는 점에서 유용하다. 서면계약의 단점은 계약과정이 복잡하고 문서를 준비하는 시간이 많이 걸리고, 클라이언트가 처벌의 두려움으로 계약에 동의할 위험성이 있으며, 쉽게 개념화된 목표에 집중하면서 복잡하거나 성취하기 어려운 목표를 회피할 가능성이 있다는 점이다. 일부 클라이언트는 서면에 명시된 내용을 사회복지사가 반드시 이행해야 하는 의무로 받아들일 수 있으며, 목표가 달성되지 않을 경우 이를 잘못된 개입(malpractice)으로 간주해 소송을 제기할 가능성도 있다(김혜영 외, 2015; 양옥경 외, 2004; Sheafor et al., 2008). 구두계약(verbal contract)은 모든 목표와 책임을 분명하게 한다는 점에서는 근본적으로 서면계약과 유사하지만 목표와 실천활동, 역할, 시간 등을 서면으로 하는 대신 말로 계약한다는 차이가 있다. 구두계약의 장점은 서면계약보다 실용적이기 때문에 쉽고 편리하며, 계약내용이 유동적이므로 융통성 있게 조정할 수 있어 거부감 없이 이루어질 수 있다는 점이다. 즉, 신속하고 비교적 쉽게 할 수 있으며, 서면서류에 서명하기를 거부하거나 불신감을 가진 클라이언트와 일할 때 유용할 수 있다. 그러나 단점은 서면 계약처럼 합의한 내용의 세부적인 사항을 클라이언트에게 제공하지 않기 때문에 구체적인 내용을 잊어버리거나 공식적이지 않다는 점이다. 따라서 구두계약이라 하더라도 계약내용을 간단히 문서로 남기거나, 클라이언트와 사회복지사 외에도 주변의 주요 인물들에게 그 내용을 공유해 두는 것이 바람직하다. 암묵적 계약(implicit contract)이란 계약내용을 문서화하거나 분명하게 언급하지는 않지만 암묵적으로 개입목표에 대한 합의가 이루어진 것을 의미한다. 가장 비공식적이며, 사회복지현장에서 자주 사용되기도 한다. 그러나 클라이언트가 실제로 동의하지 않은 내용을 오해할 수 있으며, 계약의 모든 조건과 책임을 충분히 이해했다고 전제하지만, 실제로는 그렇지 않을 가능성이 있다는 한계가 있다. 따라서 가능하면 사회복지실천현장에서는 서면계약이나 구두계약을 활용하는 것이 좋다. 계약의 요소에 대해 존슨(Johnson, 1989)은 클라이언트가 합의한 목표와 시간제한, 구체적인 개입기법이 포함된다고 하였고, 헵워스 등(Hepworth et al., 2010)은 성취할 목표, 참여자의 역할, 사용되는 개입방법 및 기법, 시간조건(세션의 빈도와 길이), 과정평가 수단, 계약조정 관련 조항, 비용 등과 관련된 관리사항이 포함되어야 한다고 하였다. 아울러 계약은 실행활동을 위해 계획한 내용을 합의하는 과정으로, 목적과 목표, 행동전략에 관한 사항이 계약의 주요 요소가 되며, 행동전략으로서의 접근방법(개입기법), 참여자의 역할 및 과업, 시간적 조건, 평가방법이 구체적으로 기술되어야 한다.

4. 개 입

개입단계는 사회복지실천과정의 핵심적 단계로서 초기단계에서 설정되었던 개입목표를 달성하기 위한 구체적인 실천기법들이 적용되는 시기이다. 이는 초기단계의 끝 무렵부터 시작해서 실천목표가 어느 정도 달성되기까지의 전체 과정으로 문제해결 단계로 불리기도 한다. 개입과정은 초기단계에서 설정된 목표를 달성하기 위해서 클라이언트와 클라이언트를 둘러싼 주변 환경에 변화를 가져오기 위한 개입활동이 수행되는 시기를 의미한다. 이 단계에서는 사회복지사와 클라이언트가 상호 합의하여 클라이언트의 변화노력을 지원하기 위해 문제해결을 위한 구체적인 변화전략을 수립하고, 사회복지사는 계획대로 문제해결과정이 진행되고 있는지를 끊임없이 점검하면서 잘 될 수 있도록 도와주며, 지지와 환류를 제공한다. 개입과정에서 적용되는 실천기법은 사회복지사의 이론적 배경이나 클라이언트가 호소하는 문제의 성격에 따라 다양하고, 실천이론과 모델의 개입방향에 기초하여 다르게 적용되는데, 클라이언트의 목표달성을 위해 가장 적절한 개입방법을 선택하여 문제해결을 시도하는 것이 바람직하다. 개입단계의 목표는 클라이언트의 욕구충족과 문제해결을 위해 긍정적인 변화를 이끌어 내는 것이다.

1) 개입단계의 사회복지사의 과제

개입단계의 목표를 달성하기 위해 사회복지사가 수행하는 과제는 다음과 같다(엄명용 외, 2011).

첫째, 구체적인 변화전략을 수립해야 한다. 변화전략의 내용은 상담, 지역사회와의 자원연계 및 새로운 자원의 개발, 사회적 지지를 위한 집단활용, 교육, 정보제공, 역할극 등 다양하게 구성할 수 있다.

둘째, 사회복지사는 다양한 개입방법과 기술을 적용하여 클라이언트와 그의 환경체계에 긍정적 변화가 일어나도록 원조해야 한다.

셋째, 사회복지사는 지속적 점검(monitoring)을 통해 클라이언트의 변화 정도를 유지하고 평가하여야 한다.

2) 개입의 원칙

개입단계에서 사회복지사가 염두에 둬야 할 원칙은 다음과 같다(이종복 외, 2006).

첫째, 경제성의 원칙이다. 사회복지실천과정에서 선택된 활동은 사회복지사와 클라이언트의 시간과 비용을 최소화할 수 있는 것이어야 한다. 클라이언트가 스스로 할 수 있는 일은 사회복지사가 관여하지 말아야 하며, 도움이 필요한 일에는 요구되는 도움만을 제공하고, 클라이언트가 혼자서 할 수 없는 일만 사회복지사가 한다.

둘째, 클라이언트의 자기결정의 원칙이다. 개입의 전 과정을 통해 가능하면 클라이언트가 스스로 의사결정을 하도록 해야 한다.

셋째, 개별화의 원칙이다. 도움을 필요로 하는 특정 클라이언트 체계의 특성과 욕구에 맞도록 개입활동을 조정해야 하며, 클라이언트의 능력과 상황에 맞는 접근이 필요하다.

넷째, 발달적합의 원칙이다. 개입의 전체 방향은 클라이언트 체계 발달단계에 적합한 것이어야 한다.

다섯째, 상호 의존성의 원칙이다. 사회복지사 활동의 일부는 클라이언트의 활동에 달려있다. 클라이언트의 활동과 클라이언트의 변화능력을 고려한 후 개입이 출발되어야 한다. 사회복지사와 클라이언트의 활동은 서로에게 의존하고 있으므로 양측의 활동은 상호보완적이어야 한다.

여섯째, 서비스 목표에 초점을 두는 원칙이다. 사회복지사와 클라이언트의 모든 활동은 두 사람이 합의한 계획목표에 부합되어야 한다.

3) 개입의 방법

개입의 방법은 크게 클라이언트에 대한 직접적 개입과 클라이언트의 욕구에 반응하도록 환경을 변화시키는 간접적 개입이 있다.

(1) 직접적 개입

직접적 개입은 클라이언트의 심리 내적인 측면의 욕구나 문제 등에 초점을 두며, 개입을 통하여 클라이언트가 생활에서 필요한 대처능력을 향상시키는 데 그 목적이 있다. 구체적으로 보면 클라이언트 체계가 과업을 수행할 때 지지를 제공하고, 계획된 변화가 일어나도록 클라이언트 체계를 원조하며, 클라이언트 체계가 상호 간 도움을 얻을 기회를 조성하고, 클라이언트 체계에 자원, 문제해결, 행동실행에 관한 교육을 함으로써 클라이언트의 역량을 강화시키는 것이다(Timberlake et al., 2002). 이처럼 개인에 대한 개입활동을 해밀턴(Hamilton, 1940)은 직접치료라고 하였으며, 심리적·내적 측면에 대한 개입이라고 하였다. 일대일 관계를 기반으로 개인의 욕구와 문제해결을 도우려는 개인수준의 직접적 개입의 초점은 변화인데, 주로 클라이언트의 생각, 감정, 행동을 변화시키는 데 있으므로 면접과 상담기술이 필수적이라고 할 수 있다(Zastrow, 1989). 즉, 개인수준의 직접적 개입을 통하여 이와 같은 변화를 일으키려면 치료적 면접의 기술이 필요하다는 것이다. 치료적 면접의 목적은 클라이언트가 변화하도록 돕거나 사회적 환경이 클라이언트의 필요에 보다 적합하게 변화하도록 돕는 것이다. 개인에 대한 개입활동이 필요한 경우는 다음과 같다(엄명용 외, 2006).

첫째, 문제가 주로 클라이언트의 내적·주관적 원인에서 비롯된 경우

둘째, 대인관계에 문제가 있는 경우

셋째, 문제의 초점이 불분명하여 해결에 어려움이 있는 경우

넷째, 위기상황에 처하여 감정이 복잡하고 갈등을 겪고 있는 경우

다섯째, 자원을 이용할 수 있는 클라이언트의 능력이 손상된 경우

그리고 개인에 대한 개입활동은 다음과 같은 범주에 속할 수 있다(엄명용 외, 2006; Johnson, 1986).

첫째, 클라이언트의 사회적 기능을 지원하는 활동

둘째, 클라이언트와 다른 사람의 사회적 기능을 조정하기 위해 취하는 활동

셋째, 관계를 발전시키기 위한 활동

넷째, 상황 속에서 개인에 대한 이해를 가능하게 하기 위한 활동

다섯째, 문제상황을 분석하고 대안을 창안할 수 있게 하는 활동

여섯째, 계획과정에 필요한 활동

일곱째, 클라이언트로 하여금 가능한 자원을 인식하고 이용할 수 있게 해주는 활동

여덟째, 위기상황에서 필요한 활동

직접적 개입에서 공통적인 개입활동으로는 위기반응에서의 행동, 지지적인 행동, 클라이언트가 자원을 활용하도록 하는 활동, 정보 및 의뢰활동 등이 있다. 개인에 대한 개입활동에서는 주로 개인의 문제가 대개 내외부로부터의 스트레스에 대한 대처능력의 부족에서 비롯된다는 가정에서 출발한다(전재일 외, 2016). 따라서 클라이언트 스스로 문제를 해결할 수 있도록 문제해결능력을 향상시키며, 미래의 위기를 막기 위한 적절한 방법을 개발하기 위해 의사소통기술을 사용하고, 바람직하지 않은 행동, 사고 또는 감정을 변화시키기 위해 행동변화기술 등을 사용한다. 이러한 기술들은 문제가 되는 클라이언트의 사고와 감정 및 행동을 변화시키는 기법으로 활용된

다. 또한 클라이언트가 자신 또는 상황에 대한 이해를 명료화하고 객관화하며, 통제력을 갖도록 도움으로써 클라이언트의 변화를 이끌어 낸다(엄명용 외, 2006). 사회복지실천현장에서 직접적 개입활동으로 다양한 기술이 활용되는데, 특히 클라이언트의 대처능력을 증강시키기 위해서는 강점관점에서 클라이언트가 필요로 하는 대처기술 계발에 기술훈련프로그램이 자주 활용된다. 헵워스, 루니, 그리고 라슨(Hepworth, Roony, & Larsen, 2002)은 이러한 기술훈련프로그램의 주내용으로 문제해결기술, 사회기술, 자기주장, 스트레스 관리 등을 꼽았다(김기태 외, 2012). 그 외에도 클라이언트를 위한 직접적 개입활동에는 의사소통기술, 행동변화기술 등이 포함된다.

① 문제해결기술

문제해결기술은 일상생활에서 발생하는 여러 문제에 대처하는 능력이 부족하여 어려움을 겪고 있는 클라이언트에게 좀 더 나은 수준의 기능을 하도록 체계적으로 도와주며, 하나의 원칙을 여러 상황에 적용할 수 있게 한다. 클라이언트는 자신의 문제해결을 위해 체계적으로 접근하는 방법을 배우는 과정에서 사회복지사와의 관계를 통해 타인의 욕구에 반응하고 타인의 입장을 이해하며 그들과 협력하는 과정을 배우게 된다. 문제해결을 돕는 원조과정에서 클라이언트는 합리적인 의사결정 방법을 익혀 충동적이고 비합리적인 결정을 내리지 않게 되고, 해결되지 못한 문제로 인한 스트레스나 역기능적 행동을 감소할 수 있게 된다. 그리고 클라이언트가 실제 생활로 전환할 수 있는 기술을 점차 습득해 감에 따라 사회복지사에 대한 의존도는 점차 줄고 자신감, 자기효능감, 그리고 자존감을 향상시키는 결과를 가져오게 된다.

성공적인 결과를 얻기 위해서 사회복지사가 지켜야 할 지침은 다음과 같다(Hepworth et al., 2002, 김혜영 외, 2015 재인용).

첫째, 관련된 문제를 구체화시키고 문제를 자세하게 언급한다.

둘째, 과거의 어려움보다 현재의 문제에 초점을 둔다.

셋째, 한 번에 한 가지 문제에만 초점을 맞춘다.

넷째, 개인의 문제를 나눌 때에는 경청한다.

다섯째, 문제를 긍정적이고 건설적인 방법으로 재구조화한다.

② 사회기술훈련

사회기술훈련(SST : Social Skills Training)은 클라이언트가 자신이 속한 환경 속에서 순기능을 하는 데 필요한 다양한 기술 습득에 도움이 된다. 사회기술들은 실천현장과 대상에 따라 그 내용을 달리하기는 하지만 일반적으로 예방과 교정을 위한 폭넓고 다양한 기술을 가르친다. 따라서 사회기술훈련은 클라이언트에게 현재의 환경 속에서 기대되는 역할 수행이나 관계문제, 그리고 생활주기상의 문제에 효과적으로 기능하도록 필요한 기술을 습득할 수 있는 기회를 제공한다.

③ 자기주장훈련

자기주장훈련(AT : Assertiveness Training)은 타인과의 관계에서 클라이언트 자신이 긍정적인 주장이나 부정적인 주장을 원활히 할 수 있도록 훈련을 시키는 행동치료의 일종인데, 스스로 행동을 변화시켜서 자신에 대한 태도와 감정을 변화시키는 것을 말한다. 역기능적 대응방식과는 상반되게 자기주장훈련은 타인의 권리와 감정을 존중하면서 구체적인 행동요소를 표현하는 것으로 다른 사람과 깊이 있는 의사소통을 하는 방법, 삶에 적극적으로 대처하는 방법, 그리고 자기 자신을 이겨내는 방법 등을 알려준다. 특히 가정폭력피해자나 가해자를 위한 프로그램 등에서는 그 효과가 큰 것으로 나타났다.

④ 스트레스 관리기술

스트레스 관리는 특히 만성 스트레스 수준을 통제하는 것을 목표로 하는 기법과 심리요법으로, 목적은 일상의 기능을 개선하는 것이다. 즉, 스트레스가 많은 상황에 대해 클라이언트의 생체학적·인지적·지각적·행동적 요소가 어떻게 반응하는지에 대한 구체적인 기술을 의미한다. 과도한 불안이나 분노로 스트레스 상황에서 고통받는 클라이언트에게 광범위하게 활용될 수 있는데, 특히 긴장완화훈련은 스트레스로 인해 신체적 증상이 있을 때 심호흡과 근육이완 운동이 효과적이다.

⑤ 의사소통기술

의사소통기술은 관계형성의 기술이기도 하다. 사회복지사와 클라이언트 사이에 변화를 가져올 수 있는 대화기술을 의미하는데, 구체적으로는 클라이언트의 감정과 사고에 대한 개입에 초점이 맞추어진다. 즉, 클라이언트의 정서적 안정과 인지구조의 변화, 클라이언트 자신과 문제상황, 자원 등에 대한 상황인식능력의 향상이 그 내용이다(엄명용 외, 2014).

가. 정서적 안정

정서적 인정이란 낙담, 좌절, 의기소침과 무기력, 자신감 결여 등의 심리적 상태를 건강하고 자신감 있는 상태로 회복시키고 불안, 분노, 죄의식 등의 불합리하고 불건전한 정서를 적절히 해소하도록 도와 자아기능을 회복시키는 것을 말한다. 사회복지사가 사용할 수 있는 기술로는 격려, 재보증, 일반화와 환기법 등이 있다.

격려(encouragement)란 클라이언트의 문제해결능력을 향상시키려는 기법의 하나로, 클라이언트의 행동, 태도, 감정을 칭찬하거나 인정해 주는 언어적 표현이다. 이 기술은 클라이언트의 가능성에 대한 확신을 표현하는 사회복지사의 진술형태를 띠고 있으며, 클라이언트의 강점을 인정하고 지지하는 수단이 된다. 재보증(reassurance)이란 클라이언트의 능력에 대해 사회복지사가 신뢰를 표현함으로써 클라이언트를 안심시키는 것으로, 합리적이고 현실적인 생각과 결정에 대해 클라이언트가 의구심을 가지고 있을 때 사용한다. 이 기술은 클라이언트가 실제로 현실적이며 건전하게, 그리고 사회적으로 수용될 수 있는 결정과 사고방식, 느낌을 가지고 있음에도 불구하고 자신을 믿지 못하거나 합리적인 결정에 대해 의구심을 갖는 클라이언트에게 효과적으로 적용된다. 일반화(universalization)는 클라이언트가 자신만 이런 문제를 겪고 있다고 괴로워하는 것에 대해 클라이언트와 비슷한 상황에 놓인 다른 사람들도 동일하거나 거의 같다고 말해줌으로써 클라이언트가 다른 사람에 대해 가질 수 있는 이질감, 일탈감, 소외감 등을 해소하고, 자신에 대한 신뢰감과 자신감을 회복시키기 위해 사용되는 기술이다. 환기법(ventilation)이란 클라이언트의 문제 또는 억압되어 있는 감정, 특히 부정적인 감정인 분노, 증오, 슬픔, 죄의식, 불안 등이 문제해결을 방해하거나 감정 자체가 문제가 되는 경우 이를 표출하도록 하여 감정의 강도를 약화하거나 해소하는 기술이다.

나. 인지구조의 변화

인지구조의 변화란 클라이언트의 왜곡되거나 부정적인 사고구조를 변화시켜 자신과 상황을 좀 더 현실적으로 인식하도록 돕는 것이다. 주로 초점화, 직면, 재명명 기법 등이 쓰인다.

초점화(focusing)란 클라이언트가 자신의 문제를 언어로 표현할 때 혼돈되거나 산만한 것을 점검해 주고 내용이 모호할 때 클라이언트의 논의 속에 감추어진 선입견, 가정, 혼란된 개념 등이 드러나도록 도와주는 기술을 말한다. 직면(confrontation)이란 도전(challenge)이라고도 불리는데, 주로 클라이언트가 자신의 문제를 부정하거나 회피하고 합리화하여 변화를 거부하고 개입을 피하려고 할 때 사용되는 기술이다. 이 기술은 특히 클라이언트의 사고나 행동 중에서 변화에 장애가 되는 부분에 대한 인식력을 향상시키기 위해 사용된다. 재명명(reframing)이란 어떤 문제에 대해 클라이언트가 부여하는 의미를 수정해 줌으로써 클라이언트의 시각을 긍정적인 방향으로 변화시키려는 전략이다.

다. 상황인식능력의 향상

상황인식능력의 향상이란 클라이언트 자신의 정서상태와 인지구조 및 행동, 문제와 이를 둘러싼 상황, 동원 가능한 자원에 대한 클라이언트의 통찰력을 높이는 것을 말한다(김융일 외, 1995). 사용되는 기술로는 정보제공과 조언 등이 있다.

정보제공(informing)이란 의사결정이나 과업수행에 필요한 정보를 제공하는 것을 말한다. 즉, 클라이언트가 결정을 내리고 과제를 수행하는 데 필요한 정보를 제공하는 기술이다. 정보제공에서 중요한 것은 제공되는 정보의 사용 여부가 클라이언트의 자유의사에 달려있다는 것을 클라이언트가 느끼도록 분위기를 조성하는 것으로, 사회복지사는 특히 클라이언트의 현재 심리상태를 고려한 후 정보를 제공하는 것과 클라이언트의 교육수준에 맞게 정보를 제공하는 것 등에 주의해야 한다. 또한 클라이언트가 정보를 수용할 준비나 의지가 있는지 확인 후 정보를 제공해야 하며, 이해 정도를 확인해 볼 필요가 있다. 조언이란 사회복지사가 클라이언트에게 해야 할 것을 추천하거나 제안하는 것을 말한다. 조언이 적당하다고 느끼면 클라이언트는 사회복지사의 선호를 분명히 알아차릴 수가 있으며, 조언은 반드시 클라이언트가 요구할 때 주어야 한다. 조언을 주는 것에는 많은 함정이 있으므로 이 기술을 사용할 때는 매우 신중해야 한다(김혜영 외, 2015).

⑥ 행동변화기술

클라이언트의 행동을 변화시키는 것이 목적일 때 사용하는 기술들은 주로 행동수정이론에 기초하고 있다. 행동결과의 조작기법은 바람직한 행동을 새로 형성하는 경우에는 강화, 그리고 문제행동을 제거하고자 하는 경우에는 벌 또는 소거가 대표적이다.

강화(reinforcement)란 특정한 행동이 보상을 받으면 그 행동이 다시 일어나기 쉽다는 원리에서 사용하는 것이며, 처벌(punishment)이란 특정한 행동이 불유쾌한 결과를 초래하면 그 행동은 약화되거나 없어진다는 원리에서 도입된 것이다. 한편 소거(extinction)는 벌을 사용하는 대신 특정 행동에 대한 강화를 해주지 않음으로써 자연스럽게 그 행동이 소멸되도록 하는 것이다(엄명용 외, 2006).

행동변화의 또 다른 기술로는 모델링(modeling), 토큰(token)강화, 행동시연(behavior rehearsal) 등이 있다.

모델링이란 타인이 하는 행동을 보고 그대로 모방하도록 하는 방법으로 복잡하거나 새로운 행동을 가르치는 데 사용하는 기술이다. 클라이언트에게 이 기법을 적용하여 의도하는 행동을 학습시키기 위해 비디오테이프 같은 자료 등을 활용하기도 한다. 토큰강화(토큰경제)에서는 표적행동이 정해지며, 그 행동발생에 대한 유관으로 토큰을 지급한다. 토큰은 나중에 정해진 교환율로 토큰강화물과 교환할 수 있다. 토큰강화는 클라이언트의 바람직한 행동을 강화하는 것을 목적으로 하며, 행동이 일어난 즉시 제공할 수 있고, 모은 토큰을 통해 자신의 행동이 개선되고 있다는 사실을 알게 됨으로써 동기유발 효과가 크다는 장점이 있다. 행동시연은 주어진 문제상황을 어떻게 다룰지 반복적으로 미리 연습하는 것을 말한다. 클라이언트가 특정 상황에 놓이게 될 경우 그 상황에 맞추어 다른 사람과의 상호작용에서 적절한 행동을 할 수 있도록 미리 준비하여 연습시키는 기법이다(김혜영 외, 2015).

(2) 간접적 개입

간접적 개입은 클라이언트의 행동, 인지, 정서 등에 직접 개입하는 것은 아니지만, 클라이언트를 둘러싼 환경체계에 개입함으로써 클라이언트의 문제를 해결하는 데 긍정적인 도움을 제공한다(Sheafor et al., 2002). 즉, 클라이언트의 사회적 기능을 향상하기 위해 환경의 변화를 시도하는 전략이다(엄명용 외, 2014).

사회복지사는 클라이언트를 원조하기 위해 클라이언트 이외의 개인, 집단, 가족, 조직 또는 지역사회 등 클라이언트의 환경에 대한 개입으로 사회적 지지체계의 개발, 서비스 조정 및 프로그램 개발, 클라이언트를 위한 옹호활동과 같은 간접적 개입활동을 수행하는데(김혜영 외, 2015), 목표달성에 필요하다고 믿을 때만 수행할 수 있다.

간접적 개입을 선택할 경우 사회복지사는 환경변화를 위한 개입, 영향력 있는 인사들과의 관여활동, 서비스 조정, 조직체 내부 변화를 위한 활동, 옹호활동 등의 구체적 전략을 통해 보다 세부적인 활동을 추구할 수 있다(남연희 외, 2012). 사회복지사는 클라이언트를 적극적으로 원조과정에 참여시키고 변화하도록 돕기 위하여 관련 체계들을 관리할 수 있는 전문적인 기술이 필요하다. 간접적 개입은 환경에 대한 개입활동과 기술을 포함한다.

① 서비스 조정

서비스 조정(service coordination)은 클라이언트(개인이나 가족)에게 초점이 맞추어지거나 또는 특정 범주에 속한 사람들에게 맞추어질 수도 있다. 조정이 효과적이려면 바람직한 목표를 향해 공동의 작업을 한다는 마음가짐이 있어야 한다.

조정에서는 클라이언트에게 서비스를 제공할 때 서비스 간 조정을 하는 것이 서로에게 이롭다는 것을 관련된 모든 사람들이 이해할 수 있도록 하는 것이 중요한 요소이므로, 생산적인 관계를 위해서는 개방적인 상호교환과 만족감이 보장되도록 해야 한다(Johnson, 1989). 사회복지사는 조정에 관여하는 여러 전문직들 간의 차이점을 이해하는 것이 중요하며, 이들 사이에 있을 수 있는 잠재적 긴장감을 알고 균형성을 유지하는 데 초점을 두어야 한다. 이러한 점에서 조정에서의 의사소통은 무엇보다 중요한 부분임을 간과할 수 없다. 서비스 조정 중에도 최근 관심을 받고 있는 중요한 접근은 사례관리(case management)와 연계망 형성(networking)이다. 이 중 사례관리는 서비스를 전달하기 위한 조정접근으로서, 특히 아동복지 영역이나 만성정신장애인 대상의 정신보건 영역, 장애인복지 및 노년학 등에서 그 유용성을 인정받고 있다(김기태 외, 2012).

② 프로그램 계획 및 개발

클라이언트의 욕구를 충족시켜야 하지만 재정적인 문제 등으로 필요한 자원이 제공되지 않고 있음을 발견할 때, 사회복지사는 자원봉사자나 자조집단과 같은 새로운 자원이나 프로그램을 계획하고 발전시켜 나가야 한다. 자원봉사 프로그램은 자원봉사자들을 모집하고 선발한 후 이들을 적합한 업무에 배치시키고 훈련하며, 지도・감독하는 일을 포함한다. 자조집단 프로그램을 운영하는 것은 현대사회에서 소외되고 고립되기 쉬운 개인들이 유사한 상황이나 문제로 고통을 겪고 있을 때 자발적으로 서로 지지하고 상호부조할 수 있도록 클라이언트를 조직・연결하는 것이다. 새로운 프로그램은 기관 내에서 계획될 수도 있고 지역사회 차원에서 추진될 수도 있다. 지역사회 내에서 프로그램을 개발하기 위해서는 지역사회 주민들에게 관련 정보를 제공함으로써 문제를 인식시키고 욕구조사를 통해 지역주민들의 욕구는 물론 프로그램 개발의 필요성과 방향을 포괄할 수도 있어야 한다(김혜영 외, 2015).

③ 환경조정

존슨과 얀카(Johnson & Yanca, 2007)는 환경조정(environment manipulation)을 클라이언트의 사회적 기능을 향상시키는 수단으로, 클라이언트의 환경에 변화를 일으키는 전략이며, 공간, 시간, 관계라는 환경의 세 가지 요소가 변화대상의 초점이 된다고 하였다. 헵워스와 라슨(Hepworth & Larsen, 1993)은 환경을 개선시키기 위한 개입의 구체적 전략들을 제시하였는데, 요약하면 다음과 같다(남연희 외, 2012).

- 가정 내 관계의 증진
- 가족환경 내 자원의 보충
- 지지체계의 개발과 강화
- 클라이언트를 다른 환경으로 이동시킴
- 시설환경의 개선
- 지역사회 환경의 활용
- 새로운 자원의 개발
- 해석을 통한 태도 변화
- 대중매체의 활용

④ 옹호

클라이언트의 욕구충족을 방해하는 원인은 다양하다. 사회복지사들은 사회환경, 즉 사회제도와도 관련이 있음을 인식하고 사회제도의 변화에 관심을 가져야 한다. 옹호(advocacy)는 클라이언트의 생활, 지역사회, 그리고 서비스에 있어서 그 자신의 통제와 관여를 증진시키려는 사회복지실천의 다른 중요한 요소이다. 옹호활동은 사회복지를 다른 전문직과 차별화해 주는 것으로서 전통적으로 매우 높게 평가된 활동이며, 의사결정자에게 설득이나 강제력을 동원해 개인이나 집단의 영향력을 행사하는 것이다. 클라이언트는 상대적으로 사회 내에서 약자인 경우가 많기 때문에 사회복지정책이나 절차, 서비스에 있어서 불리하게 적용될 가능성이 크다. 따라서 옹호활동은 의사결정의 유형을 변화시킴으로써 클라이언트의 권익을 보호하는 특정한 결정이 내려질 수 있도록 하는 것이다(McCormick, 1970).

콤튼과 갤러웨이(Compton & Gallaway, 1989)는 옹호내용의 결정주체를 사회복지사, 사회복지사와 클라이언트의 공동계획, 그리고 클라이언트의 세 가지로 나누었다. 옹호활동에서 사회복지사는 자기결정권(self-determination)을 주의 깊게 살펴야 한다. 때로는 클라이언트 스스로 결정하도록 하는 것도 중요하다는 것이 클라이언트의 자기결정권 주장인데, 결국 클라이언트의 능력과 상황, 문제의 성격을 고려해서 결단을 내려야 할 것이다.

옹호활동은 두 가지 접근법으로 전개될 수 있다. 첫째, 정치과정에 영향력을 행사하는 방법이며, 둘째, 문제 영향력하에 있는 사람들을 조직해서 사회행동을 추진하는 것이다.

옹호활동을 진행하기 전 사회복지사에게 상황에 대한 총체적 사정은 필수적이며, 이 과정에서 난관을 줄여나갈 다른 대안은 없는지, 옹호활동의 결과로 발생할 수 있는 잠재적 위험요인은 무엇인지, 활동을 완수하는 데 필요한 자원은 확보되었는지 등을 충분히 검토하여야 한다. 모든 정황에 대한 파악이 끝나면 사회복지사는 정치체계에 영향력을 행사할 것인지 아니면 문제와 연관된 사람들을 조직할 것인지를 결정할 수 있다(김기태 외, 2012).

⑤ 점검

사회복지실천과정 중 중간단계에서 해야 할 활동 중의 하나는 개입활동의 전개과정이 설정된 목표에 비추어 볼 때 올바른 것인가의 여부를 점검(monitoring)하는 것이다. 개입 초기단계에서 맺은 계약은 문제의 우선순위와 목표, 그리고 사회복지사와 클라이언트의 개입활동의 구체적인 내용을 포함하고 있다. 그러나 이러한 계약내용은 개입활동이 진전되는 과정에서 클라이언트 자신이나 주변 환경의 변화에 따라 달라질 수 있는데, 이러한 변화를 감지하고 적절히 대처하기 위해서는 진전과정에 대한 끊임없는 점검과 지속적인 평가가 요구된다(엄명용 외, 2006). 헵워스와 라슨(Hepworth & Larsen, 1993)은 점검의 목적에 대해 다음과 같이 설명하고 있다.

첫째, 점검은 개입전략의 효과성을 평가하기 위한 것으로, 만약 개입결과 예상한 효과가 나타나지 않는다면 사회복지사는 그 원인을 찾아내어 제거하거나 대안을 강구해야 한다.

둘째, 점검은 개입전략의 효율성을 평가하기 위한 것으로, 목표를 달성하려는 클라이언트의 노력을 평가하여 개입활동의 초점을 지속시켜야 한다.

셋째, 점검은 개입의 진전과정에 있을 수 있는 장애요인을 발견하여 대처하기 위한 것으로, 점검을 통해 클라이언트의 반응을 평가하여 진전이 부진할 때 클라이언트가 보이는 부정적인 태도와 정서에 즉각적으로 대처해야 한다.

넷째, 점검을 통해 개입효과를 지속적으로 평가하여 원조과정에 대한 클라이언트의 동기와 자신감을 고양시킨다.

결국 점검은 이미 수립된 개입계획이 차질 없이 수행되도록 하는 것인 동시에 변화나 문제가 생기면 이를 클라이언트의 최선의 이익이라는 원칙하에 계획을 수정할 수 있는 융통성을 발휘하기 위한 것이라 할 수 있다.

5. 종결 및 평가

종결은 개인, 집단, 가족과의 실천 모두에서 클라이언트의 문제해결을 위해 함께 노력해 왔던 사회복지사와 클라이언트 간의 원조관계를 끝내는 것을 말하며, 일반적으로 계획된 개입기간이 종료되었거나 개입목적이 달성되었을 때 일어난다. 지금까지 사회복지사와 클라이언트의 합동노력이 원만하게 이루어져 왔다면 원조관계는 정서적인 친밀감과 신뢰로 구성되어 있을 것이다. 클라이언트 입장에서는 지금까지 자신의 일에 관심을 갖고 경청하며 자신과 함께 노력해 왔던 사람, 그리고 믿고 의지할 수 있었던 사람과 헤어지는 것을 의미하고, 사회복지사 입장에서는 지금까지 자신의 도움으로 문제해결 노력을 해왔던 클라이언트가 사회복지사의 도움 없이 혼자 독립적인 생활을 영위할 수 있도록 돕는 이별의 과정이다(엄명용 외, 2006).

사회복지실천에서 발생하는 다양한 상황에서의 종결 사유에 대해 코울세드(김기태 외, 2012; Coulshed, 1991)는 다음과 같이 제시하고 있다.

첫째, 사전에 합의된 목표들이 정해진 기간 내에 성취된 경우

둘째, 클라이언트가 그동안의 원조가 충분했다고 결정한 경우

셋째, 사회복지사가 전근, 이직 등의 사유로 해당 지위를 떠나거나 클라이언트가 타 지역으로 이사한 경우

넷째, 법정 요청이 만료된 경우

다섯째, 기관의 정책이 일정한 시간제한을 둔 경우

여섯째, 지원의 한계상황에 발생했을 경우

일곱째, 시간 부족과 업무 부담감으로 인한 경우

여덟째, 슈퍼바이저의 충고가 있을 경우

아홉째, 타 기관의 영향력으로 인한 경우
열째, 클라이언트가 사망한 경우 등

클라이언트가 긍정적인 성과를 얻은 후 적절한 시점에서 돕는 관계를 끝내는 일은 상당한 기술과 계획이 필요하다. 그 이유는 클라이언트가 종결단계에서 사회복지사와의 관계를 종결하는 것에 대해 불안과 긴장감, 상실의 두려움 등 혼합된 감정을 경험할 수 있기 때문이다(김융일 외, 1995). 종결단계가 잘 이루어지면 이 종결은 클라이언트에게 성취한 사실에 대하여, 그리고 자율성이 증가한 데 대하여 즐거운 감정을 가질 수 있게 하고, 적응 및 성장의 기회를 제공하기도 한다. 하지만 종결의 경험과 그 의미가 무시되거나 잘못 조정되면 지금까지 성취되었던 이득이 상실 또는 감소될 수 있고, 슬픔과 두려움 등으로 장차 좋지 않은 결과를 가져올 수 있다(김기태 외, 2012).

여기에서는 종결의 유형과 종결단계에서의 사회복지사의 과업 위주로 살펴보고자 한다.

1) 종결의 유형

대체로 종결은 계획되거나 그렇지 않은 경우, 클라이언트에 의하거나 사회복지사 측의 사유에 의한 경우, 상호 동의가 되었거나 아니면 어느 한쪽의 일방적 결정에 의해서 일어나는 경우 등으로 분류해서 설명할 수 있다. 헵워스 등(Hepworth et al., 1986)은 종결의 유형을 '계획된 종결'과 '계획되지 않은 종결'로 나누어 설명하고 있는데, 구체적으로 살펴보면 다음과 같다(양옥경 외, 2010; 조학래, 2016)

(1) 계획된 종결

① 목표달성에 성공한 종결

최상의 종결은 클라이언트와 사회복지사가 목표를 달성하였고 충분한 진전이 이루어졌다고 믿거나, 제시된 상황이나 문제에서 벗어났을 때 진행된다. 따라서 개입목표가 정해진 기간 내에 달성되었기 때문에 종결하는 경우는 가장 이상적인 종결유형이다(최해경, 2009). 이러한 경우에도 사회복지사와 클라이언트 관계가 친밀감이 높거나, 개입기간이 길어질수록 종결에 대한 두려움과 관계를 지속시키고 싶은 욕구를 나타낼 수 있다. 따라서 사회복지사는 원조과정의 종결이 다가오면 클라이언트와의 접촉빈도를 조금씩 줄이는 것이 바람직하다. 목적달성에 의한 종결을 하는 경우에도 정서적 반응을 다루는 것은 중요하다.

② 일정 기간만 개입이 제공되는 계획된 종결

일정 기간만 서비스나 개입이 제공되는 계획된 종결은 주로 학기 중이나 실습기간에만 활동하는 실습생의 경우가 해당한다. 이러한 종결은 미리 알려진 것이기 때문에 클라이언트로서는 갑작스럽게 종결하는 것보다 덜 충격이고 이에 대해 대비할 수 있어 종결에 따른 감정을 해소할 시간이 있다. 이러한 점에도 불구하고, 그 기간 내에 문제가 해결되지 않았을 때 클라이언트는 원조과정 중에 서비스가 중단되었다고 생각할 수 있다. 사회복지사도 종결에 대한 감정처리와 함께 클라이언트의 다루지 못했거나 해결하지 못한 문제를 해결하기 위해 다른 기관으로 의뢰해야 하는 등 이중부담이 생길 수 있다. 이런 경우 사회복지사는 기관의 특성으로 인한 한계를 클라이언트에게 잘 설명하여 신뢰관계가 손상되지 않도록 노력하는 동시에 클라이언트를 적절한 사회복지사나 기관으로 의뢰하여야 한다.

③ 시간제한적인 개입으로 인한 종결

시간제한적인 개입으로 인한 종결은 원조과정 시작부터 사회복지사와 클라이언트가 상호 합의하여 개입기간을 미리 설정하고 시작하는 것이다. 대부분의 사회복지기관은 한 사례에 대한 개입에 일정한 시간제한을 두고 이를 실천의 초기단계부터 클라이언트에게 통보한다. 시간제한에 의해 계획된 종결은 클라이언트가 더 이상 원조를 필요로 하지 않는 때를 기다린다는 의미가 아니라 목표달성이 미진하더라도 사회복지사와 클라이언트가 종결의 시기를 정해진 시간에 맞추도록 계획하는 것이다. 사회복지실천기관은 한정된 자원이나 기금, 규칙 등에 의해 시간제한적 개입이 현실적으로 필요할 뿐 아니라, 시간제한이 없는 장기개입에 비해 효과성 측면에서도 별 차이가 없는 것으로 알려져 있다(Reid et al., 1978). 이렇게 서비스나 개입시간을 제한하는 방식은 클라이언트의 정서적 애착과 의존뿐만 아니라 종결에 따른 상실감도 줄여준다. 물론 시간적 제한이 없는 종결보다 상대적으로 클라이언트의 애착과 상실감이 적다는 것이지 전혀 없다는 것은 아니다. 이러한 시간제한적 종결에도 종결에 따른 반응은 나타난다. 사회복지사는 이러한 반응에 민감하게 대처하여 적절히 다루어야 하는데, 시간적 제한이 있는 종결에서 사회복지사의 업무는 다음과 같다. 첫째, 클라이언트가 원조과정을 통해 얻은 것을 분명히 한다. 둘째, 지속적인 개입이 필요한 경우 또 다른 계획을 세운다. 셋째, 개입기간에 배운 것을 클라이언트가 일상생활에 어떻게 적용할 것인지를 확인한다. 넷째, 사후 회기를 계획한다.

④ 시간적 제한이 없는 종결

시간적 제한이 없는 종결에서 사회복지사가 언제 종결할 것인지를 결정하는 일은 매우 중요하다. 일반적으로 사회복지사와의 만남을 통해 클라이언트가 얻는 것이 줄어들 때, 즉 원조과정에서 얻는 이득이나 효과가 점차 줄어들어 중요성이 없어질 때가 종결시점이다. 원조관계의 효과가 없다는 말은 클라이언트의 시간과 노력보다 의미 있는 변화가 나타나지 않았으며, 앞으로도 의미 있는 변화를 기대할 수 없는 상태를 말한다. 이런 경우에 사회복지사는 종결시점을 고려하는 것이 바람직하다. 그러나 이런 경우에도 클라이언트는 매우 강한 정서적 반응을 보일 수 있다. 특히 장기간의 개입과정으로 클라이언트의 의존심이 증가하고 전문적 원조관계를 통해 얻는 이득에 만족하는 경우에 종결은 어려워진다.

(2) 계획되지 않은 종결

① 클라이언트의 일방적인 종결

클라이언트의 일방적인 종결은 다음과 같은 경우에 일어날 수 있다. 즉, 클라이언트가 약속한 회기에 아무런 연락 없이 오지 않거나, 갑자기 약속을 어기거나, 이런저런 이유로 올 수 없다는 핑계를 대고 다시는 자신의 문제를 노출하지 않으면서 종결을 원할 때 등이다. 이처럼 클라이언트는 종결에 대한 의사를 언어로 표현하기보다는 행동화를 통해 간접적인 방법으로 표현한다. 이때 사회복지사는 종결이 클라이언트에게 매우 중요한 문제이므로 신중히 생각할 것을 권하지만 결국에는 클라이언트의 자기결정권을 존중하는 것이 바람직하다. 클라이언트가 일방적으로 종결을 선언한 경우는 대부분 해결되지 못한 저항 때문이거나 문제가 이미 해결되었다는 비현실적인 믿음 때문일 수 있다. 따라서 이런 것들은 직면하여 토론하는 것이 좋다. 그러나 클라이언트에게 원조과정을 계속하도록 강요해서는 안 되며, 언제든지 다시 올 수 있는 여지가 있음을 분명히 알려야 한다. 이렇게 할 경우 클라이언트는 부가적인 서비스 때문에 다시 올 수 있고, 다시 올 때는 이전보다 더 많은 동기부여가 되어 참여할 수 있다.

② 사회복지사의 이동으로 인한 종결

계획되지 않은 종결은 사회복지사의 상황 때문에 발생할 수도 있다. 만약 사회복지사가 원조과정을 지속할 수 없는 사정이 생겼다면 종결할 수밖에 없다. 예를 들어, 사회복지사의 이직, 휴직 등으로 원조관계에 참여할 수 없는 경우 등 개인적인 사정으로 이루어진 종결은 클라이언트와 사회복지사 모두에게 힘든 일이다. 특히 이전에 중요한 관계에서 거부당한 클라이언트는 상처받기 쉽고 자존감이 약해지며, 배신감을 느낄 수 있다. 사회복지사도 자신으로 인해 급하게 종결하므로 죄책감을 보상하기 위해 지나치게 잘 대해주거나 재보증함으로써 클라이언트가 부정적인 감정을 표현하지 못하도록 만들 수 있다. 따라서 사회복지사는 클라이언트가 자신의 감정을 적절하게 처리하도록 도와주고 다른 사회복지사와 함께 일할 수 있도록 준비시키거나(Hepworth et al., 2010), 다른 기관으로 원활하게 의뢰가 이루어지도록 도와야 한다.

2) 종결단계에서의 사회복지사의 과업

성공적인 종결을 위해 사회복지사는 클라이언트가 자신의 감정을 자유롭게 표현하고 이를 함께 토론할 수 있는 시간을 마련해야 한다. 이러한 과정은 클라이언트가 개입과정에서 이루어낸 긍정적인 변화와 성취를 인식하게 하며, 궁극적으로 자기효능감(self-efficacy)을 증진하는 데 기여한다(김혜영 외, 2015).

종결 단계에서 사회복지사가 수행해야 할 주요 과제는 다음과 같다. 첫째, 적절한 종결시기를 결정하고, 둘째, 클라이언트와 사회복지사 모두가 이별 과정에서 경험할 수 있는 정서적 반응을 점검하고 정리하며, 셋째, 제공된 서비스의 목표달성 정도를 평가하고, 넷째, 클라이언트가 획득한 이익

(gain)을 유지하고 지속가능한 성장 계획을 수립할 수 있도록 돕는 것이다(엄명용 외, 2014; Hepworth et al., 1986). 아울러 클라이언트의 지속적인 지원이 필요할 경우에는 적절한 지역사회 자원이나 전문기관으로의 의뢰를 통해 사후관리를 연계하는 것도 중요한 종결전략 중 하나이다.

(1) 종결시기의 결정

사회복지사는 종결단계에서 적절한 종결시기를 결정해야만 한다. 사회복지실천과정에서 계획했던 목표를 달성하고 클라이언트가 스스로 욕구충족과 문제해결을 할 수 있을 만큼 충분한 도움을 받았다고 느꼈을 때, 혹은 더 이상의 진전이 없을 때 종결하는 것이 바람직하다. 사회복지사는 서비스의 종결시기를 결정하기 위해 다음과 같은 몇 가지 요소를 고려해야 한다(Sheafor, 1997).

① 개입목적의 달성 정도
② 서비스의 시간 내 제공 완료 여부
③ 클라이언트 문제상황의 해결 정도
④ 사회복지사와 기관의 투자 노력
⑤ 이득 체감에 대한 사회복지사와 클라이언트의 합의 여부
⑥ 클라이언트의 의존성
⑦ 클라이언트에 대한 새로운 서비스의 적합성 여부

사회복지사는 이러한 요소들을 충분히 고려하여 종결시기를 결정해야 한다. 또한 종결과정 자체가 클라이언트에게 긍정적인 경험이 될 수 있도록 노력해야 한다.

(2) 정서적 반응의 처리

종결단계에서는 정서적 반응을 처리하는 것이 중요하다. 종결은 공식적으로 도움과 서비스를 주고받던 관계를 단절하게 되는 것이므로 목표가 제대로 잘 달성되었다면 당연히 종결에 대해 만족스러워할 것이다. 그러나 계획되지 않은 조기 종결이 이루어질 경우 미해결된 일이 적체됨에 따라 클라이언트의 인지적·정서적·행동적인 반응이 나타날 것이다(Johnson et al., 2007).

사회복지사의 개입이 지속되면서 클라이언트는 신뢰를 기반으로 한 특별한 관계를 경험하게 된다. 이러한 관계에서 벗어나야 하는 상황은 클라이언트에게 심리적 불안이나 감정적 흔들림을 가져올 수 있다. 따라서 종결시기에 일부 클라이언트는 긍정적인 감정을 나타내는 경우가 있는가 하면 어떤 클라이언트는 부정적인 반응을 보이기도 한다. 긍정적인 태도를 보이는 클라이언트는 실천과정을 통해 성취감과 자신감을 갖게 된 것에 만족스러워한다. 예를 들어, 클라이언트가 수강명령 등에 의해 본인의 의지와 무관하게 서비스를 받는 경우에도 종결은 해방을 의미한다(Johnson et al., 2007). 이들은 대처기술을 익힌 것에 대해 기뻐하고, 종결 이후에 사회복지사의 도움 없이 생활해 나갈 수 있다는 것에 대해 흡족해한다.

종결에 따른 클라이언트의 부정적인 정서적 반응은 이별에 대한 상실감, 분노, 슬픔 등이다. 많은 클라이언트는 살아오는 동안 의미 있는 사람과의 관계에서 거절당하거나 상실과 고통, 유기를 경험하였다. 따라서 상실의 두려움이나 고통을 회피하고자 사회복지사와의 관계를 지속시키고 싶어 할 수도 있다. 사회복지사는 클라이언트가 종결과 관련된 부정적인 감정을 솔직하게 드러낼 수 있도록 지지하고, 그 감정에 대해 함께 논의하는 과정을 통해 감정적 정리를 도와야 한다. 종결에 대해 강한 거부감을 느끼는 클라이언트의 경우, 다음과 같은 전형적인 종결반응을 나타낸다(Levinson, 1977).

① 사회복지사에게 계속 만나달라며 의존적인 태도를 보인다.
② 과거의 문제가 재발했다고 말하며 종결을 미룬다.
③ 종결단계를 앞두고 새로운 문제가 발생했다고 보고한다.
④ 현재의 사회복지사를 대체할 새로운 지지 대상을 찾는다.

이와 같은 종결반응을 다루는 방법은 다음과 같다.

첫째, 사회복지사는 클라이언트가 자신의 감정을 수용하고 두려움, 불안 등 감정의 원인이 되는 과거 경험을 검토해 보도록 돕는 것이 중요하다. 감정을 점검해 봄으로써 클라이언트가 경험하는 힘든 감정상태를 극복할 수 있도록 돕는다.

둘째, 실천과정을 돌이켜 보고 클라이언트가 함께했던 일에 대해 긍정적 측면을 볼 수 있도록 돕는다.

셋째, 새로운 문제를 왜 제기하였는지를 검토하고 서비스를 계속 제공할 타당한 이유가 있는지를 살펴보아야 한다.

넷째, 클라이언트의 강점을 인식하게 하면서 스스로 할 수 있다는 것을 강조한다.

(3) 개입을 통해 획득한 효과의 유지와 강화

개입은 문제해결을 위한 단기목표에서 출발한다. 그러나 클라이언트는 개입과정을 통해 문제를 해결하는 방법과 절차를 직접 체험하게 되며, 이 경험은 이후 유사하거나 새로운 문제에 직면했을 때 활용할 수 있는 문제해결능력으로 발전되어야 한다. 이러한 역량이 점차 강화되면 사회적 관계의 확대와 원활한 사회적응으로 이어진다(엄명용 외, 2014).

따라서 사회복지사는 개입을 통해 형성된 긍정적인 변화를 안정시키고, 클라이언트가 지속적으로 성장할 수 있도록 돕는 역할이 중요하다. 변화의 안정화를 위한 한 가지 전략은 개입과정을 함께 되짚으며, 그동안 경험한 단계들이 삶의 과업을 해결해 나가는 성장의 과정임을 상기시키는 것이다. 이와 함께 종결 이후에도 클라이언트가 다양한 삶의 상황에 잘 대처할 수 있도록 필요한 지지와 자원을 확보할 수 있는 방안을 함께 계획해야 한다. 또한 초기 문제상황과 유사하거나 전혀 새로운 문제에 직면했을 때 대응할 수 있는 다양한 전략들을 탐색해 보는 과정도 필요하다(Johnson et al., 2007).

개입을 통해 얻은 긍정적인 결과를 유지하고 강화하기 위한 또 다른 방법은 사후관리(follow-up services)이다. 이는 종결 이후 일정 기간이 지난 후, 클라이언트의 적응 상태를 점검하고 개입효과가 유지되고 있는지를 확인하는 과정이다. 사후관리를 통해 클라이언트는 스스로의 노력에 대한 긍정적인 피드백을 받고, 필요한 경우 추가적인 지원도 받을 수 있다. 더불어 종결 시점에서 사후관리를 안내하는 것은 클라이언트가 이별에 느끼는 정서적 부담을 완화하는 데에도 도움이 된다(Hepworth et al., 1997).

(4) 의뢰

종결단계에서 클라이언트에게 여전히 미해결된 문제나 새로운 서비스의 필요가 있다면, 사회복지사는 적절한 외부 자원이나 기관으로의 의뢰(referral)를 통해 지원을 연결해 가야 한다.

의뢰란 클라이언트의 문제상황이 현재 기관의 서비스 범위를 벗어나거나 사회복지사의 전문성을 넘어설 때, 보다 적합한 서비스 제공처로 연결해 주는 과정을 의미한다(Compton et al., 1984). 이는 단순히 서비스를 종료하는 것이 아니라, 클라이언트가 지속적으로 적절한 지원을 받을 수 있도록 돕는 연속적 개입의 일부라고 볼 수 있다(엄명용 외, 2014).

하지만 의뢰는 단순한 정보제공이 아니라 섬세한 조율을 필요로 하는 전문적인 활동이므로, 다음과 같은 사항들을 고려해야 한다.

첫째, 클라이언트에 대한 정서적 배려이다. 클라이언트가 의뢰를 거절이나 방치로 오해하지 않도록, 그 필요성과 이유를 충분히 설명하고 심리적 안정감을 줄 수 있어야 한다.

둘째, 클라이언트의 자기결정권 존중이다. 사회복지사는 대안을 제시하고 정보제공을 통해 선택을 도울 수는 있지만, 최종적인 결정은 클라이언트에게 맡겨야 한다.

셋째, 클라이언트에게 적합한 자원을 제시하는 것이다. 클라이언트의 욕구와 상황에 맞는 지역사회 자원을 파악하고, 그 특성과 이용방법 등을 충분히 안내하여 클라이언트의 선택을 돕는다.

의뢰는 클라이언트의 변화 여정을 이어주는 다리이며, 종결 이후의 삶에 대한 준비를 돕는 중요한 실천 전략이다.

3) 평 가

사회복지실천과정의 마지막 단계인 종결단계에서는 사회복지사의 개입활동 전반에 대한 평가과정이 병행된다. 이 평가는 사회복지실천활동이 효과적이었는지, 그리고 효율적이었는지를 판단하고 사회복지실천과정에서 발생하는 일들이 결과에 어떤 영향을 미쳤는지를 조사하는 활동이다. 개입을 통해 클라이언트가 설정한 목표가 어느 정도 달성되었는지를 확인하고, 효과적이었던 전략과 반응을 분석함으로써 책무성(accountability)을 입증하는 데도 기여한다(Gabor et al., 1994). 또한 평가결과는 향후 서비스의 질을 향상시키기 위한 의사결정의 근거로도 활용된다.

평가는 단순히 결과를 측정하는 데 그치지 않고, 문제정의, 목표설정, 서비스 계획 및 실행과정에 대한 전반적인 성찰과 조정을 가능하게 한다. 이로써 유사한 상황에서 동일한 서비스 계획이 보다 효과적으로 수행될 수 있는 방안을 모색할 수 있으며, 평가결과는 클라이언트는 물론 실천가, 기관 관리자, 재정지원자, 정책결정자에게도 유의미한 정보를 제공한다.

콤튼과 갤러웨이(Compton & Galaway, 1999)는 종결 시 평가에서 다루어야 할 주요 요소를 다음과 같이 정리하고 있다.

첫째, 개입계획의 효율성과 효과성을 클라이언트와 함께 검토한다.

둘째, 서비스 계획이 계획대로 수행되었는지를 확인한다.

셋째, 기관 내 프로그램과 서비스에 대해 동료들과 함께 평가한다.

넷째, 평가결과를 토대로 효과적인 실천 전략을 선택할 수 있도록 돕는다.

다섯째, 의도하지 않은 부정적인 결과가 있었는지를 점검하고, 필요시 보완조치를 취한다.

여섯째, 평가에는 기록자료를 적극 활용하여 객관성을 확보한다.

이러한 평가는 실천 전 과정에서 지속적으로 이루어져야 하지만, 종결 시점에서의 평가는 특히 중요하다. 이는 클라이언트와 사회복지사가 기대한 변화가 실제로 나타났는지를 확인하고, 실천의 성과를 마무리하는 중요한 절차이기 때문이다. 따라서 평가계획은 초기 계획수립단계에서부터 체계적으로 준비되는 것이 바람직하다(조학래, 2016).

(1) 평가의 의의와 목적

일반적으로 사회복지사와 클라이언트는 사회복지실천이 성공적으로 진행되었는지, 개입의 목적과 목표가 달성되었는지, 그리고 바람직한 결과가 성취되었는지를 알고 싶어 한다. 이러한 궁금증은 일상생활의 상식적인 차원에서도 일어날 수 있는 것이지만 하나의 과학으로서 사회복지실천은 이러한 요구에 대하여 보다 체계적이고 전문적인 차원에서 접근할 것을 필요로 한다. 사회복지실천의 평가는 이러한 의문에 매우 구체적으로 응답하려는 과학적인 시도이다. 흔히 사회복지실천이 사회복지사와 클라이언트가 공통으로 추구하는 바람직한 결과의 도출에 일차적인 목표를 두고 있는 반면, 사회복지실천 평가는 그러한 구도에서 의도된 목표가 달성되었는지를 과학적으로 판단하는 것이라 하겠다. 그러한 평가는 문제해결과정의 마지막 단계라고도 할 수 있다(Compton & Galaway, 1999).

사회복지실천에 있어서 평가는 사회복지실천의 과학성과 전문성을 강화해 주고 클라이언트에 대한 책임성을 높여준다는 면에서 매우 중요한 의미를 지니고 있다. 사회복지사는 서비스 전달과정에서 사회복지 전문직의 윤리와 가치를 지키면서, 클라이언트와 계약한 내용대로 서비스를 제공하고, 기관의 정책 및 지침에 적합한 서비스를 제공할 책임이 있다(Johnson et al., 2007). 사회복지실천에서 평가는 다음과 같은 측면에서 중요하다(최해경, 2009).

첫째, 클라이언트의 욕구충족이나 문제해결의 목표를 달성했는지를 측정(효과성)할 수 있다.

둘째, 평가를 통해 사회복지실천이 얼마나 효율적이었는지를 측정할 수 있다.

셋째, 평가를 통해 자원이 적절하게 사용되었는지를 보여줌으로써 사회복지사의 책무성을 입증할 수 있다.

넷째, 클라이언트의 변화나 사례의 진행 정도에 대해 클라이언트와 지역사회에 알려줄 책임성을 이행할 수 있다.

다섯째, 사회복지실천과정에서 클라이언트가 어떻게 반응했는지, 계획했던 변화가 나타났는지 등 변화과정에 대한 점검을 할 수 있다.

여섯째, 클라이언트에게 긍정적인 변화가 나타났다면 변화에 영향을 미친 변수들에 대한 지식을 얻을 수 있을 뿐만 아니라 원조과정을 점검하고 평가함으로써 사회복지사의 능력을 향상할 수 있다.

특히 프로그램 평가를 해야 하는 이유를 존슨과 얀카(Johnson & Yanca, 2001)는 다음과 같이 제시하였다(김기태 외, 2012).

첫째, 프로그램이 목적을 어떻게 효과적으로 충족시키는지를 확인해야 하기 때문이다.

둘째, 프로그램을 재구성하거나 더욱 효과적으로 관리하기 위한 정보를 얻기 위해서이다.

셋째, 다른 사람들이 따라야 할 모델을 파악하거나 문제에 대한 이론이나 접근법을 시험해야 할 필요성이 있기 때문이다.

넷째, 효과성을 위해 스텝 구성원들이 무엇을 필요로 하는지를 발견하기 위해서이다.

다섯째, 클라이언트의 관점에서 프로그램이 어떻게 잘 시행되고 있는지, 그리고 더욱 효과적이 될 수 있는지 확인해야 하기 때문이다.

여섯째, 공공기관과의 관계 및 기금마련 노력을 개선하기 위해서이다.

일곱째, 재원의 요구사항들을 만족시키기 위해서이다.

(2) 평가유형

사회복지기관 및 시설은 한정된 자원과 서비스를 전문직의 가치에 적합한 방식으로 배분하는 것이 중요하다. 다시 말해, 서비스의 효율성과 만족도를 최대화하여 사회복지실천의 책임을 다하는 것이 필요하다. 이러한 책무성은 곧 사회복지실천의 전문성을 입증하는 것이기도 하다. 이를 위해 실천과정에서 개입의 효과성 및 효율성에 대한 검증과 그 평가방법이 중요하다(김혜영 외, 2015).

헵워스 등(Hepworth et al., 1993)은 평가를 실천과정 중의 세 가지 다른 차원에서 이루어져야 할 활동으로 설명하면서 과정평가, 결과평가, 그리고 사회복지사 평가의 영역으로 구분해서 설명하였다. 과정평가는 사회복지실천의 전 과정을 검토하는 평가로서, 서비스 제공과정과 프로그램 운영 여부, 그리고 그 수행과정을 체계적으로 점검하는 것을 의미한다. 이 평가의 핵심은 개입이 진행되는 단계마다 "무엇이, 왜 일어났는가"를 사회복지사와 클라이언트가 함께 주기적으로 확인·분석하는 데 있다. 반면 결과평가는 실천이 종료된 시점에서 개입목표가 어느 정도 달성되었는지를 평가하는 것이다. 결과평가는 '성과평가'라고도 불리며, 평가결과를 토대로 프로그램의 지속·개편·폐지 여부를 결정하게 된다. 이로써 사회복지실천의 효과성과 효율성을 객관적으로 판단하고, 향후 서비스 운영 방향을 설정할 수 있다.

평가 목적이 무엇인가에 따른 분류는 총괄평가와 형성평가로 구분할 수 있다. 총괄평가는 목표와 목적이 충족되었는지를 총괄적으로 판단하는 평가를 말하며 사회복지개입에서 최종적 평가의 형태이다. 또한 개입의 효과가 다른 기관과 집단에 일반화될 수 있는지를 평가하는 것이기도 하다. 총괄평가는 일반적으로 개입의 효과성과 효율성을 평가하므로, 결과평가의 같은 의미로 사용한다. 형성평가는 프로그램을 개발하거나 개선 및 조정하기 위한 목적으로 이루어지는 평가이다. 즉, 프로그램을 진행하거나 전달하는 과정에서 문제점이 발견되었을 때 서비스를 수정 또는 보완하는 것을 목적으로 하는 평가이다. 일반적으로 총괄평가는 양적 연구방법을 사용하고, 형성평가는 양적방법과 질적방법 모두 사용 가능하다.

콤튼과 갤러웨이(Compton & Galaway, 1999)는 프로그램 평가 영역들의 구체적 설명을 통해 욕구사정, 평가 가능성 사정, 과정분석, 결과분석, 프로그램 모니터링으로 평가유형을 구분하였다.

재스트로(Zastrow, 2007)는 평가유형을 사례평가와 프로그램 평가로 구분하여 설명하였는데, 사례평가는 사회복지사가 개입한 특정한 사례를 대상으로 평가하는 것이고, 프로그램 평가는 기관의 서비스나 프로그램을 평가하는 것이라 하였다(김혜영 외, 2015).

① 사례평가

사례평가의 내용은 실천기술의 효과성을 측정하는 것이고 평가대상은 서비스를 제공받은 개인 혹은 집단이 된다. 특정 사례에 대한 평가는 결과평가와 과정평가, 클라이언트의 만족도로 구성된다.

가. 결과평가

결과평가(outcome evaluation)는 클라이언트의 욕구충족이나 문제해결을 돕기 위해 서비스 계획수립 시 사회복지사와 클라이언트가 함께 설정하였던 목표가 원하는 바대로 달성되었는지에 초점을 둔다.

총괄평가(summative evaluation)라고도 불리는 이 방법은 개입방법의 효과성과 효율성을 평가한다. 따라서 현재의 결과가 사회복지사의 개입으로 인한 것이라는 점을 입증해야 한다.

결과평가는 주로 실험조사 설계를 활용하여 인과관계를 파악하고 그 결과에 초점을 둔다. 예를 들면, 문제의 빈도(정시에 일하러 가기, 처방된 약물 구하기, 과제완성 등), 문제의 심각성(불안, 우울점수 등), 혹은 과업달성(직업 구하기, 과제완성 등)과 같은 변화를 측정하게 된다. 이와 같이 측정 가능한 항목들은 클라이언트가 서비스를 제공받기 이전인 원래 상태와 비교할 때 변화 정도를 파악하기 쉽도록 도움을 준다(Hepworth et al., 2006).

나. 과정평가

과정평가(process evaluation)는 사회복지실천이 어떻게 이루어졌는지를 살펴보는 평가로, 서비스가 각 단계에서 어떻게 실행되었고, 그 활동들이 목표달성에 어떤 영향을 미쳤는지를 중점적으로 다룬다. 이는 결과만을 중시하는 평가와 달리, 개입이나 프로그램의 준비, 실행, 종결과정이 계획에 맞게 적절히 수행되고 있는지를 점검하는 데 초점을 둔다. 필요시 이러한 평가결과는 개입계획을 수정하거나 보완하는 기준으로도 활용될 수 있으며, 이 점에서 과정평가는 원조과정에 대한 체계적 검토로 간주할 수 있다(조학래, 2016).

이 평가는 실천과정에 대해 "누가, 어떤 서비스를, 누구를 대상으로, 얼마 동안, 얼마나 많은 사람에게, 어떤 비용을 들여 제공했는가?"와 같은 질문을 통해 구체화된다. 이러한 질문을 통해 서비스 전달의 질과 운영의 적절성을 객관적으로 진단할 수 있다(이봉주 외, 2012).

실천과정에서 진전(progress)에 도움이 되거나 방해가 되었던 방법과 기술에 대한 피드백은 사회복지사로 하여금 특정한 기술을 연마하고, 미래에 보다 차별화된 기법을 활용하도록 돕는다.

형성평가(formative evaluation)라고도 불리는 이 방법은 프로그램의 요소들이 원하는 변화를 가져오는 데 효과적이었는지, 사용했던 기법이 기관의 일반적인 규준에 맞는 것인지를 평가한다. 예를 들어, 자기주장적인 클라이언트에게 사용했던 기법은 우울한 클라이언트에게는 오히려 역효과를 가져올 수 있다(Hepworth et al., 2006).

과정평가에서 활용되는 도구는 변화에 기여한 실천과정의 구체적인 요소들을 측정하기 위한 것이다. 개입의 효과성을 보다 정확히 평가하기 위해서는 면담기록, 클라이언트의 자기보고, 관찰 등의 다양한 방법을 함께 사용하는 것이 효과적이다.

다. 클라이언트의 만족도

사회복지사가 제공했던 서비스에 대한 클라이언트의 만족도를 알아보는 것으로, 종결단계나 사후관리 기간에 설문지에 답변하게 한다.

사회복지사의 서비스에 대해 "앞으로 가족 혹은 친구에게 이 서비스를 추천하고 싶은가?", "제공되지 않은 서비스 중 추가적으로 필요한 것이 있다고 생각하는가?" 등의 내용을 포함한다(Hepworth et al., 2006). 그 외에도 사회복지실천현장 구성원의 친절도, 시설의 편리성 등에 대해서도 조사할 수 있다.

② 프로그램 평가

프로그램 평가(program evaluation)는 다수의 클라이언트나 전체 지역사회 단위에 제공되는 가족상담, 사례관리, 위탁가정보호 등과 같은 프로그램의 효과성과 효율성을 평가하는 것이다. 기관은 지속적으로 기관의 소명, 목적, 프로그램의 필요성에 대하여 평가해야 할 의무가 있다. 이 평가는 서비스 공급의 효율성을 검토하는 것으로도 볼 수 있다. 프로그램 평가의 목적은, 첫째, 새로운 서비스가 필요하다는 점을 기금 제공자와 일반 대중에게 증명하고, 둘째, 지역사회의 승인과 재가를 위해, 셋째, 클라이언트 입장에서 볼 때 프로그램이 얼마나 좋은 것이었는지 또는 개선되어야 할 점은 무엇인지를 알기 위해, 넷째, 사회복지사의 능력 향상에 필요한 정보제공을 위한 것이다.

프로그램 평가의 내용은 임상적 치료기법에 대한 것이 아니라 정책이나 프로그램에 대한 것이다. 따라서 평가의 대상은 프로그램을 실시한 표적집단이 된다(Zastrow, 2007).

제 9 장

사회복지실천 과정에 대한 기록

1. 기록의 목적
2. 기록에 포함되는 내용
3. 기록의 유형
4. 기록의 원칙

제 9 장

사회복지실천과정에 대한 기록

학습목표

- 기록의 목적과 중요성에 대해 설명할 수 있다.
- 기록에 포함되는 내용들을 학습할 수 있다.
- 기록의 원칙과 유의사항에 대해 설명할 수 있다.

사회복지실천과정에서의 기록은 사회복지사의 전문적 개입과 클라이언트의 변화를 객관적으로 드러내는 핵심 자료이다. 기록은 클라이언트와의 의사소통, 개입과정과 그 결과, 그리고 환류(feedback)를 담는 실무 도구로서, 사회복지사가 윤리적 기준에 따라 문서화하는 활동을 뜻한다. 구체적으로 기록에는 클라이언트 접수 시점의 욕구 및 문제 확인과 사정, 수립된 계획의 목표 및 세부 내용, 실행 결과에 대한 평가 및 피드백, 그리고 종결단계의 사항까지 실천 전 과정을 포함한다. 이를 통해 사회복지사와 클라이언트가 이전 활동을 상기하고 서비스 목표를 점검할 수 있으며, 개입의 적절성과 효과를 평가하는 근거 자료가 된다. 또한 기록은 제공된 서비스의 정당성을 입증하고, 사회복지사의 책임성과 전문성을 뒷받침하는 증빙 자료 역할을 한다. 따라서 기록은 그 목적에 맞추어 사실에 기반하여 정확하고 명료하게 작성되어야 한다. 이 장에서는 사회복지실천과정 기록의 필요성과 목적, 포함되어야 할 기본 항목과 유의사항, 기록 유형 및 관리 방안 등을 다룬다.

1. 기록의 목적

기록은 사회복지실천의 책무성과 지속성, 그리고 서비스 만족도 등 전반적인 질을 향상시켜 실천 역량을 강화하는 수단이다. 이러한 목표는 학자마다 해석이 다를 수 있으나, 카이글(Kagle, 1991)이 제시한 기록의 세부 목적은 다음과 같다.

1) 사회복지실천활동의 문서화

사회복지실천활동에서는 사회복지사는 사례 개시부터 종결단계에 이르기까지 클라이언트에게 제공된 모든 서비스와 면담내용, 진행 경과 및 결과를 체계화된 문서로 남긴다. 또한 면담뿐 아니라 클라이언트를 둘러싼 환경 요소와 활용 가능한 자원, 사례회의에서 논의된 사항까지 빠짐없이 기록한다. 이러한 문서화는 공적 재원을 바탕으로 이루어지는 사회복지서비스의 정당성과 책임성을 입증하며, 사회복지사의 전문성과 신뢰성을 보여주는 중요한 근거가 된다. 나아가 현장 실천과정에서 분쟁이 발생할 경우, 해당 기록은 사회복지사의 개입 사실과 진술을 뒷받침하는 증거로 채택되기도 한다.

2) 효과적인 서비스를 위한 모니터링

사회복지사는 클라이언트의 상황 변화와 관련된 모든 사실을 체계적으로 문서화하고 이러한 기록을 바탕으로 사례 진행과정, 주변 환경, 활용 가능한 자원을 종합적으로 분석·정리할 수 있다. 특히 상세하고 일관된 기록은 개입의 효과를 평가하고, 진행과정에서 나타난 장단점을 파악하여 서비스 전달 방식을 점검·개선할 수 있다. 나아가 이러한 문서는 기관 차원의 모니터링 자료로 활용되어, 사회복지실천현장 서비스 질을 지속적으로 향상시킬 수 있는 근거를 제공한다.

3) 서비스의 연속성 및 지속성

사회복지사가 클라이언트에게 서비스를 제공할 때는 연속적이고 지속적인 서비스 제공이 유지되어야 한다. 그러나 사회복지사가 휴가나 이직, 퇴직 등으로 일시적 또는 영구적으로 업무를 지속하기 어려운 경우나 클라이언트를 다른 기관으로부터 의뢰받았을 경우 기록은 현재까지 진행된 과정을 파악할 수 있기 때문에 지속적인 서비스를 제공할 수 있다. 또한 한 기관 내에서 동일한 사례가 종결되고 재개시되는 일이 반복될 때 서비스의 중복을 없애고 업무시간을 단축할 수 있다.

4) 전문가와의 원활한 의사소통

욕구가 다양한 클라이언트를 원조하기 위해서는 의사, 간호사, 임상전문가, 물리치료사, 심리치료사 등 여러 전문가와의 공조가 필요하다. 사회복지사의 시각으로 취득한 정보와 실천활동 기록은 팀 단위로 협업할 때 전문가들 간의 협조 체계와 의사소통을 강화하는 역할을 한다.

5) 교육 및 슈퍼비전 자료로 활용

기록은 슈퍼바이저의 지도·감독과 전문가 자문을 거쳐, 동료들에게 클라이언트의 상황 및 개입과정을 공유하는 자료로 활용됨으로써 실천을 활성화한다. 또한 사회복지면담 실천과정을 배우는 실습생이나 학생들의 교육자료로 활용할 수 있고, 사회복지실습생이나 학생들의 교육자료로도 활용 가능하며, 이를 토대로 슈퍼바이저에게 피드백을 받을 수도 있다.

6) 행정적 자료로의 사용

클라이언트에 대한 기록은 클라이언트에게 제공될 서비스의 유형, 사회복지사의 직무범위, 기관의 자원배분 등 행정적 결정을 내릴 때 유용한 자료로 사용될 수 있다. 사회복지 분야의 각종 정보를 보존할 수 있는 기록체계가 구축되면 기관의 행정 업무는 보다 효율적으로 처리할 수 있게 된다.

7) 연구·정책 개발에 활용

기록은 사회복지실천현장의 지속적인 발전을 위한 연구조사 및 통계자료로 활용될 수 있으며, 사회복지사가 개입한 사례의 효과성을 검정하고 실천과정에서 결과까지 평가할 수 있는 근거자료가 된다. 단, 기록을 활용하여 조사연구를 진행할 때는 클라이언트의 비밀이 누설되지 않도록 주의해야만 한다.

8) 클라이언트와의 의사소통 촉진

기록은 클라이언트와 정보를 공유하여 의사소통 및 공감을 촉진하는 도구로 활용할 수 있으며 나아가 클라이언트와 그 가족, 대리인 등에게 정보를 제공할 수 있도록 한다. 기록은 클라이언트의 알 권리를 존중하고 정보를 개방하여 클라이언트의 치료를 돕는 수단이 되기도 한다.

2. 기록에 포함되는 내용

기록은 실천현장에서 클라이언트에게 서비스를 제공하는 과정에서 취해진 전문적 의사결정 및 내용에 대한 근거를 작성하는 것이다. 기록은 대상자의 상황을 파악하고, 그에 따른 서비스 목표와 계획을 수립하며, 서비스를 전달하기까지의 각 단계마다 그 내용이 달라진다.

카이글(Kagle, 1991)은 서비스가 제공되는 과정 단계에 따라 기록에 포함되어야 할 내용을 다음과 같이 설명하고 있다.

1) 접수단계의 기록

접수단계는 서비스 제공의 가장 초기단계로, 클라이언트의 많은 정보를 수집하려고 노력하는 단계이다. 초기단계의 기록은 클라이언트의 특성, 서비스 개시 이유, 사회력, 각종 자원, 사회복지사의 사정 등으로 구성된다.

(1) 클라이언트의 인구사회학적 정보

클라이언트의 인구사회학적 정보에는 이름, 성별, 주소, 연락처, 생년월일, 결혼 여부, 학력, 종교, 가족 구성, 직업, 경제 상태 등이 포함된다. 이러한 항목들은 사회복지사의 전문적 판단이 필요 없는 객관적인 사실에 해당하므로, 보통 행정담당자나 클라이언트 본인이 직접 기입하는 경우가 많다.

(2) 서비스 개시 이유

클라이언트에게 서비스를 제공하게 된 경위와 절차를 기록한다. 클라이언트가 자발적으로 요청했는지, 혹은 타 기관의 의뢰에 따른 것인지 여부와 함께 의뢰가 이루어진 구체적인 사유를 상세히 서술한다.

(3) 사회력

사회력이란 클라이언트의 문제나 욕구를 역사적·생태학적 맥락에서 이해하기 위하여 클라이언트의 상황과 관련된 과거와 현재의 정보를 정리한 것이다. 사회력은 클라이언트의 사회적 기능에 초점을 둔 것으로 주된 정보원은 클라이언트 본인이나 가족원이다. 간략한 정보는 현재 클라이언트의 상황을 이해하는 데 유용한 개인적·심리적·사회적·환경적 문제에 집중하며, 광범위한 정보는 과거의 주요한 사건이나 반복되는 사건의 문제의 유형을 찾는 것에 중점을 둔다.

사회력은 사회적 정보와 정서적 내용을 포함하여 개입 초기에 이루어지는 단기작업이 아니라 서비스가 제공되어 새로운 정비가 생성될 때마다 추가로 기록한 지속적인 과정이나.

(4) 자원과 제약

사회복지사는 클라이언트의 욕구충족과 문제해결을 위해 다양한 자원과 서비스를 고려해야 하며, 이때 실제로 이용 가능한 공식적·비공식적 자원뿐 아니라 활용에 어려움이 있는 자원이나 방해요소들도 함께 기록하는 것이 중요하다.

(5) 사정

사정은 클라이언트가 처한 문제상황을 이해하고 이에 대한 해결 전략을 계획하는 중요한 과정이다. 이때 작성되는 기록은 사실과 해석을 구분하여야 하며, '사회복지사의 사정', '견해', '조작적 가설' 등으로 구분된 제목 아래 각각의 내용을 명확히 기술해야 한다. 또한 관찰한 사실과 사회복지사의 주관적 해석은 명확히 분리되어야 한다.

2) 서비스 형성단계

(1) 서비스에 영향을 미치는 결정

클라이언트에게 어떤 서비스를 어떤 방식으로, 얼마나 제공할지를 결정하는 과정에서 중요한 사항들은 그 타당성과 함께 반드시 기록해야 한다. 이러한 결정은 사회복지사와 클라이언트 간의 계약을 통해 이루어지며, 면담 일정, 수행해야 할 과제, 서비스에 필요한 비용 등 구체적인 내용까지 상세히 기술해야 한다.

(2) 서비스 목적

서비스 목적은 클라이언트의 문제를 해결함으로써 최종적으로 이루고자 하는 목표를 의미하며, 추상적인 표현보다는 구체적이고 명확한 언어로 기술해야 한다. 명확하게 설정된 서비스 목적은 효과적인 개입과 서비스 제공의 기반이 된다.

(3) 서비스 계획

서비스 계획은 설정된 목적과 목표를 달성하기 위해 향후 진행될 활동과 절차를 구체적으로 기술한 것이다. 계획이 상세히 작성되어 있으면, 담당

사회복지사의 부재 상황에서도 일관된 서비스 제공이 가능하다. 이 계획에는 클라이언트의 프로그램 참여 여부, 타 기관으로의 연계 또는 의뢰 여부, 그리고 사회복지사와 클라이언트가 각각 수행할 과업 등이 포함된다.

(4) 서비스 특성

서비스 특성이란 행정적 계획, 연구, 조사, 서비스 제공과정에서 활용되는 구조화된 기록 양식을 말한다. 각 기관은 서비스 특성에 따라 정해진 표준화된 서식을 활용하여 기록을 작성한다.

3) 서비스 실행계획

(1) 중간노트 작성

중간노트는 서비스를 제공한 이후에 클라이언트의 변화된 모습과 진행사항을 기록하는 자료를 의미하며 '과정노트'라고 불리기도 한다.

과정노트에 포함되는 내용은 다음과 같다. 첫째, 클라이언트의 현재 상태 및 그 변화, 그리고 사정 결과를 상세히 기록해야 하며, 사례 진행 중 새롭게 파악된 정보도 함께 반영한다. 둘째, 사회복지사가 수행한 개입활동과 서비스 제공과정을 시간의 흐름에 따라 체계적으로 작성하며, 면담의 일시, 장소, 참석자, 주요 논의 내용, 타인과의 면담 및 전화 내용 등도 구체적으로 기록해야 한다. 셋째, 클라이언트에게 발생한 중대한 사건은 반드시 문서화하고 슈퍼바이저에게 즉시 보고해야 한다. 이러한 중요 사건에는 자해나 자살 시도, 타인에 대한 위협이나 공격, 반사회적 행동, 각종 피해 상황 등이 포함된다. 넷째, 서비스의 목적과 계획에 대한 사정 내용 및 그에 따른 변화는 명확히 기술해야 하며, 계획이 수정될 경우에는 그 변경 사항을 빠짐없이 기록해야 한다.

(2) 서비스 재검토

기록은 서비스 제공 이후 그 결과와 활동을 되짚어보며 재평가하는 데 활용되는 자료로, 주로 사례회의를 통해 작성된다. 중간노트는 구조화된 형식에 따라 요약 정리되며, 회의 개최일, 참석자 명단, 제안된 사항, 결정된 내용 등을 구체적으로 포함해야 한다.

4) 서비스 종결단계

서비스 종결단계의 기록은 종결의 방법과 사유, 진행활동과 결과에 대한 요약과 추후 점검에 대한 내용을 말한다.

(1) 서비스 종결의 방법과 사유

서비스 종결의 방법 유형에 대해 명시해야 한다. 예를 들어, 기관 측면에서 계획된 종결인지, 계획되지 않은 종결인지, 기관의 규정에 정책에 따라 종결된 것인지를 기록하게 되어 있으며, 클라이언트 측면에서 클라이언트 자의에 의한 종결인지, 혹은 기타 전문가의 이직이나 사망, 클라이언트의 이사 또는 사망 등 구체적인 종결 유형과 사유에 대한 기록을 작성해야 한다.

(2) 서비스 활동과 결과에 대한 요약

서비스 활동과 결과에 포함해야 할 핵심 내용을 살펴보면 다음과 같다. 첫째, 서비스 시작일과 종료일, 제공한 서비스의 전체적인 개요 등에 대해 요약을 통해 간략히 기록해야 한다. 둘째, 구체적인 서비스 내용을 기록(상담개입, 자원연계, 프로그램 참여 여부, 기타 개입 등)으로 요약해야 한다. 셋째, 클라이언트의 변화 및 성과를 요약기록한다. 즉, 서비스 개입 전후 정서적·행동적 변화 또는 목표달성 여부 및 수준, 클라이언트의 역량 향상의 여부

등을 기록한다. 넷째, 사례관리 전반평가, 개입의 효과성, 클라이언트 협조도를 요약기록한다.

(3) 추후점검

추후점검에 대한 요약기록 작성 시 포함해야 할 요소를 살펴보면 점검일정 및 방법(전화방문, 온라인 상담 중 선택)과 점검일정에 대한 내용이 포함되어야 하며, 추후점검 시 점검내용이나 목표, 위기발생 시 대응방안, 클라이언트의 반응 및 동의 여부 등에 관한 내용들을 기록해야 한다.

위의 내용은 서비스 종결기록지의 '추후점검' 항목 또는 사례평가서의 마지막 부분에 직접 기재할 수 있으며, 기관에서 사용하는 서식에 따라 항목별로 구분하거나 문장을 조정하여 적용할 수 있다.

3. 기록의 유형

사회복지실천기록은 클라이언트의 욕구와 개입의 목적과 내용, 향후 활용계획, 소속된 기관의 특성에 따라 달라지며, 적절한 기록방법을 선택하기 위해서는 기록의 구체적인 장단점에 대하여 숙지하고 있어야 한다. 사회복지기관에서 주로 사용하는 기록의 유형으로는 과정기록(Process Recording), 요약기록(Summary Record), 이야기체 기록(Narrative Record), 문제중심기록(Problem-Oriented Record), 그리고 녹음과 녹화기록이 있다.

1) 과정기록

과정기록은 사회복지사와 클라이언트 간의 상호작용을 상세히 파악하기 위해 기록한 방법으로, 면담과정 중에 발생한 모든 내용을 대화 형태로 기록하는 것이다. 즉, 사회복지사와 클라이언트의 대화내용, 클라이언트가 보이는 행동, 사회복지사의 판단과 느낌을 자세히 기록한다. 과정기록은 주로 사회복지실습과 지도감독 등 교육적 목적으로 활용된다. 그러나 현장에서는 시간과 노력이 많이 소모되므로 실제 잘 사용되지는 않는다.

과정기록은 면접 중 사회복지사와 클라이언트 간에 일어난 상호작용을 시간의 흐름에 따라 기술하는 것으로, 마치 연극의 대본처럼 인용표시를 하여 기록된다. 이때 간접인용으로 풀어서 설명할 수도 있지만 직접인용이 더 바람직한 것으로 인식된다.

과정기록의 장점은 다음과 같다. 첫째, 사회복지실습생과 초보사회복지사의 교육에 유용하다. 둘째, 과정기록은 상세하게 기록되는 형태이므로 스스로 진행과정을 살펴봄으로써 자기인식을 높일 수 있다. 셋째, 기관 차원에서 기록한 내용을 점검함으로써 사전에 문제발생을 차단할 수 있다. 반면, 단점은 다음과 같다. 첫째, 기록 작성에 많은 시간과 노력이 소요되어 실무자에게 부담이 되며, 효율성이 떨어질 수 있다. 둘째, 면담 중 발생한 상황을 완전하게 기록하기 어렵다는 한계가 있다. 언어적·비언어적 상호작용을 모두 기억하기는 현실적으로 불가능하며, 결국 사회복지사의 주관적인 기억에 의존하여 작성되므로 정보가 왜곡될 우려가 있다. 셋째, 사회복지실천현장에서 활용할 경우 개입목표나 계획 등의 요소는 반영하기 어려워 별도의 기록 방식이 병행되어야 한다.

과정기록은 클라이언트와 사회복지사 간 상호작용을 중심으로 하기 때문에 면접 상황의 이해에는 유용하나, 실천 전반의 계획과 평가를 포함하기에는 한계가 있다.

2) 요약기록

요약기록은 사회복지실천현장에서 가장 많이 활용되는 형태로, 시간진행의 순서에 따라 중요 정보를 요약해 기록하는 방법이다. 클라이언트와 사회복지사 간의 면담과정을 전체적인 틀 안에서 요점 위주로 정리하여 기록하는 방식으로 '압축기록'이라고도 한다. 요약기록의 대표적 사례로는 경과기록, 초기면접요약지, 의뢰서 등이 있다. 작성형식이나 횟수 등은 기관에 따라 차이가 있으며, 기록하고자 하는 내용은 시간의 흐름별로 조직화하여 기록하거나 주제별 제목하에 기록을 하도록 되어 있다. 사회복지사의 반응이나 소견보다 클라이언트에게 초점을 두고 진행한다.

- 신원 확인자료(클라이언트의 이름 및 연락처, 인터뷰 시행날짜, 요약기록이 작성된 날짜, 사회복지사의 이름 등)
- 만남의 목적
- 요약 계정
- 핵심적인 이슈에 대한 기술
- 사회복지사의 느낌
- 사후관리 계획 및 목적

요약기록의 장섬은 첫째, 장기간 지속되는 사례에 유용하며 전체 서비스 과정을 고려하면서 단기간 동안 사용 가능하고, 둘째, 기록에 융통성이 있으며 클라이언트의 상황과 서비스가 갖는 특수한 본질을 개별적으로 반영 가능하다. 단점은 첫째, 기록내용이 사회복지사의 재량에 의존하다 보니 기록의 질과 내용이 차이가 날 수 있고, 둘째, 제공된 서비스 내용을 요약하여 제시함으로써 클라이언트와 사회복지사 간의 비언어적 표현 등이 명확히 전달되지 않을 수 있다.

3) 이야기체 기록

이야기체 기록은 사회복지사가 클라이언트의 상황과 서비스 제공과정을 서사 형식으로 기술하는 방식으로, 사회복지실천현장에서 폭넓게 활용된다. 이 방식은 면담 전체를 세세히 기록하기보다는 핵심적인 내용을 선별해 간결하고 명확하게 서술하는 데 중점을 둔다. 특히 사회력 조사나 사정기록 등 목적이 뚜렷한 문서 작성에 효과적이다. 따라서 이야기체 기록은 기록의 목적과 주제에 맞추어 주요 내용을 선정하고, 초점을 흐트러뜨리지 않으면서 구조적으로 정리하는 것이 중요하다.

이야기체 기록의 주요 특성은 다음과 같다.

첫째, 일상적이고 반복적인 서비스보다는 개별성과 복잡성이 높은 사례에 보다 적합하다.

둘째, 핵심 사항을 중심으로 내용을 구성하기 때문에, 어떤 정보를 포함하거나 제외할지에 대한 기준을 사전에 설정할 필요가 있다.

이 기록 방식의 장점은 다음과 같다. 첫째, 유연하게 작성할 수 있어 현장의 실제 상황을 반영한 실무 중심의 문서화에 용이하다. 둘째, 클라이언트의 고유한 상황과 서비스 개입의 특수성을 효과적으로 반영할 수 있다. 반면 단점은 다음과 같다. 첫째, 완성도와 정확성이 사회복지사의 주관적 판단에 따라 달라질 수 있으며, 경우에 따라 핵심 정보가 빠지거나 지나치게 단순화될 위험이 있다. 둘째, 개별 기록들이 독립적으로 구성되기 때문에 필요한 정보를 신속히 찾아보기 어렵고, 특히 장기 사례에서는 정보 접근성과 추적성이 저하될 수 있다. 셋째, 작성에 상당한 시간과 노력이 요구되며, 기록이 지연될 경우 사실과 다르게 왜곡되거나 부정확한 내용이 포함될 가능성이 있다.

4) 문제중심기록

문제중심기록은 주로 의료사회복지나 정신건강사회복지 분야에서 널리 활용되는 기록 형식으로, 의료기록의 표준화와 서비스 진행 상황의 체계적 점검을 목적으로 개발되었다. 이 기록은 단순한 정보 저장을 넘어서, 실제 문제해결과정에 실질적인 도움을 주기 위해 고안된 것이다.

문제중심기록은 현재 드러난 문제를 중심으로 작성되며, 문제의 규명, 관련 정보수집, 사정, 계획수립 등의 절차를 표준화된 틀에 따라 구조화한다. 이를 통해 다양한 전문 인력이 동일한 방식으로 기록에 참여할 수 있으며, 이를 바탕으로 각 참여자의 역할과 개입 내용이 명확하게 파악된다.

문제중심기록은 일반적으로 다음과 같은 네 가지 구성요소로 이루어진다.

① 데이터베이스(Database) : 클라이언트의 배경 및 초기 정보수집을 하는 데이터베이스는 주로 접수단계나 개입 초기에 이루어진다. 클라이언트가 제시한 문제, 일상생활, 사회심리적 정보, 과거력, 신체검사 및 각종 검사결과, 기타 전문가의 진단 등이 포함된다.

② 문제 목록(Problem List) : 데이터베이스를 바탕으로 사회복지사가 문제를 정의하고 목록을 작성하는 단계이다. 사회복지사는 제시된 문제에 번호를 붙이고 향후 목록에 추가한다. 작성된 목록은 사회복지사의 개입과정에서 중점적으로 다루게 되며, 서비스 종료 시 효과성을 검증하는 기준이 된다.

③ 초기 계획(Initial Plan) : 사회복지사가 문제 목록을 해결하기 위해 세우는 계획이다.

④ 진행 노트(Progress Notes) : 초기 계획 실행과정에서의 변화를 기록하며 작성된 사례 진행과정에서 데이터베이스의 정보나 초기 계획이 수정될 수 있다.

문제중심기록의 표준화된 형식으로 가장 많이 사용하는 형식은 'SOAP'이며 세부적 내용을 살펴보면 다음과 같다.

- S(Subjective information, 주관적 정보)

클라이언트 스스로 지각하는 문제를 말하며 클라이언트 자신의 상황과 문제에 대해 인식하는 주관적 정보를 기술한다.

- O(Objectiv information, 객관적 정보)

사회복지사의 객관적인 정보로 클라이언트의 행동, 상황의 관찰, 임상실험, 관련 자료수집 등을 기록한다. 또한 주거환경과 경제적인 상황, 건강상태 등에 대한 정보도 기록에 포함될 수 있다.

- A(Assessment, 사정)

주관적이고 객관적인 검토를 하여 전문가가 개념화된 결론을 도출하고, 클라이언트의 주관적 지각의 의미, 사회복지사의 관찰, 사실적 정보의 의미를 분석하여 견해를 기술한다.

- P(Plan, 계획)

사회복지사와 클라이언트가 느끼는 주관적이고 객관적인 정보와 사정을 토대로 문제를 해결해 나갈 방법을 계획한다.

5) 녹음 및 녹화기록

녹음 및 녹화기록은 클라이언트 간의 면담내용을 녹음기나 비디오를 이용하여 녹음하거나 녹화한 후 풀어쓰는 방법이다. 녹음이나 녹화된 자료를 재검토함으로써 심층적인 분석을 할 수 있으며, 기록보관이나 설명을 위한 보충적 역할로 사용할 수 있다. 대화 상황 전체가 기록되기 때문에 직접 필기보다 효율적이지만 녹음이나 녹화파일을 글로 옮기는 데 시간과 노력이 많이 들 수 있다. 참고로 녹음이나 녹취를 할 경우 사전에 반드시 클라이언트의 동의를 구해야 한다.

녹음과 녹화기록은 두 가지 장점이 있다. 첫째, 사회복지실천현장의 모습을 보여주고 이론학습을 보완할 수 있어 교육적 목적으로 적합하다. 둘째, 과정 지향적인 접근법은 현장에 대한 지도와 감독에 유용하다. 그러나 녹음 및 녹화는 그 후 파일을 기록으로 옮기는 과정에서 시간과 노력이 많이 요구되며, 클라이언트가 녹음과 녹화를 의식할 경우 필요한 정보를 충분히 수집하기 어렵다는 단점이 있다.

4. 기록의 원칙

1) 기록의 지침

기록은 사회복지실천현장의 유용한 정보를 제공하는 수단이며 서비스의 편의성과 보관의 용이성을 제공한다. 다음은 좋은 기록을 위한 지침이다(Kagle, 1991).

- 명료성(Clarity) : 불필요하게 복잡하거나 추상적인 표현을 피하고, 독자가 이해하기 쉽도록 명확하게 기술한다.
- 간결성(Conciseness) : 핵심 정보를 중심으로 요약하여 작성하고, 장황한 서술을 피한다.
- 사실에 근거한 기록(Factual accuracy) : 관찰된 사실과 사회복지사의 판단을 구분하여 기록하며, 과장이나 추측을 지양한다.

- **적절성**(Relevance) : 클라이언트의 문제해결 및 서비스와 관련된 내용만 포함한다. 불필요한 사적 정보는 배제한다.
- **적시성**(Timeliness) : 사건이나 면담 직후 가능한 한 신속하게 기록하여 기억의 왜곡을 방지한다.
- **조직화**(Organization) : 체계적인 구성으로 독자가 논리적으로 흐름을 이해할 수 있도록 정리한다(예 시간순, 주제별 등).
- **목적 중심성**(Goal orientation) : 단순한 사실 나열이 아닌 개입목적과 진행 상황을 반영하여 기록한다.
- **윤리성**(Ethics) : 클라이언트의 사생활 보호와 비밀보장을 고려하여 민감한 정보는 신중하게 다루며, 필요 이상으로 노출하지 않는다.
- **전문성**(Professional tone) : 개인적 감정이나 편견 없이 중립적이고 전문적인 어휘와 어조를 유지한다.
- **기록대상자 고려**(Audience awareness) : 기록을 읽게 될 사람(예 동료, 감독자, 외부 기관 등)을 염두에 두고, 이해할 수 있도록 작성한다.

2) 좋지 않은 기록의 특징

사회복지실천에서 '좋지 못한 기록(Poor Recording)'의 주요 특징을 정리하면 다음과 같다(Kagle, 1991).

- **불명확하고 모호한 표현** : 주관적이고 추상적인 언어 사용으로 의미 파악이 어려운 경우
- **장황하거나 핵심이 없는 서술** : 불필요한 설명이 길고 정작 중요한 사실이나 개입 내용이 빠져 있는 기록
- **사실과 의견이 혼재** : 관찰된 사실과 사회복지사의 해석 또는 판단의 구분이 어려운 기록

- 부적절한 언어 사용 : 감정적, 비전문적 혹은 클라이언트를 비하하거나 편견이 담긴 언어를 사용한 기록
- 기록 지연 및 기억 의존 : 사건 발생 시점과 기록 시점의 차이가 커서 사실 왜곡의 우려가 있는 기록
- 비관련 정보 과다 기재 : 사례와 무관한 개인사, 사적인 감정, 불필요한 배경이 기록되어 기록의 초점을 흐린 기록
- 구조적 일관성 결여 : 시간 순서, 논리적 흐름, 형식이 일정하기 않아 읽는 사람이 혼란스러운 느낌의 기록
- 비윤리적 정보 노출 : 클라이언트의 민감한 정보(예 신체, 정신건강, 범죄이력 등)를 과도하게 기재하거나 비밀보장 원칙을 위반한 기록
- 무계획적 기록 : 개입목표나 방향 없이 사실만 나열되어 개입의 맥락과 전략을 파악하기 어려운 기록
- 기록의 대상이나 목적 미고려 : 누구를 위한 기록인지 고려되지 않아 협업이나 평가, 후속 개입에 활용되기 어려운 기록

3) 기록 시 유의사항

기록은 사회복지사의 역량평가, 기관평가, 감사, 법정 자료 등 다양한 장면에서 활용될 수 있다. 따라서 사회복지사는 다음과 같은 사항들을 사전에 유념할 필요가 있다. 첫째, 사실에 근거한 기록을 하여야 한다. 즉, 관찰된 사실만 기록하고 추측이나 주관적인 판단은 지양해야 한다. 만약 감정표현을 기록해야 한다면 클라이언트의 진술을 직접인용하거나 구체적인 행동으로 표현한다. 둘째, 명확하고 간결하게 표현해야 한다. 핵심 위주로 짧고 이해하기 쉽게 작성해야 하며 불필요한 반복이나 장황한 설명은 피한다. 셋째, 기록은 적시성이 중요하므로 사건 발생 직후 가능한 한 빠르게

기록해야 한다. 또한 기록이 늦어지게 될 경우 작성일과 실제 상황 발생일을 구분하여 명시하도록 한다. 넷째, 조직적이고 일관되게 기록해야 한다. 기록은 시간 순서 또는 주제별로 구성하여 가독성을 높이고 기록형식과 용어는 기관 기준에 따라 일관되게 사용해야 한다. 다섯째, 목적에 맞는 내용으로 구성해야 한다. 사례관리, 개입계획, 평가 등 기록의 목적에 맞는 정보만 포함해야 하며 불필요하거나 목적과 관련 없는 정보는 배제해야 한다. 여섯째, 윤리적인 고려가 필요하다. 클라이언트의 개인정보 보호에 유의하여 설명이나 신상정보는 최소화해야 하고, 기록은 보안이 확보된 방식으로 보관하고 허가 없이 외부와 공유하지 않아야 한다. 일곱째, 사회복지사는 기록에 전문성과 책임성을 가져야 한다. 즉, 기록은 전문적 언어와 태도로 작성해야 하며 기록의 정확성과 완성도에 책임을 가져야 한다.

제 10 장

사례관리

1. 사례관리의 개념
2. 사례관리의 등장배경
3. 사례관리의 과정
4. 사례관리의 적용사례

제 10 장

사례관리

학습목표

- 사례관리의 개념을 정의하고 이를 말로 설명할 수 있다.
- 사례관리의 등장배경 일곱 가지를 제시하고 각각의 의미를 말로 설명할 수 있다.
- 사례관리의 과정 여섯 가지를 제시하고 각각의 의미를 말로 설명할 수 있다.
- 어떤 사례를 제시하면 사례관리의 과정에 따라 사례관리자의 역할을 수행할 수 있는지 이해할 수 있다.

사회복지실천에서 사례관리란 다양하고 복합적인 문제를 지닌 클라이언트의 문제를 해결하기 위해서 클라이언트의 개별적인 상황에 맞추어서 원조계획을 수립하고 관계된 여러 공공과 민간의 제반 서비스를 적절하게 연결하고 조정하는 서비스 혹은 서비스 체계를 의미한다.

사례관리는 보건 및 사회서비스 분야의 다양하고 복잡한 문제에 대한 해답으로 폭넓게 받아들이고 있다. 특히 만성 정신장애인, 지체 및 발달장애인, 그리고 만성질환을 가진 노인복지 영역에서 유용한 접근방법으로 널리 사용된 사회복지실천의 방법이다.

사례관리의 주된 대상인 집단(예 정신장애인, 만성질환을 가지고 있는 노인 등)에 대한 서비스는 기관의 범주에 한정된 서비스를 제공하기보다는 클라이언트의 개별적인 욕구에 초점을 두고, 기관은 물론 지역사회의 다양한 서비스 자원들을 연결하고 조정해야 할 필요성이 높다.

복합적인 욕구를 지닌 클라이언트의 증가와 사회복지서비스의 확대 및 지역사회 중심의 사회복지서비스의 확대와 같은 사회환경 변화에 따라 사회복지사들에게 사례관리에 대한 이해와 활용능력이 매우 높게 요구되고 있다. 최근에는 공공기관의 시비스를 민간과 협력하여 효율적이고 효과적인 서비스를 제공하려는 움직임이 활발하게 일어나고 있는바 향후 사례관리 전문가의 수요는 크게 확대될 가능성이 있으므로 사회복지사들은 사례관리에 대한 전문적인 능력을 갖출 필요가 있다.

이 장에서는 사례관리 실천에 대한 기본적인 지식과 활용능력을 갖추도록 하는 데 필요한 내용을 사례관리의 개념, 사례관리의 등장배경, 사례관리의 과정, 그리고 사례관리의 적용사례 등을 중심으로 살펴보고자 한다.

1. 사례관리의 개념

사례관리는 한 가지 단일한 개념으로 정의를 내리기는 매우 어렵다. 즉, 사회복지실천의 역사에서 사례관리는 대상자의 욕구, 서비스의 목적 및 서비스 제공자의 역할에 따라 다양하고 포괄적인 형태로 적용되어 왔기 때문이다. 여기에서는 사례관리에 대한 여러 학자들의 정의를 정리해 보고 이러한 관점들을 요약해서 사례관리의 개념을 정리해 보고자 한다. 여러 학자들의 사례관리에 관한 다양한 견해들을 정리해 보면 다음과 같다.

존슨과 루빈(Johnson & Rubin, 1983)의 견해에 따르면, 사례관리란 "사례관리자가 클라이언트를 복잡한 서비스 전달체계와 연계시켜 적절한 서비스를 받을 수 있도록 책임을 지는 것"으로 정의하였다.

바커(Barker, 1991)는 사례관리란 “클라이언트나 클라이언트의 집단을 위해 모든 원조활동을 조정하는 절차”로 정의하면서 한 기관 혹은 다양한 기관의 사회복지사들이 전문적인 팀워크를 통해 클라이언트에게 제공될 서비스를 조정하고 필요한 서비스를 확대하며 전문적인 서비스 제공과정을 점검하고 평가하여 재사정하는 과정이라고 하였다.

목슬레이(Moxley, 1986)는 사례관리란 “복합적 욕구를 가진 사람들의 기능화와 복지를 위해 공식적·비공식적 지원과 활동의 망을 조직·조정·유지하는 것”으로 개념 정의를 하고 있으며, 그 구체적 내용으로는 서비스와 지원들을 이용하고 접근하는 데 있어서 가능한 한 클라이언트 자신의 생활기술을 증진시키도록 하는 것, 클라이언트의 복지와 기능화를 증진시키기 위해 사회적 망과 관련 대인복지서비스 제공자들의 능력을 발전시키도록 하는 것, 그리고 가능한 한 가장 효율적인 방법으로 전달되는 서비스 및 지원이 되도록 하고 동시에 서비스의 효과성을 증진시키도록 하는 것으로 개념을 정의하고 있다. 목슬레이의 정의는 여러 가지 정의 중에서 가장 고전적이고 널리 인정받는 정의에 해당한다.

마에다(前田大作, 1990)는 사례관리란 “허약하고 장애가 있는 노인 등 중복욕구를 가진 사람들, 그리고 정신적이고 신체적인 장애 때문에 현대사회의 고도로 전문화된 각종 서비스나 민간단체, 친구, 이웃 사람들의 지원을 스스로 적절하게 활용할 수 없는 사람들에게 욕구에 맞는 서비스를 받게 하고 민간단체, 친구, 이웃으로부터 가능한 범위의 지원을 받을 수 있도록 하는 것”으로 정의하고 있다.

전미사회복지사협회(NASW, 1984)에 따르면, 사례관리란 “클라이언트의 다양한 욕구를 충족시키는 포괄적인(package) 서비스를 제공하기 위해 클라이언트와 가족의 욕구를 사정하고 서비스를 준비·조정·점검·평가·옹호하는 사회복지사에 의한 서비스 제공방법이며, 사회복지사는 사례관리의 중요한 서비스 제공자"이다(백은령 외, 2008 재인용).

미국사회사업 백과사전(1987)에 따르면, 사례관리란 "복잡한 여러 가지 문제와 장애를 가지고 있는 클라이언트가 적합한 형태로, 적절한 시기에, 그들이 필요로 하는 모든 서비스를 제공받을 수 있도록 보장하는 것으로서 포괄적 서비스를 제공하기 위한 방법"이다.

랩과 챔버린(Rapp & Chamberain, 1985)에 따르면, 사례관리란 "탈시설화의 영향으로 인해 나타나는 서비스 전달체계상 서비스의 단편성, 분산성, 불연속성, 비접근성, 중복성 등의 문제를 극복하기 위한 해결책"이다.

오코너(O'Conor, 1988)는 사례관리란 "클라이언트의 욕구에 맞는 서비스의 제공을 위하여 지역자원을 효과적으로 조직하고 조정하는 행정적·관리적 특성과 개별사회사업에서 진보된 실천방법으로 전문적 관계 속에서 지속적 보호와 상담 및 치료를 제공하는 직접적 개입의 특성을 지닌 것"으로 정의하고 있다.

이상의 다양한 개념 정의들을 종합해 보면, 사례관리란 생태체계적 관점을 기반으로 만성적이고 복합적인 문제를 가진 클라이언트와 그들의 가족과 함께 클라이언트의 개별적인 욕구에 맞는 서비스를 계획하고 제공하기 위한 서비스 제공과 주요 서비스 제공자(기관 혹은 사람)들을 서로 연계하여 네트워크를 형성하고 효과적인 서비스를 제공하기 위해 서비스를 조정·점검·평가하는 체계적이고 통합적인 사회복지실천의 접근방법으로 요약할 수 있다.

이를 위해 사례관리자는 크게 두 가지 측면에 관심을 갖는다. 즉, 임상 및 치료적 측면과 행정, 특히 조정 및 옹호 측면이다. 따라서 사례관리자는 클라이언트나 가족을 대신하여 필요한 임상서비스를 제공함은 물론, 그들의 사회적 기능 수행을 향상시키기 위해 필요한 자원을 획득하고자 그들과 함께 탐색적 활동에 종사하게 된다.

2. 사례관리의 등장배경

사례관리가 본격적으로 등장하게 된 것은 1970년대이지만 이미 1960년대부터 미국에서 그 단초는 마련이 되었다. 즉, 1960년대 미국의 인간봉사 프로그램의 성장과 관련이 있다. 미국에서 당시 서비스에 대한 막대한 정부지원이 시행되었으나 서비스들은 개별적인 기관중심으로 이루어지면서 서비스가 분파적으로 제공되고 서비스의 중복 문제가 발생하게 되었다. 서로 다른 많은 프로그램들이 클라이언트들의 단편적인 문제에 집중되어 서비스가 제공됨에 따라 복잡한 문제와 욕구를 가진 개인들에게 적절한 서비스를 제공하지 못한다는 문제인식이 싹트게 되었다.

이러한 문제인식을 바탕으로 미국에서는 시설중심의 서비스를 지양하고 지역사회 중심의 서비스를 제공하며 각종 서비스를 조정하려는 변화가 시작되었다. 그리고 인구사회학적으로 노인, 장애인과 같은 복합적인 욕구를 지닌 만성질환자의 서비스 대상이 증가하면서 사례관리의 필요성이 본격적으로 대두되었다.

그 결과 1970년대 초에 이르러서 보건 교육 및 복지부에서는 연방서비스 프로그램을 통합하고 조정해서 제공하려는 일련의 시범 프로젝트를 시행하게 되었다. 서비스 통합 프로젝트는 클라이언트 추적 체계, 정보 및 의뢰 체계, One-stop 서비스센터, 상호 기관연계 체계 구축과 같은 특징을 지닌다. 새로운 형태의 통합 프로젝트를 효과적으로 운영하기 위해서는 전문적인 사례관리자를 필요로 하게 되었으며, 사례관리자를 통해서 클라이언트에 대한 서비스 자원들을 조정하도록 하고, 효과적이고 효율적인 서비스 전달에 대한 책임을 갖도록 하였다.

사례관리가 자리를 잡게 되고 성장하는 데 기여한 또 다른 중요한 요인 중 하나는 정신보건 분야에서의 탈시설화 운동이었다. 즉, 정신장애인과 지적장애인을 시설보호에서 탈피하여 지역사회에 정착하도록 하려는 탈시설화 정책이 시작되었다. 그러나 지역사회 정신보건센터가 퇴원한 정신장애인들을 적절히 추후 지도하는 데 실패하였고 정신장애인 가족들의 돌봄부담이 더욱 커지게 되었다. 탈시설화는 정신장애인들이 적절한 지원(예 주거, 수입, 직장, 정서적 지원)을 받지 못하게 하였으며, 이로 인해 가족들의 돌봄부담이 가중되는 부정적인 결과를 초래하게 되었다. 이러한 문제를 해결하기 위한 시도는 정신장애인을 위한 서비스를 통합하고 조정하는 역할을 수행하는 데 필요한 사례관리가 사회복지실천의 중요한 영역으로 자리를 잡게 된 하나의 원인이 되었다. 즉, 사례관리는 미국 정신 보건국립연구소(NIMH)의 지역사회 프로그램(Community support program)의 핵심이 되었다.

사례관리의 등장배경으로 목슬레이(Moxley, 1989)가 제안한 사회복지실천의 대인복지서비스 영역에서 사례관리가 등장하게 된 배경을 중심으로 정리해 보면 다음과 같은 일곱 가지가 있다. 즉, 탈시설화, 서비스 전달의 지방분권화, 클라이언트와 그 가족에게 부과되는 과도한 책임, 복합적인 욕구를 가진 클라이언트의 증가, 기존 서비스의 단편성, 사회적 지지체계와 지원망의 중요성에 대한 인식의 증가, 그리고 서비스 비용 억제의 필요성이다.

1) 탈시설화

탈시설화는 기존의 원조대상자들을 시설중심으로 보호하던 전통에서 탈피하여 가족과 함께 지역사회 내에서 생활하면서 서비스를 제공받는 형태의 지역사회 복귀를 의미한다. 기존의 시설중심 서비스가 제한된 시설체계 안에서 행정적 관료주의에 치우쳐 있으며, 경우에 따라서는 시설보호를 통한 서비스가 공적 부담비용을 증가시키는 문제를 해결하고자 지역사회 중심의 재가복지서비스 정책으로 전환하게 되었다.

그러나 이러한 지역사회 중심의 재가서비스의 문제점으로는 클라이언트의 다양한 욕구에 대하여 각기 다른 여러 기관에서 원조가 이루어짐으로써 서비스가 단편화되고 분산되므로, 클라이언트의 욕구에 대응하는 사회서비스 자원의 이용체계가 제대로 확립되지 못해서 서비스를 제공받기가 어려운 점, 만성적 질환(예 정신질환자, 치매노인, 요양이 필요한 노인 등)으로 인해 의존성이 매우 높은 클라이언트에 대한 가족의 돌봄부담 증가 및 돌봄기피 현상 초래로 인한 원조기관의 부담 증가와 같은 세 가지 문제가 발생하게 되었다. 그 결과 기관 단위의 서비스 제공의 문제를 해소하기 위해 통합적이고 포괄적인 관리체계로서 사례관리가 등장하게 되었다.

2) 서비스 전달의 지방분권화

1970년대 미국에서는 사회복지서비스 제공을 연방정부 중심에서 주정부나 지방정부로 이관하였다. 시설중심의 문제를 해소하고 재가중심의 지역사회서비스로 전환하게 되면서 발생하게 된 문제가 지역사회 내의 여러 서비스 기관들이 다양한 서비스를 제공하는 과정에서 서비스가 중복되어 제공되었다. 즉, 서비스가 분산되고 단편적으로 제공되면서 서비스 중복의 문제가 발생하게 된 것이다. 이런 문제를 해결하기 위해서 서비스를 조직화하고 통합하여 효율적으로 서비스를 제공할 수 있는 전달체계로서 사례관리가 등장하게 되었다.

3) 클라이언트와 그 가족에게 부과되는 과도한 책임

탈시설화를 통해서 만성적이고 복합적인 욕구를 지닌 클라이언트가 재가 서비스 중심의 지역사회 보호 서비스로 전환되면서 클라이언트와 그 가족들은 지역사회 내의 적절한 환경자원의 미비로 많은 책임을 안게 되었고, 이로 인해 클라이언트를 보호해야 할 가족들에게는 돌봄의 부담이 매우 커지게 되었다. 예를 들면, 주거시설 같은 환경자원의 미비는 부랑인들을 양산하는 결과를 가져왔다. 따라서 클라이언트와 그 가족들을 위해 환경자원을 개발하고 다양한 서비스 자원들을 연결할 수 있도록 돕는 서비스 기능이 필요하게 되었다.

4) 복합적인 욕구를 가진 클라이언트의 증가

다양한 사회문제가 발생하고 인구사회학적 요인의 변화에 따라 복합적인 문제와 욕구를 지닌 클라이언트가 증가하였다. 대표적인 집단이 장애인과 노인이며, 이들 집단의 클라이언트가 증가하게 되었다. 이들은 소득, 주택, 사회화, 재활, 의료 등의 서비스 영역에서 적어도 두 가지 이상의 서비스를 필요로 하는 클라이언트들에 해당한다. 이와 같이 복합적인 욕구를 가진 클라이언트는 자신들의 욕구를 지원해 줄 전달체계가 제대로 확립되지 못하면 지역사회에서의 보호와 서비스 제공이 제대로 이루어지지 못하면서 생활이 어려운 상황에 처하는 경우가 빈번하게 일어난다. 이들에게 제공되는 한정된 범위의 특정한 대상자에게만 제공되는 단편적이고 세분화된 서비스 제공을 지양하고, 관련된 모든 서비스를 조직화하고 통합 및 상호 연계하여 클라이언트의 복합적인 문제를 해결하기 위한 서비스 전달체계로서 사례관리가 필요하게 되었다.

5) 기존 서비스의 단편성

복합적이고 만성적인 문제를 지닌 클라이언트는 증가하는 반면에 기존의 서비스는 주요한 영역들로 범주화하여 분류하게 되고, 이를 기준으로 서비스를 제공함으로써 서비스 제공의 단편성 문제를 지니고 있다. 두 가지 이상의 욕구를 가진 클라이언트인 경우 서비스 공급기관 간의 상호 조정과 연계를 통한 통합적인 서비스 전달이 이루어지지 못하는 경우가 빈번하게 발생하게 된다. 따라서 서비스 공급자들이 서비스의 편파성과 범주적인 분류에서 벗어나 상호 연계하고 통합하는 서비스 전달체계로서 사례관리가 필요하게 되었다.

6) 사회적 지지체계와 지원망의 중요성에 대한 인식의 증가(사회적 지원망의 중요성 강조)

대인복지서비스에서 클라이언트의 삶의 질 향상을 위해서 사회적 지원체계와 지원망의 영향이 매우 크다는 인식이 확산되었다. 사회적 지지체계(social support system)와 지원망(support network)의 중요성에 대한 인식의 증가는 가족, 친족 및 친구, 이웃 등의 비공식적인 지지체계와 사회적 서비스 제공의 중요성에 대한 필요성의 인식을 의미한다. 실제로 대인복지서비스에서는 클라이언트의 삶의 질을 높이기 위한 사회적 지원체계와 지원망의 영향이 매우 크다. 따라서 공적인 서비스와 비공식적 지원체계와 지원망을 조정하고 통합하는 사례관리가 필요하게 되었다.

7) 서비스 비용 억제의 필요성(서비스 비용 절감의 필요성)

사회복지서비스가 정부의 개입을 점차 줄이고 이를 지방자치정부와 민간

기관으로 이양하는 혼합적 형태의 복지가 주류를 이루게 되었다. 대규모 사회복지시설을 통한 서비스 제공은 많은 비용이 들기 때문에 정부 입장에서는 불필요한 시설입소를 줄이고 상대적으로 비용이 저렴한 지역사회 중심의 재가서비스를 확대하게 되었다.

정부 입장에서 비용효과에 대한 인식의 증가는 대인복지서비스에 있어서 결핍된 자원을 두고 서비스의 효과를 최대화하고 서비스 전달에 소요되는 비용을 억제할 필요성을 갖게 된다. 이런 인식을 바탕으로 정부에서는 사례관리를 통해서 복지서비스의 효과성, 책임성에 기초하여 서비스의 중복을 점검하고, 서비스 계획을 관리하며, 서비스 전달의 효과성을 최대화할 수 있는 서비스 전달체계를 필요로 하게 되었다.

3. 사례관리의 과정

사례관리의 과정은 사회복지실천과 동일하다. 사례관리도 역시 사회복지실천의 하나의 방법이기 때문이다. 사례관리의 과정에 대해서는 다양한 견해들이 존재한다. 그러나 사례관리의 핵심 요소와 기능에 대해서는 일반적인 합의가 존재하므로 사례관리의 과정에 대한 내용은 거의 유사하다.

대표적인 견해를 살펴보면, 목슬레이(Moxley, 1989)는 사정, 서비스 계획, 실행, 점검, 검토와 평가의 다섯 가지 단계로 구분하였다. 그리고 화이트(White, 1986)는 사례발견, 사정, 보호 혹은 서비스 계획, 조정, 사후지도, 재사정으로 제안하고 있다.

사례관리과정의 다양한 견해들을 표로 정리하면 <표 10-1>과 같다(백은영 외, 2008 : 405 재인용).

<표 10-1> 사례관리과정의 주요 과정에 대한 견해들

스테인버그와 카터 (Steinberg & Carter, 1983)	웨일과 카를 (Weil & Karls, 1985)	화이트 (White, 1986)	목슬레이 (Moxley, 1989)	찰리스와 데이비스 (Challis & Davies, 1989)	로스만 (Rothman, 1991)	장인협 · 우국희 (2001)
가입 (사례발견, 사전적격 심사)	클라이언트의 확인과 출장원조	사례발견		사례발견	기관에의 접근, 접수	인테이크
사정	개별적 사정과 진단	사정	사정	사정	인테이크 사정과 목표수립	사정
목표설정, 서비스 기획, 능력조정	서비스 기획, 자원 확인	보호 혹은 서비스 계획	서비스 계획	사례계획 및 서비스 배정	개입계획, 자원 확인과 목록 만들기	계획수립
보호계획의 실행	서비스 연결, 서비스 실행과 조정	조정	실행		클라이언트 연결	실행
재사정	서비스 전달의 점검 및 옹호	사후지도, 재사정	점검	점검 및 재평가	점검과 재사정	점검 및 재평가
종결, 관계유지	평가		검토와 평가	종료	결과평가	평가 및 종결

위 표에서와 같이 장인협과 우국희(2001)는 인테이크, 사정, 계획수립, 실행, 점검 및 재평가, 평가 및 종결로 구분하여 과정을 제안하고 있다. 이러한 사례관리과정에 따른 사례관리모형은 |그림 10-1|과 같다.

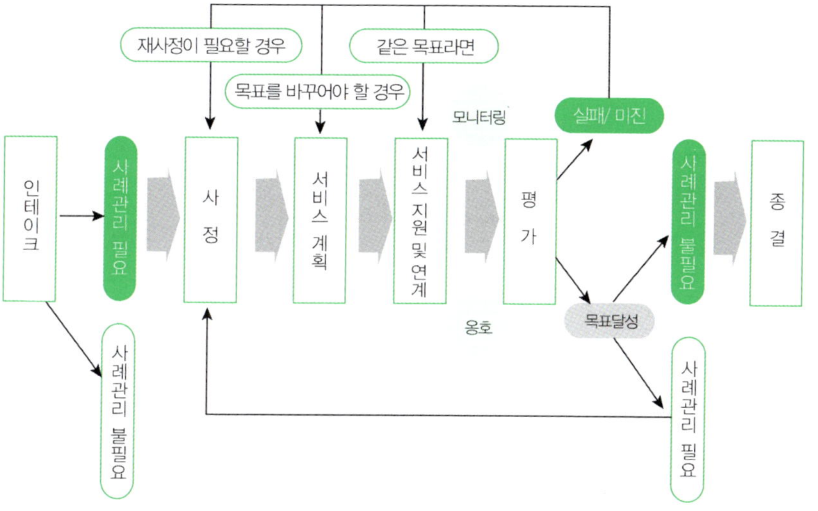

[그림 10-1] 주민생활지원서비스 업무 매뉴얼

출처 : 행정자치부 주민서비스혁신추진단(2006).

다양한 사례관리과정들을 요약해서 정리해 보면 일반적으로 사례관리의 과정은 인테이크, 사정, 계획, 개입, 점검, 평가 및 종결의 여섯 가지로 나뉜다. 여기에 사례별로 또는 학자별로 의견이 첨가되기도 한다. 사회복지실천 현장의 대표적인 사례관리과정에 따라 그 내용을 정리해 보면 다음과 같다.

1) 인테이크

인테이크(intake) 단계는 사례를 발견하는 과정으로, 아웃리치(outreach)와 의뢰 및 스크리닝(screening)하는 모든 과정을 포함하는 것으로 이해해야 한다. 이 단계에서는 서비스 요청에 대한 정보를 수집하고 이를 바탕으로 기관의 사례관리 대상으로서의 적합성을 판단한다. 이때 초기면접지를 작성하여야 한다.

기관의 사례관리 대상으로 적합한지를 판단하기 위해서는 정해진 기준에 적합한 대상자인지를 확인하고, 이에 따라 클라이언트를 사례관리서비스 대상자로 결정하는 과정이다. 이를 통해서 부적절한 의뢰나 서비스대상자로 적합하지 않는 사람을 미리 스크리닝하여 실제로 서비스가 필요한 클라이언트에게 신속한 서비스가 제공되도록 하여야 한다.

면접지 작성은 원칙적으로 대상자를 직접 면접하여 작성하여야 하지만 의뢰인 또는 후견인과 함께 면접을 실시할 수 있다. 해당 기관의 사례관리자가 작성하여야 하지만 반드시 초기면접을 사례관리자가 해야 하는 것은 아니다. 그러나 클라이언트로 판정이 되고 난 이후에는 운영규정에 따라 사례관리자를 배정하여야 한다. 그리고 적절한 사례관리 대상이 아니라고 판정되는 경우에는 적절한 기관으로 의뢰하여야 한다. 사례관리의 초기에는 아웃리치가 매우 중요하다. 즉, 잠재적 클라이언트를 적극적으로 발견하고 서비스를 빠르게 제공하는 아웃리치가 매우 중요하다. 예를 들면, 가출청소년이 많이 발견되는 시내 중심가의 적극적인 아웃리치를 통해 조기에 문제를 발견하고 적절한 서비스를 제공하는 것은 청소년 복지서비스에서 매우 중요하다.

2) 사 정

사정(assessment)이란 클라이언트의 현재 기능에 관한 광범위하고 구조화된 평가의 과정을 의미한다. 따라서 클라이언트의 복합적인 욕구와 문제, 기능, 강점과 잠재력, 공식적・비공식적 지원체계 등에 관한 자료를 수집하고 종합적으로 이를 분석하는 과정이 필요하다.

사정을 통해서 클라이언트의 문제상황을 이해하고 이를 바탕으로 개입을 위한 계획을 수립하게 된다. 사정을 기초로 목표를 설정하고 개입을 하게 됨으로써 개입의 효과는 사정의 정확도에 달려있다. 따라서 사정단계에서 사례관리자는 클라이언트와 그 가족이 제시한 문제는 물론 신체적·인지적·사회적·정서적 욕구뿐만 아니라 재정적 및 환경적 욕구를 파악해야 한다. 또한 클라이언트와 클라이언트의 환경에 내재하는 장단점 모두를 사정대상으로 하여야 한다.

사정의 구체적인 내용에 대한 대표적인 학자들의 견해를 몇 가지 살펴보면 다음과 같다(백은령 외, 2008 : 318－319 재인용).

존슨(Johnson, 1998)은 사정활동에 포함해야 할 과업활동을 다섯 가지로 제안하였다.

- 클라이언트의 문제 또는 욕구의 확인
- 클라이언트의 강점과 자원의 규명
- 문제나 욕구를 심층적으로 이해하기 위해 필요한 정보의 확인
- 이러한 욕구와 문제를 다루기 위한 적절한 수단의 결정
- 정보의 수집과 분석

콤튼과 갤러웨이(Compton & Galaway, 1999)는 사정과정을 다음과 같이 제안하고 있다.

- 클라이언트의 문제를 확인한다.
- 문제상황에 대한 주요 요소를 이해한다.
- 클라이언트의 성격적 요인을 분석한다.
- 클라이언트가 처한 환경의 강점 및 사회적 상황의 역동성을 분석한다.
- 개입목표를 설정한다.
- 과제와 전략을 결정한다.
- 클라이언트의 변화노력을 예측한다.

위와 같은 여러 견해들을 종합해서 사정단계의 대표적인 영역을 다음과 같이 요약 정리해 볼 수 있다.

- 클라이언트의 능력과 대인서비스 욕구에 대한 사정영역
- 클라이언트의 사회적 관계망과 관계망 속 구성원들의 클라이언트 욕구에 부응하는 능력에 대한 사정영역
- 대인서비스 제공자와 이러한 제공자가 클라이언트의 욕구에 부응하는 능력에 대한 사정영역

3) 계 획

계획(planning)은 사정단계에서 수집된 정보를 바탕으로 달성하고자 하는 클라이언트의 변화목표를 분명히 하고 정해진 목표를 달성하는 데 필요한 전략, 방법으로서의 서비스를 구성해 가는 논리적 과정에 해당한다. 즉, 사정에서 얻은 자료들을 근거로 작성된 욕구 목록을 실행으로 옮기기 위한 전략을 수립하는 것이다.

목표를 성취하고자 하는 계획은 사례관리자의 실천을 위한 지침이 되며 서비스의 책임성과 개입에 대한 평가의 근거가 된다. 목표의 성취를 위해서는 이용 가능한 서비스 자원을 정확히 파악하여야 구체화가 가능하다. 그러므로 이 단계에서 사례관리자는 클라이언트의 능력과 기술의 개선을 위한 목표, 필요한 서비스들의 활용을 위한 목표, 사회망을 통한 개입의 목표들을 설정하고, 그 목표들을 달성하기 위한 구체적인 개입계획을 수립하여, 서비스 전달에서 나타날 수 있는 장애요인 등을 명확하게 분석하여야 한다(Wood & Middement, 1989).

목슬레이(Moxley, 1989)는 이 단계에서 점검과 평가를 할 수 있도록 서비스 효과성에 대한 지침을 정확히 설정해야 한다고 하였으며, 그 기본 원칙

을 다음과 같이 제안하였다(Schneider, 1988).

- 보호계획은 클라이언트의 기능을 포괄적으로 측정한 결과를 바탕으로 수립한다.
- 클라이언트와 보호자를 계획과정에 참여시킨다.
- 구체적인 보호기간을 정한다.
- 공식적 서비스와 비공식적 서비스를 모두 계획한다.
- 비용을 의식하고 있어야 한다.
- 보고서를 꼭 작성한다.

4) 개 입

개입은 사정 및 계획단계에서 작성된 목적달성을 위해 수립된 계획들을 실천하는 과정이다. 사례관리자는 계획을 현실화하기 위하여 필요한 모든 서비스를 제공하기 위해 노력하면서 클라이언트와 자원망과의 접촉도 빈번해지고 다양해지면서 원활한 소통을 위한 조정의 역할도 수행하여야 한다. 개입단계는 사례관리 전체의 성공 여부를 판가름할 수 있는 중요한 과정이다.

사례관리의 성공을 위해서는 다음의 세 가지 주체 간의 활발한 상호작용이 있어야 하며, 사례관리자는 활발한 상호작용과 적절한 조정 역할을 해야 한다.

- **클라이언트** : 문제해결과정을 주체적으로 추진해야 하는 주체
- **실행역할을 분담한 자원망** : 클라이언트에게 정해진 서비스를 제공하고 다른 자원망과의 원활한 소통이 필요하며 사례관리자의 점검과 조정에 협력해야 하는 주체

- **사례관리자** : 클라이언트와 자원망에 대해 각각 계획실행이 원만하게 이루어지도록 관리하고 활발한 상호작용이 일어나도록 조정하는 주체

서비스 조정에 있어서의 사례관리자의 역할을 구체적으로 살펴보면 다음과 같다.

- **가족과의 연계** : 문제해결을 위해 가족의 참여를 유도하고 설정한 목표를 향한 주도적인 역할을 제시하여야 한다.
- **기존의 유대 강화 및 유지** : 클라이언트가 가지고 있는 기존 사회적 지원망에 대해 긍정적 인식을 유지하도록 교육 및 관계기술 등의 노력을 해야 한다. 유대 강화를 통해서 문제해결을 위한 타 지원망에 대한 거부감을 방지하여야 한다.
- **전문가와의 연계** : 문제해결에 필요한 전문가와 연계를 통한 효과적인 사례관리를 추구해야 한다. 전문가는 직접적이고 전문적인 기술을 가지고 있으므로 타 지원망과 구분된다.
- **지역사회 자원을 이용한 새로운 사회적 지원망 구축** : 서비스 자원제공자와 사례관리자와의 관계를 클라이언트와의 서비스 자원제공자 관계로 이전 혹은 재형성하는 것이다. 사례관리자는 연결개입을 통해 비공식적 자원체계를 개발하는 자원제공자, 비공식적 자원체계와 공식적 자원체계를 연결하는 연계자, 그리고 지역사회와 기관과의 새로운 관계의 수립 등을 통해 조직화하는 지역사회 조직가로서의 역할을 담당하여야 한다.

개입은 직접개입과 간접개입 두 가지 유형으로 구분된다. 구체적인 내용은 다음과 같다.

① 직접개입

직접개입은 개인, 가족, 소집단 등의 클라이언트 체계 자체를 변화시켜서 문제가 해결될 수 있도록 원조하는 개입방법에 해당한다. 구체적으로 클라이언트에게 정보를 제공하거나 교육을 수행하는 것 혹은 직접적으로 상담을 하는 것이 직접개입에 해당한다. 직접개입에서 사례관리자는 상담가, 교육자, 정보제공자 혹은 훈련가 등의 역할을 수행한다.

② 간접개입

간접개입은 직접개입과는 다르게 클라이언트의 주변 체계의 변화를 유도하여서 문제가 해결되도록 원조하는 개입방법에 해당한다. 클라이언트와 직접 접촉을 통한 서비스를 제공하지는 않지만 클라이언트의 자원획득을 위한 중개 혹은 의뢰하기, 외부 서비스 제공자와 클라이언트의 연결, 서비스의 중복과 누락방지를 위한 조정 역할, 그리고 클라이언트의 옹호활동 등이 간접개입에 해당한다.

5) 점검과 재사정

점검(모니터링, monitoring)이란 계획에 따른 서비스와 자원의 전달과정이 제대로 잘 이루어지고 있는지를 확인하고 추적하기 위해서 사례관리자가 활동하는 과정을 의미한다. 즉, 제공되고 있는 서비스에 관한 것으로 제공되는 서비스가 적절한지, 서비스의 질은 높은지, 서비스가 클라이언트의 욕구를 충족하고 있는지를 평가하는 과정이다. 사례관리자는 이 목적을 달성하기 위해서 클라이언트 점검, 자원망 점검, 클라이언트와 자원 간의 상호작용 점검과 같은 세 가지 차원의 점검을 포함하여야 한다.

재사정(re-assessment)은 클라이언트의 욕구변화를 다시 사정하는 것이다. 클라이언트에게 새로운 욕구가 생겼거나 기존의 욕구가 변화되었다면 재사정을 통하여 서비스 계획의 변화를 검토한다.

점검영역별 구체적인 점검내용은 다음과 같다.

① 클라이언트 점검

서비스 대상인 클라이언트에 관한 점검으로서 사례관리자의 주요 초점은 클라이언트 스스로의 노력, 서비스와 지원계획의 지속 여부, 클라이언트의 목표달성에 필요한 활동의 이행 여부, 계획의 성취를 위해 정해진 자기 관리활동의 적정성 등 이러한 제반 활동들이 클라이언트의 욕구를 충족시키고 있는지의 여부에 관해서 모니터링을 실시한다.

② 자원망 점검

사회적 지원망과 구성원들이 클라이언트에 대한 서비스와 지원목표의 달성을 위해 기여하고 있는 정도에 초점을 둔다. 따라서 사례관리자는 사회적 지원망과 구성원들이 정해진 목표의 충족을 위해 적절하게 자신들의 과업을 이행하고 있는지를 모니터링한다. 이때 지원의 적절성 여부도 평가한다.

③ 클라이언트와 자원망 간의 상호작용에 관한 점검

사례관리자는 클라이언트에게 서비스를 제공하는 다른 전문가의 활동의 적절성을 점검한다. 즉, 전문가가 계획된 활동에 근거해서 서비스를 수행하고 있는지(노력요인), 이러한 활동이나 서비스가 환자의 욕구충족을 위해 필요한 것인지의 여부(적정성), 전문가의 서비스는 얼마나 적절하게 잘 제공되고 있는지(질적인 요소), 그리고 전문가의 서비스가 클라이언트의 욕구충족에 공헌하고 있는지(산출요소)에 초점을 두고 모니터링하는 과정이다.

6) 평가 및 종결

평가는 사례관리의 효과성을 판단하고 이를 제시하는 단계에 해당한다. 점검을 통해서 과정의 적절성을 평가하고, 나아가 결과적으로 사례관리과정과 사례관리자의 활동이 클라이언트의 삶에 어떤 변화를 가져왔는지 그 성과를 판단하는 과정이다. 이러한 평가는 일반적으로 3개월 단위로 이루어진다.

평가는 네 가지 영역으로 구분되며 다음과 같다.

- 클라이언트에 대한 서비스와 지원계획의 평가
- 목적달성 여부의 평가
- 사례관리서비스의 전반적인 과정에 대한 평가
- 클라이언트의 만족도 평가

종결은 사례관리자와 클라이언트의 관계가 끝나게 된 것을 의미한다. 종결은 클라이언트에게 더 이상 서비스가 필요 없는 상황이 되었을 때, 자원의 한계로 더 이상 클라이언트의 조건을 개선하기 어려운 상황이 되었을 때 혹은 클라이언트와 사례관리자 간의 문제가 발생함으로써 더 이상 서비스 제공이 어렵게 된 경우에 종결이 된다. 종결은 클라이언트와 관계된 모든 서류가 정리되고 이를 시비스 제공자들에게 공지함으로써 완료된다.

4. 사례관리의 적용사례

1) 사례개요

클라이언트(김○○)는 장애인 세대로 학습지 교사로 일을 하고 있으나 류머티즘 질환으로 인해 현재 일을 계속하기가 매우 어려운 상태에 있으며 기초생활수급자였으나 시아버지의 유산이 아들에게 상속되면서 차상위계층으로 전환되면서 경제적으로 매우 어려운 상황이다. 또한 두 아들의 학교생활과 가정생활이 힘든 상황이며 향후 생활비, 아들의 교육지원, 생활지도 등과 같은 경제적・교육적 문제가 더욱 어려울 것으로 예상된다.

2) 접수 및 사정

(1) 인적사항

<table>
<tr><td>대상자명</td><td>김○○</td><td>성별</td><td>여</td><td>나이</td><td>37</td><td>종교</td><td>무</td></tr>
<tr><td rowspan="3">대상자
분 류</td><td colspan="7">아동・청소년( ), 노인( ), 장애인(✓), 가족구성 형태(한부모 세대)</td></tr>
<tr><td colspan="7">일반수급( ), 조건부수급( ), 자활특례( ), 차상위(✓), 저소득( ), 일반( )</td></tr>
<tr><td>의료보장</td><td colspan="6">의료보호 1종( ), 2종(✓), 직장의료보험( ), 지역의료보험( )</td></tr>
<tr><td>주 소</td><td colspan="7">대구광역시 수성구 황금동</td></tr>
<tr><td>전화번호</td><td colspan="3">010-1234-5678</td><td>의뢰
경위</td><td colspan="3">주민센터 사회복지전담공무원</td></tr>
<tr><td rowspan="5">가
족
사
항</td><td>관계</td><td>성명</td><td>생년
월일</td><td>직업</td><td>종교</td><td>동거
여부</td><td>비 고</td></tr>
<tr><td>본인</td><td>김○○</td><td>1988</td><td>유</td><td>무</td><td>유</td><td>류머티스(베체트병)</td></tr>
<tr><td>자</td><td>박○○</td><td>2012</td><td>학생</td><td>무</td><td>유</td><td>성기비대증</td></tr>
<tr><td>자</td><td>박○○</td><td>2015</td><td>학생</td><td>무</td><td>유</td><td></td></tr>
<tr><td></td><td></td><td></td><td></td><td></td><td></td><td></td></tr>
</table>

3) 가계도 · 생태도

<table>
<tr><th>가계도</th><th>생태도</th></tr>
<tr><td>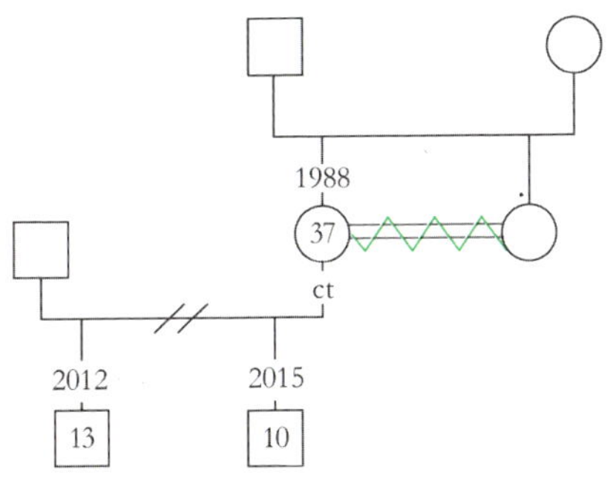
</td><td>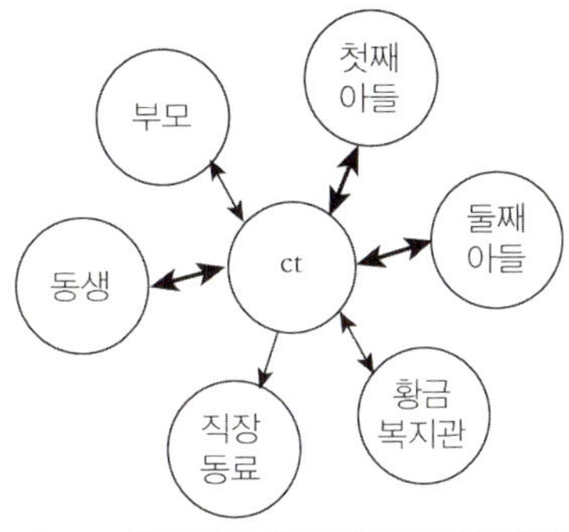
</td></tr>
<tr><td>• ct의 친정 부모님들이 대구에 거주하고 계시며 한 번씩 아이들을 돌봐주기 위해 집에 오시고 관계도 좋음
• ct의 여동생이 대구에 살고 있어 2주에 한 번씩 만날 정도로 아주 사이가 좋다고 함
• 남편과는 5년 전에 이혼하였고 아이들과도 연락은 하지 않으며, 전혀 왕래가 없음</td><td>• ct는 아들 둘과 거주하고 있으며 아들과 친밀도가 매우 높고 애정과 관심이 많음
• 오후 시간에 혼자 집에 있는 둘째 아들이 황금복지관 내 방과 후 공부방을 이용하게 되면서 복지관과의 관계가 지속적으로 이루어지고 있고 적응도 잘하고 있음</td></tr>
</table>

4) 개인력 · 가족력

① 개인력

1988년 2월 16일 대구에서 출생. 24살이 되던 해에 결혼을 하고 25살 때 첫째 아들을 출산함. 그 당시 남편이 사업을 하였는데 사업이 번창하면서 많이 바빠졌고 가정에 소홀하게 되면서 부부관계까지 나빠졌으며 큰아들이 8살이 되던 해에 남편과 이혼을 하였다고 함. 이혼 후 남편과 시댁과는 전혀 왕래나 연락을 하지 않고 있음. 대구에 친정 부모님과 여동생이 살고 있어 종종 만나고 관계도 좋음

2년 전에 황금동으로 이사를 왔고 전세로 빌라에 살고 있음. 1년 전쯤 기초수급에서 탈락하고 차상위본인부담경감으로 변경되었다고 함. 그 이유가 시아버지의 땅이 남편한테로 상속되면서 ct의 큰아들이 상속승계인이 되게 되어 재산이 잡히게 되었고 그 이유로 기초수급자에서 탈락하게 되었다고 함. 현재 학습지 교사로 생계를

이어가고 있긴 하나 자가면역기전에 의해 발생하는 질환인 류마티스 중 베체트병을 앓고 있어 몸에 무리가 많이 가게 되면 지속적으로 일을 하기가 힘들다고 함

② 가족력

- ct의 친부, 친모 : 대구 대명동에 거주하고 있고 아이들을 돌봐주기 위해 간간히 집에 오시고 관계가 좋다고 함
- ct의 동생 : 대구 침산동에 살고 있으며 2주에 한 번씩은 만나고 있으며 관계가 아주 좋다고 함
- ct의 첫째 아들 : 초등학교 6학년에 재학 중이며 ct와 사이가 매우 좋음. 성기비대증으로 인해 대학병원에서 수술을 해야 하는 상황인데 수술비가 부담이 되어 못하고 있는 상황임
- ct의 둘째 아들 : 초등학교 3학년에 재학 중이며, ct와 형과 매우 친밀도가 높음

5) 가족 및 사회적 관계

- 남편과 이혼하고 두 아들과 생활하며 아들과의 관계는 좋으며 아들에 대한 관심과 애정이 매우 높음
- 현재 직장의 동료들과는 일상적인 관계는 유지하고 있으나 친밀한 관계의 사람은 없음
- ct의 친정 부모와는 관계가 매우 좋지는 않으며 동생과의 관계는 매우 좋게 유지함
- ct의 두 아들의 형제관계는 매우 좋음

6) 사회적 상황

경제상황	• 수입 : 150만 원 이하(학습지 교사 월급) • 생활비 : 식비, 공과금, 세금 등 • 저축 : 무 • 부채 : 2,000만 원(매월 78만 원씩 상환 중) • 법정기준 : 차상위본인부담경감 대상자
건강상황	• 희귀성 질환인 류머티스 중 베체트병을 10년째 앓고 있으며 지속적으로 약을 복용 중임

	• 자가면역기전에 의해 발생하는 질환인 만큼 오랜 시간 일을 하거나 스트레스가 많은 경우 몸에 무리가 많이 가게 되면 기운이 없어 움직이기 힘들고 잠을 제대로 자지 못한다고 함 • 베체트병은 잠을 잘 자야지 증상이 호전이 된다고 하지만 밤에 수면제 없이는 잠이 들지 않을 정도로 잠이 잘 오지 않고 혹여나 수면제를 먹으면 다음날 오전까지 약 기운으로 인해 오전 내내 계속 멍한 상태라고 함 • 매일 먹고 있는 베체트병의 약에 스테로이드가 들어 있어 오랜 기간 복용할 경우 골다공증이 진행될 수도 있어 걱정이 많음
주거상황	• 정리상태 : ct의 집은 황금1동에 위치하고 있으며 방 2개와 주방 겸 거실로 이루어져 있음. ct의 집은 아이들의 책과 물건들이 많이 있는 편이고, 수납공간이 부족해 거실에 물건들이 쌓여 있음
사회 심리적 상황	• 대구에 친정 부모님과 여동생이 살고 있어 왕래가 많은 편이고 관계도 좋음 • 현재 학습지 교사로 일을 하며 직장 동료들과 관계를 가지기는 하나 특별히 친밀하게 만나는 사람은 없다고 함 • 직장생활로 저녁 늦게 마치는 경우가 종종 있어 저녁시간에 아들 둘만 집에서 시간을 보내는 것에 대한 걱정이 많고, ct의 건강상의 이유와 직장생활의 어려움에 대한 이유로 현재 다니고 있는 회사를 그만두고 싶어 함

7) 일상생활수행능력(ADL, IADL)

- 직장생활을 계속 하려는 의지는 매우 강함
- 두 아들의 교육에 관심이 많고 열의가 매우 높음
- 현재 학습지 교사로 생계를 이어가고 있긴 하나 류머티즘 베체트병이 심해 지속적으로 일을 하기가 매우 힘듦

8) 대상자 욕구

- 아들 두 명의 안정된 식생활
- 첫째 아들의 성기비대증에 대한 수술 여부
- 둘째 아들의 오후시간 보호
- 현재 직장을 퇴사 후 새로운 일자리 취업 희망

9) 자원활용 상황

공식적 자원	비공식적 자원
• 작년에 국민기초생활수급권자 탈락 후 차상위로 변경되면서 아무런 지원도 받지 않고 있는 상황임	• 황금복지관 아동 석식도시락 지원(주 7회)

10) 클라이언트 태도와 반응 및 사회복지사 의견

- 클라이언트는 자신의 건강상황이 매우 좋지 않지만 자식에 대한 애정이 매우 높으며 아이들의 보호와 교육에 대한 욕구가 매우 높음
- 클라이언트가 직업전환을 통해 새로운 일자리를 제공받으면 많은 변화가 기대됨
- 기초생활수급자 지원이 되어야 안정적인 생활이 가능하기 때문에 공공기관의 지원과 법률적인 지원이 매우 필요하므로 사회적 지원망의 연계와 적절한 서비스 제공이 중요한 과제임

11) 서비스 계획

문제 및 욕구	서비스 계획
• 아들 두 명의 안정된 식생활 • 첫째 아들의 성기비대증에 대한 수술 • 둘째 아들의 오후시간 보호 • 현재 직장 퇴사 후 새로운 일자리 취업 희망	• 아동 석식도시락 지원을 통해 매일 규칙적인 식생활 지원 • 달구벌 주치의를 통한 정밀검사 및 수술 지원 • 복지관 내 방과 후 공부방 이용 • 내년 1월에 계약해지 후 취업패키지 프로그램 이용 및 지속적인 취업상담

12) 과정평가

<table>
<tr><th>대상자명</th><th colspan="2">김○○</th><th>종결일</th><th>2018</th></tr>
<tr><td>종결유형</td><td colspan="4">1. 결과 목표달성
2. 클라이언트 기능의 변화와 안정화
3. 수용시설에 입소
4. 클라이언트의 서비스 거부
5. 클라이언트의 비협조적 태도
6. 클라이언트의 이사
7. 클라이언트의 사망
8. 타 기관 의뢰
9. 기타 (   )</td></tr>
<tr><td>평가방법</td><td colspan="4">척도 사용(   )   대상자 면접(O)   기타(   )</td></tr>
<tr><td>평가대상</td><td>평가사항</td><td colspan="3">평가내용
최적의 향상   기대 이상 향상
기대 정도 향상   기대 이하 향상   성과 전혀 없음</td></tr>
</table>

<table>
<tr><td rowspan="2">목표 달성 정도</td><td>단기목표
1. 아들 수술
2. 식생활 지원
3. 방과 후 교육 지원</td><td>1. 수성구청생활지원과와 협의 후 달구벌 주치의 사업을 통한 상담 및 수술지원에 관한 지원 약속과 정밀검사 일정을 협의함. 정밀검사 결과 수술시기를 결정하고 수술비 지원이 가능한 상태임
2. 클라이언트가 종종 일로 인해 늦은 귀가 시에 안정된 식생활의 문제가 있었으나 저소득 아동 석식지원 대상자로 선정하여 매일 두 개의 도시락을 지원하게 됨
3. 둘째 아들이 방과 후에 학원도 다니지 않고 교류하는 친구도 없는 상황이므로 황금복지관 방과 후 공부방에 다니도록 하여 학습지원과 생활지원 그리고 또래 친구들과 사회적 관계를 형성하도록 지원함</td></tr>
<tr><td>장기목표
1. 직업전환
2. 기초생활 수급자 선정 지원</td><td>1. 직업전환을 위해 취업지원패키지를 이용하도록 지원하고 직업전환을 위한 상담을 지속하기로 함. 직업훈련원 등과 연계하여 직업교육 참여도 유도할 예정임
2. 부양의무자 규정에 의한 수급자 탈락에 따른 경제적 문제의 해결을 지원하기 위해 구청의 담당자와 협의하고 법률적인 지원은 구청 법률지원단 소속 변호사와 협의하도록 함</td></tr>
</table>

클라이언트	서비스 만족도	둘째 아들이 복지관 내 방과 후 공부방 이용에 대해 매우 만족함 첫째 아들이 정밀검진을 받고 결과에 따라 수술을 하게 되면 수술비 지원이 되도록 연계하여 매우 만족함
	신체적 기능의 향상	만성적인 질환인 베체트병에 대해서는 뚜렷한 기능 향상이 어려움
	정신적 기능의 향상	두 아들에 대한 지원을 통해서 정신적으로 많이 안정화됨
	생활수준의 향상	기초생활수급자가 될 수 있도록 법률적인 지원을 할 예정이므로 상당한 희망을 지님
서비스	서비스의 적절성	두 자녀의 식생활 지원, 성기비대증에 대한 정밀검사 및 수술 지원, 방과 후 교실을 통한 학습지원이 매우 적절하였음
사례관리	서비스 제공자들의 협력 정도	성기비대증에 대한 전문의의 상담과 지원 학습지원 및 식생활 지원에서 매우 협력이 잘 이루어짐
	자원활용의 적절성	기초생활수급자 대상이 계속 유지될 수 있도록 지원하는 문제와 직업교육을 통한 적절한 취업처 제공에 필요한 자원의 활용에 한계가 있음
	보호계획의 적절성	두 아들에 대한 보호와 지원은 매우 적절하였음 클라이언트의 욕구에 대한 해결이 매우 어려운 상황

〈사회복지사의 의견〉

- 가장 시급한 문제는 클라이언트가 현재 하는 일을 그만두고 새로운 일자리를 구할 수 있도록 취업을 위한 직업교육이 필요함
- 기초생활수급자가 유지될 수 있도록 법률적 자문과 공공기관의 협력을 위해 자원연계 및 상호작용의 필요성이 매우 큼
- 클라이언트가 가장 힘들어하는 부분의 자녀의 보호와 식생활 지원 및 학습지원 문제가 잘 해결되어서 향후 지속적인 서비스 제공이 이루어지도록 관리 및 조정의 역할이 필요함

참고문헌

강병철 외(2013). 최신 사회복지실천의 이해. 서울 : 동문사.

고기홍(2014). 통합적 자기관리 모형을 통한 개인상담. 서울 : 학지사.

곽병선 · 김희숙(2009). 다문화가족의 지역사회 적응 지원방안 고찰 : 전북군산지역을 중심으로. 지역발전연구, 8(2).

국가인권위원회(2003). 기지촌 혼혈인 인권실태조사. 서울 : 국가인권위원회.

권구영 · 고은숙 · 김용민 · 박봉정 · 진혜경 · 최은정(2008). 사회복지실천기술론. 서울 : 창지사

권진숙(2007). 사례관리 이론과 실제. 경기 : 공동체.

권진숙 외(2014). 사례관리 전문가 교육-실무자 기초과정. 한국사례관리학회 편. 서울 : 학지사.

권진숙 외(2014). 사례관리론. 한국사례관리학회 편. 서울 : 학지사.

권진숙 외(2014). 정신보건사회복지론. 경기 : 공동체.

권향임 외(2023). 사회복지실천론. 서울 : 창지사

김기환 외(2022). 사회복지실천론. 서울 : 학지사.

김기태 · 김수환 · 김영호 · 박지영(2012). 사회복지실천론. 경기 : 공동체.

김명성(2009). 사회통합 차원에서의 다문화가족 지원정책의 현황과 개선방안에 관한 연구. 사 회복지실천, 8.

김상곤(2013). 민관협력을 위한 통합사례관리 운영체계 구축방안. 사례관리연구, 4(1), 51-87.

김상균(1987). 현대사회와 사회정책. 서울 : 서울대학교출판부.

김수이(2012). 최근 한국에서 나타난 문화다양성. 한국문예창작학회 국제학술대회. 중국 연변 대학교 2012년 8월 11일 학술대회자료집.

김승권 · 황성철 · 김연우(2013). 한국형 통합사례관리모형에 대한 소고. 2013년 한국사회복지 행정학회춘계학술대회자료집, 65-93.

김예랑 · 우수명(2012). 국제 사회복지사업 실무자의 다문화 감수성 증진을 위한 국제교류업무 교육방안에 대한 탐색적 연구. 한국사회복지교육, 17(31), 122-144.

김용석(2009). 사회복지서비스 이용자 만족도 척도의 개발과 평가. 한국사회복지행정학, 11(3).

김용석 외(2008). 사회복지실천기술의 이해. 서울 : 학지사.

김융일 외(2021). 사회복지윤리와 철학. 서울 : 나남출판.

김융일 · 조흥식 · 김연옥(1995). 사회사업실천론. 서울 : 나남출판.

김인숙(2005). 한국 사회복지실천의 정체성 : 정치사회적 관점에서. 상황과 복지, 20, 119-152.

김재열 외(2010). 사회복지실천론. 서울 : 신정.

김정원 외 (2020). 사회복지행정론. 서울 : 나남출판.

김태성(1997). 사회복지학, 사회복지전문직, 그리고 사회복지교육제도. 사회복지연구, 9.

김통원 · 김용득 · 강종식 · 김미옥 · 김종범 · 장정은 · 이근희 · 백형의(1998). 사회복지실천사례관리. 서울 : 지샘.

김혜경(2016). 지역정신보건사업 기술지원단. https://www.kihasa.re.kr

김혜영 · 석말숙 · 최정숙 · 김성경(2012). 사회복지실천론. 경기 : 공동체.

______________________________(2014). 사회복지실천론. 경기 : 공동체.

______________________________(2015). 사회복지실천론. 경기 : 공동체.

김효선 · 김녹현 · 이경희 · 이우언 · 조성욱 · 최영자 · 황동섭(2022). 사회복지실천론(제2판). 경기 : 공동체.

김효진 · 권진숙 · 박지영(2011). 사례관리의 이론과 실제. 서울 : 학지사.

나동석 · 서혜석(2008). 사회복지실천론. 경기 : 학현사.

나동석 외(2014). 사회복지실천론. 경기 : 정민사.

나운환(2008). 재활상담과 사례관리. 아산재단 연구총서 제247집. 경기 : 집문당.

남연희 · 박영국 · 도기봉(2011). 사회복지실천론. 경기 : 공동체.

_____________________(2012). 사회복지실천론. 경기 : 공동체.

대한사회복지사협회(KASW)(2020). 사회복지사 윤리강령.

도광조(2005). 사회복지실천론. 경기 : 양서원.

류상열(2002). 사회복지역사. 서울 : 학지사.

류승용(2011). 강점관점 해결중심 모델을 이용한 통합사례관리. 사례관리연구, 2(1).

류애정(2013). 공공영역 사례관리자의 역할수행에 대한 실증적 분석 : 희망복지지원단을 중심으로. 한국지역사회복지학, 44, 181-201.

류종훈(2004). 쉽게 쓴 사회복지실천론. 서울 : 동인.

문인숙 · 조성경 · 김선심 · 김융일 · 조흥식 · 윤현숙 공역(1994). 사회사업방법론 : 통합적 접근. 서울 : 보진재.

미국 사회복지사 윤리강령으로, 클라이언트 보호, 정보 보호, 법적 의무에 따른 예외 조항 등 구체적으로 기술.

미래문화제도정책포럼. http://cafe.daum.net/faclpi
박귀영 외(2015). 사회복지실천론. 경기 : 양서원.
박주현 · 최경덕(2011). 다문화 사회의 이해와 실천. 서울 : 창지사.
박천오(2019). 행정학개론. 경기 : 대영문화사.
방미진 · 황영희(2011). 사회복지실천론. 서울 : 나눔의집.
박영숙 · 김주연 · 황희숙 · 김수정(2008). 사회복지실천기술론. 경기 : 대왕사
백은령 외(2008). 사회복지실천론. 경기 : 대왕사.
보건복지부(2006). 강점관점 해결중심 사례관리 매뉴얼.
________(2014). 희망복지지원단 업무안내.
________(2017). 사회복지관 운영관련 업무처리 안내.
사회복지교육연구센터(2013). 사회복지사 1급 기본서 사회복지실천론. 서울 : 나눔의집.
________________(2014). 사회복지실천론. 서울 : 나눔의집.
사회복지사 국가자격시험 연구회(2024). 공감 사회복지실천론. 경기 : 공동체.
사회복지연구센터(2010). 사회복지실천론 기본서. 서울 : 나눔의집.
상담 전 동의 과정, 비밀보장의 예외 상황, 클라이언트 권리 보호 방법 등을 다룸.
생각의마을(2017). 에센 사회복지실천론. 경기 : 공동체.
서보준(2024). 사회복지실천론. 경기 : 정민사
서울대사회복지실천연구회 역(1998). 사회복지실천기법과 지침. 서울 : 나남출판.
설동훈(2005). 외국인노동자와 인권. 민주주의와 인권, 5(2), 39-77.
심신숙(1989). 할당모델에 의한 한국 정신의료사회사업의 전문성 고찰. 이화여자대학교 대학원 석사학위논문.
안혜영(2012). 공공부문의 사례관리 실천 현황과 과제. 사례관리연구, 3(1), 81-102.
양옥경 · 김정진 · 서미경 · 김미옥 · 김소희(2005). 사회복지실천론. 경기 : 나남출판.
양정남 외(2014). 사회복지실천론. 경기 : 양서원.
양정남 · 최선령(2007). 사회복지실천론. 경기 : 양서원.
___________(2011). 사회복지실천론. 경기 : 양서원.
___________(2014). 사회복지실천론. 경기 : 양서원.
___________(2016). 사회복지실천론. 경기 : 양서원.
양정빈 외(2020). 사회복지실천론. 서울 : 학지사
엄명용 · 김성천 · 오혜경 · 윤혜미(2006). 사회복지실천의 이해. 서울 : 학지사.
______________________(2016). 사회복지실천의 이해. 서울 : 학지사.
엄명용 · 노충래 · 김용석(2006). 사회복지실천기술의 이해. 서울 : 학지사.

엄명용 외(2005). 사회복지실천의 이해. 서울 : 학지사.
________(2007). 사회복지실천의 이해(개정판). 서울 : 학지사.
연세사회복지실천연구회 역(2004). 사회복지실천이론의 이해와 적용. 경기 : 나남출판.
오경석(2007). 어떤 다문화주의인가? : 다문화사회 논의에 관한 비판적 조망. 한국에서의 다문 화주의. 경기 : 한울아카데미.
원요한(2007). 사회복지실천론. 경기 : 학현사.
윤리적 가치 판단, 딜레마 해결을 위한 실천 지침, 윤리위원회 등의 제도적 장치 소개.
윤리적 갈등 상황에서의 실천 전략, 윤리적 의사결정 모델, 슈퍼비전 및 윤리위원회의 역할 등 설명.
윤리적 딜레마, 비밀보장의 원칙, 클라이언트에 대한 설명 책임, 보고 의무 등 명시.
윤선오 외(2015). 사회복지실천론. 경기 : 양서원.
윤혜미(2009). 결혼이민자 가족을 위한 임파워먼트 기반의 사회복지실천 연구. 한국사회복지 학, 61(4).
이경남 외(2008). 사회복지실천론. 서울 : 학지사.
이봉주 · 이선우 · 백종만(2012). 사회복지행정론. 경기 : 나남출판.
이영분 · 김기환 · 윤현숙 · 이원숙 · 이은주 · 최현미 · 홍금자(2001). 사회복지실천론. 서울 : 동인.
이영실 · 나임순 · 임원균 · 신준옥 · 조영희 · 홍성희(2014). 사회복지실천론. 경기 : 양서원.
이영실 · 나임순 · 정연희 · 황희숙 · 최정자(2011). 사회복지실천론. 경기 : 양서원.
이원숙(2007). 가족복지론. 서울 : 학지사.
______(2008). 사회복지실천론. 서울 : 학지사.
이윤로(2012). 사회복지실천론. 서울 : 학지사.
이은주(2003). 사회복지실천의 전문성과 정체성 확립에 대한 고찰 : 간접적 개입과 관련하여. 상황과 복지, 16, 203－245.
이은희 외(2014). 사회복지실천론. 경기 : 양서원.
이재선 외(2016). 사회복지실천론. 경기 : 양서원.
이종복 외(2015). 사회복지실천론. 경기 : 정민사.
이종복 · 전남련(2006). 인간행동과 사회환경. 경기 : 양서원.
이혜경(1995). 사회복지학의 정체성. 1995년 한국사회복지학회 춘계학술대회 자료집, 63－74.
이효선 · 정푸름(2012). 사회복지실천론. 경기 : 정민사.
임형백(2009). 한국과 서구의 다문화사회의 차이와 정책비교. 다문화사회연구, 2(1).

전재일・이종복・조운희・이준상・이애재・이성희(2004). 사회복지실천론. 서울 : 형설출판사.

전재일・이준상・이성희・이선자(2016). 사회복지실천론. 경기 : 공동체.

정명숙 역(2007). 사회복지와 심리학. 서울 : 시그마프레스.

정순둘(2005). 사례관리실천의 이해 : 한국적 경험. 서울 : 학지사.

제석봉・이윤주・박충선・이수용 공역(2006). 사회복지상담심리학. 서울 : 학지사.

조영희(2014). 공공과 민간의 사례관리실천 비교 : 경기도 무한돌봄센터와 사회복지관 사례관 리자의 인식을 중심으로. 성공회대학교 일반대학원 석사학위논문.

조옥라 외(2006). 다문화개방사회를 위한 사회정책연구. 빈부격차차별시정위원회 연구과제보고서.

조학래(2016). 사회복지실천론. 서울 : 신정.

조현춘 외(2010). 심리상담과 치료의 이론과 실제. 서울 : 센게이지러닝코리아.

조흥식・김연옥・황숙연・김융일(2009). 사회복지실천론. 경기 : 나남출판.

최덕경・이서영・이무영・정혜선・박경애・김민경(2016). 사회복지실천론. 경기 : 공동체.

최명민 외(2009). 문화적 다양성과 사회복지. 서울 : 학지사.

최세영(2021). 사회복지실천론. 경기 : 어가

최원희・최해지・최연선(2008). 다문화적 환경변화에 따른 사회복지실천현장의 문화적 유능 감 실태. 한국지역사회복지학, 26.

최해경(2009). 사회복지실천론. 서울 : 학지사.

최혜지・김경미・정순둘・박선영・장수미・박형원・배진형・박화옥・안준희(2014). 사회복지실천론. 서울 : 학지사.

평택대학교다문화가족센터(2007). 한국사회와 다문화가족. 경기 : 양서원.

한국 사회복지 실천 현장에서의 윤리적 딜레마 및 대응 전략 기술.

한국일보(2008. 11. 3).

한국전문대학사회복지협의회(2005). 사회복지실천론. 경기 : 양서원.

함철호(2013). 공공전달체계 내 사례관리자의 사례관리 수행과 영향요인. 한국지역복지학, 44, 1－31.

행정자치부 주민서비스혁신추진단(2006). 주민생활지원서비스 업무운영 매뉴얼.

홍선미(2013). 공공사례관리 도입에 따른 지역복지기관의 사례관리 기능. 2013년 한국사회복 지행정학회춘계학술대회 자료집, 95－107.

황금종합사회복지관(2017). 2016년 사례관리보고서.

황성동(2015). 알기 쉬운 사회복지조사방법론. 서울 : 학지사.

황인옥(2023). 사회복지실천기술론. 경기 : 공동체

황정미 외(2007). 한국사회의 다민족·다문화 지향성에 대한 조사. 한국여성정책연구원.

前田大作(1994). ケースマネージメントとは何か. 月刊福祉, 194(1), 36-37.

Anderson, R. E., Carter, I., & Lowe, G.(1999). *Human Behabior in the Social Environment : A Social Systems Approach*(5th ed.). New York : Aldine De Gruyter.

Bartlett, Harriett M.(1958). Toward Clarification and Improvement of Social Work Practice. *Social Work, 3*(2), 3-9.

______________(1970). *The Common Base of Social Work Practice.* Washington, DC : National Association of Social Workers Inc.

Bhawuk, D. P. S., & Brislin, R.(1992). The measurement of intercultural sinsitivity using the concepts of individualism and collectivism. International *Journal of Intercultural Relations, 16*(4), 413-436.

Biestek, F. P.(1957). *The Casework Relationship.* Illnois : Loyla Univ. Press.

Bisman, C(1994). *Social Work Practice : Cases and Princeples.* CA : Brooks/Cole.

Bogo, M.(2006). *Social Work Practice : Concepts, Processes, and Interviewing.* New York : Columbia University Press.

Briar & Millar(1971). *Problems and Issues in Social Caseworks.* New York : columbia University Press.

Bronfenbrenner, V.(1979). *The Ecology of Human Development.* Cambridge, MA : Harvard University Press.

Brown, J. A.(1992). *Handbook of Social Work Practice.* Springfield Ⅲ : Charles C. Thomas Publisher.

Compton, B. R.(1983). Traditional Fields of Practice. *Handbook of Clinical Social Work.* San Francisco : Jossey-Bass, 983-1023.

Compten, B. R., & B. Galaway(1984). *Social Work Practice*(3rd ed.). Homewood, IL : The Dorsey.

____________________(1994). *Social Work Processes*(5th ed.). Belmont : Wadsworth.

__________________(1999). *Social Work Processes*(6th ed.). CA : Brooks/ Cole.

Compton, B. R., Galaway, B., & Cournoyer, B. R.(2005). *Social Work Processes*(7th eds.). Brooks/ Cole, Thomson Learning, Inc.

Cooper, M., & Lesser, J. G.(2007). *Clinical Social Work Practice : An Integrated Approach*(3rd ed.). Boston : Pearson Education, Inc.

Corey, G., Corey, M. S., & Callanan, P.(2015). *Issues and Ethics in the Helping Professions*(9th ed.). Cengage Learning.

Coulshed, V., & Orme, J.(1998). *Social Work Practice : An Introduction*(3rd ed.). Houndmills, HM : Macmillan Press.

Cowger, C. D.(1994). Assessing client strengths : clinical assessment for client empowerment. *Social Work, 39*(3), 262-268.

Cross, T. L., & Bazron, B. J.(Eds.)(1989). *Towards a Culturally Competent System of Care.* Washington, DC : CASSP Technical Assistance Center.

CSWE(2008). From the Editor : A Dialogue on social justice. *Journal of Social Work Education, 44*(2), 1-6.

Flexner, A.(1915). *IS Social Work a Profession?. Proceedings of the National Conference of Charities and Correction.* NY : National Conference of Charities and Correction, 576-590.

Fong, Spicard, P. R., & Ewalt, P. L.(1999). A Multiracial Reality : Issues for Social Work(pp. 2-28). In P. L. Ewalr, et al.(Eds.), *Multicultural Issues 1.* Washington, DC : NASW press.

Gabor, P., & Grinnell, R.(1994). *Evaluation and Quality Improvement in the Human Service.* Boston : Allyn and Bacon.

Germain, C. B.(1995). *The Life Model of Social Work Practice.* NY : Columbia Univ. Press.

Germain, C. B., & Gitterman, A.(1980). *The Life Model of Social Work Practice.* NY : Columbia University Press.

Gibelman, M.(1999). The Search for Identity : Defining Social Work-Past, Present, Future. *Social Work, 44*(4), 298-310.

Gitterman, A.(1996). The Life Model of Social Work Practice. In F. Turner(Ed.), *Social Work Treatment.* NY : Free Press.

Gobor, P., & Grinnell, R.(1994). *Evaluation and Quality Improvement in the Human Services.* Boston : Allyn and Bacon.

Goldstein, H.(1973). *Social Work Practice : A Unitary Approach.* Columbia : Univ. of South Carolina Press.

Gordon, W. E.(1969). Basic contracts for an integrative and generative conception of social work. In G. Hearn(Ed.), *The General Systems Approach : Contibutions Toward a Holistic Conception of Social Work.* New York : Concil on Social Work Education.

Greenwood, E.(1957). Attibutes of a Profession. *Social Work, 2*(3), 45－55.

Gutierrez, L.(1990). Working with women of color : An empowerment perspective. *Social Work, 35*(2).

Hepworth, D. H., & J. A. Larsen(1993). *Direct Social Work Practice : Theory and Skills*(4th eds.). Pacific Grove, California : Brooks/ Cole Publishing Company.

______________________________(2006). *Direct Social Work Practice : Theory and Skills*(7th ed.). Pacific Grove, Calif : Brooks/Cole.

Hepworth, D. H., & Larsen, J. A.(1990). *Direct Social Work Practice : Theory and Practice*(3rd ed.). Pacific Prove, CA Brooks/ Cole Publishing.

Hepworth, D. H., Rooney, R. H., Rooney, G. D., Strom－Gottfried, K., & Larsen, J. A.(2006). *Direct Social Work Practice : Theory and Skills*(7th ed.). Pacific Grove, CA : Brooks/ Cole Publishing.

____(2010). *Direct Social Work Practice : Theory and Skills*(8th eds.). Thomson : Brooks/Cole.

Hill, C. E., & Knox, S.(2002). Self－disclosure. In J. C. Norcross(Ed.), *Psychotherapy Relationships that Work : Therapists' Contributions Responsiveness to Patients.* New York : Oxford University Press.

Hogan, M.(2012). *The Four Skills of Cultural Diversity Competence.* CA : Books Cole.

Hollis, F.(1972). *Casework : A Psychosocial Therapy*(2nd ed.). NY : Random House.

Ife. J.(2001). *Human Right and Social Work : Towards Right Based Practice.* 김형식·여지영 공역(2001). 인권과 사회복지실천. Cambridge : Cambridge University Press.

Ignatieff, M.(2001). The attack on human rights. *Foreign Affairs, 80*(6)(November~December), 102-106.

Ivey, A. E., & Ivey, M. B.(2003). *Intentional Interviewing and Counseling.* Pacific Grove, CA : Brooks/Cole.

Johnson, L. C.(1989). *Social Work Practice*(3rd ed.). Massachusetts : Allyn and Bacon.

Johnson, L. C., & Yanca, S. J.(2001). *Social Work Practice : A Generalist Approach*(7th eds.). Boston : Allyn and Bacon.

________________________(2004). *Social Work Practice : A Generalist Approach* (8th eds.). Boston : Pearson Education, Inc.

________________________(2007). *Social Work Practice : A Generalist Approach* (9th eds.). Boston : Pearson Education, Inc.

Kadushin, A.(1990). *The Social Work Interview : A Guide for Human Service Professions*(3rd ed.). New York : Columbia University Press.

Kadushin, A., & Kadushin, G.(1997). *The Social Work Interview : A Guide for Human Service Professionals.* New York : Columbia University Press.

Kagle, J. D.(1991). *Social Work Records*(2nd ed.). Prospect Heights, IL: Waveland Press.

Kirst-Ashman, K, K., & Hull, Jr., C. H.(1999). *Understanding Generalist Practice*(3rd eds.). Brooks/Cole, Cengage Learning.

________________________________(2008). *Understanding Generalist Practice* (5th eds.). Belmont, CA : Brooks/ Cole Cengage Learning.

Levinson, H.(1977). Termination of psychotherapy : In Some salient issues. *Social Casework, 58,* 480-489.

Loewenberg, F., & Dolgoff, R.(1996). *Ethical Decisions for Social Work Practice*(5th ed.). Itasca, Ill : Peacock.

Lum, D.(2006). *Cultural competence, Practice stages, and Client system A case study approach California State University.* Sacramento, Thomson Brooks/cole.

_______(2008). The Case for culturally Competent Prctice in Korea. 다문화사회의 사회복지 전문가 역할과 실천전략. 한국사회복지학회 제19회 춘계워크숍, pp. 87-99.

Mattaini, M. A., & Lowery, C. T.(2007). *Foundations of Social Work Practice*(4th eds.). Washington, DC : NASW Press.

McGoldrick, M., Gerson, R., & Shellenerber, S.(1999). *Genograms in Family Assessment and Intervention*(2nd ed.). New York : W. W. Norton.

McPhatter. A. R.(1997). Cultural Competence in Child Welfare : What Is It? How Do We Achieve It? What Happens Without It?. *Child Welfare, 76*(1).

Miley. K. K., O' Melia, M., & Dubois, B.(2001). *Generalist Social Work Practice : An Empowering Approach.* Allyn & Bacon.

Minahan, A.(1981). *Social work practice: Model and method.* F. E. Peacock Publishers.

Moxley, D. P.(1989). *The Practice of Case Management.* Thousand Oaks, CA : Sage Publications.

National Association of Social Workers(1984). *NASW standards and guidelines for so-cial work case management for the functionally imparied.* Silver Spring.

NASW(1958). Working definition of social work practice. *Social Work, 3*(2).

______(1981). *NASW standards for the Classification of Social Workers Practice.* Washington, DC : Author.

______(1999). *Code of ethics of the National Association of Social Workers.* Washington, DC : Author.

______(2001). *NASW standards for the Classification of Social Workers Practice.* Washington, DC : Author.

O'Connor, Gerald G.(1989). Case Management : System and Practice. *Social Casework, 69,* 2.

Parnes, S. J., Noller, R., & Biondi, A.(1967). *A Guide to Creative Action.* New York : Charles Scribner's Sons.

Perlman, H. H.(1957). *Social Casework-A Problem Solving Process.* Chicago : The University of Chicago Press, 6.

____________(1970). The Problem-solving Model in Social Casework. In R. W. Roberts & R. H. Nee(Eds.), *Theories of Social Casework.* Chicago and London : The Univ. of Chicago Press.

Pincus, A., & A. Minahan(1973). *Social Work Practice : Model and Method.* Itasca : F. E. Peacock.

Popple, P.(1985). The Social Work Profession : a Reconceptualization. Social Service Review. December.

Popple, P., & Leighninger(1996). *Social Work, Social Welfare, and American Society*(3rd ed.). Boston : allyn & Bacon.

Reamer, F. G.(2013). *Social Work Values and Ethics*(4th ed.). Columbia University Press.

Reid, W. J.(1978). *The Task Centered System.* NY : Columbia Univ. Press.

________(1992). *Task Strategies : An Empirical Approach to Clinical Social Work.* NY : Columbia University Press.

Reid, W., & Shyne, A.(1969). *Brief and Extended Casework.* New York : Columbia University Press.

Richmond, M.(1917). *Social Diagnosis.* New York : Russell Sage Foundation.

__________(1922). *What is Social casework?.* New York : Russell Sage Foundation.

Royse, D.(2011). *Research Methods in Social Work*(6th ed.). Belmont, CA : Brooks and Cole, Cengage Learning.

Shapiro, J. M., Ozanne, J. L., & Saatcioglu, B.(2007). An interpretive examination of the development of cultural sensitivity in international business. *Journal of International Business Studies, 39,* 1−17.

Sheafor, B. W., Horejsi, C. R., & Horejsi, G. A.(1997). *Techniques and Guidelines for Social Work Practice*(4th ed.). Boston : Allyn and Bacon.

____________________________________(2008). *Techniques and Guidelines for Social Work Practice*(8th ed.). Pearson Education, Inc.

Shebib, B.(2006). *Counseling Skills.* Victoria : Province of British Columbia, Ministry of Education, Skills and Training.

Shulman, L.(2005). *The Skills of Helping Individuals, Families, groups, and Communities*(5th ed.). Thomson : Brooks/ Cole.

Simons, R. L., & S. M. Aigner(1979). Facilitating an electric use of practice theory. *Social Casework, 60,* 201−208.

Siporin, M.(1975). *Introduction to Social Work Practice.* New York : Macmillan.

________(1993). The social worker's style. *Clinical Social Work Journal, 21*(Fall), 257−270.

Skidmore, R. A., Thackeray, M. G., Farley O. W., Smith, L. L., & Boyle(2000). *Introduction to Social Work*(8th ed.). London : Allyn & Bacon.

Smokowski, P. R., Rose, S. D., & Bacallao, M. L.(2001). Damaging therapeutic groups : How vulnerable consumers become group casualties. *Small Group Research, 32*(2), 223－251.

Sue, D. W.(2006). *Multicultural Social Work Practice.* John Wiley and Songs. Inc. 이은주 역(2010). 다문화사회복지실천. 서울 : 학지사.

Sue, D. W., & Sue, D.(2008). *Counselling the Culturally Diverse : Theory and Practice*(5th ed.). New York : Wiley.

Thomas, D. C., et al.(2008). Cultural intelligence : domain and assessment. *International Journal of Cross－Cultural Management, 8,* 123－143.

Timberlake, E. M., M. Z. Farber, & C. A. Sabatino(2002). *The General Method of Social Work Practice : McMabon Generalist Perspective.* Allyn and Bacon.

Turner, F. J.(1996). *Social Work Treatment*(4th ed.). New York : The Free Press.

Tylor(1985). *Primitive Culture : Researches into the Development of Mythology, Philosophy, Religion, Art, and Custom.* Gloucester, Mass : Smith.

UNESCO(2005). Convention on the protection and promotion of the diversity cultural expressions 2005. Retrieved Oct 1, 2002 from.

Wilensky, H. L., & C. N. Lebeaux(1965). *Industrial Society and Social Welfare.* New York : Free Press.

Wilson, S. J.(1980). *Recording : Guidelines for social Workers.* New York : The Free Press.

Young, M. E.(1998). *Learning the Art of Helping.* Upper Saddle River, NJ : Meril.

Zastrow, C. H.(1989). *The Practice of Social Work.* Chicago : The Dorsey Press.

____________(1995). *The Practice of Social Work.* California : Wadsworth.

____________(2007). *The Practice of Social Work*(8th ed.). California : Thompson Brooke/ Cole Publishing Co.

Zastrow, C. H., & Kirst－Ashman, K. K.(1997). *Understanding Human Behavior and the Social Environment*(4th ed.). Nelson－Hall Inc.

저/자/약/력

■ 신민정
수성대학교 사회복지과 교수

■ 이우언
수성대학교 사회복지과 교수

제2판
사회복지실천론

|공저자| 신민정 · 이우언

|1판 1쇄| 발행 2024년 11월 15일
|2판 1쇄| 발행 2025년 7월 30일

|발행인| 김동훈
|발행처| 공동체

|주소| 경기도 고양시 일산동구 호수로 358-39, 동문타워Ⅰ 905호(백석동)
|전화| 031) 814-3000(대표)
|팩스| 031) 814-3100
|홈페이지| https://www.compub.co.kr
|전자우편| compub@naver.com
|출판등록| 2005년 10월 6일
|등록번호| 제396-2005-36호

|ISBN| 979-11-6725-959-2
정가 20,000원